Palabros de honor

Mariano de la Banda

Palabros

Okupas y puntazos de la lengua española

de honor

Las nuevas palabras admitidas por la Academia

Ilustraciones de José Luis Ágreda

temas'de hoy. *humor*

Paseo de Recoletos, 4. 28001 Madrid
www.temasdehoy.es
Concepto gráfico: Rudesindo de la Fuente
Diseño de cubierta: Jorge Gil Cerracín
Primera edición: abril de 2003
ISBN: 84-8460-268-0
Depósito legal: M. 13.910-2003
Compuesto en J. A. Diseño Editorial, S. L.
Impreso en Lavel, S. A.
Printed in Spain–Impreso en España

A manera de prólogo

HALL (Aceptado en cursiva como «vestíbulo» o «recibidor» en el primer *DRAE* del siglo XXI. Pronúnciese, aproximadamente, «jol».)

Es duro enterarse a ciertas edades de que hay más de cinco vocales en la lengua española, aunque antes ya podrían considerarse seis con la variante muda de la «u» y subir hasta ocho con la «y» y su variación cuando se pronuncia como consonante. Por ejemplo, hay una «a» que se pronuncia «o», la de la nueva palabra española «*hall*» que acaba de inaugurar este libro. No es fácil asimilar cuando ya se ha olvidado el viejo *Catón* que alguna de estas nuevas vocales puede ser tan muda como la «u» que sigue en algunas palabras a la «g» o que la mismísima «h». Sin ir más lejos, porque luego hay que volver desde allí, tenemos la vocal «e» del nuevo vocablo español «*blues*», que se pronuncia «blus». Realmente, infantas e infantes de lengua materna hispana, así como los que la estudien ahora como segunda lengua, tendrían que aprender para empezar su libro de gramática española una nueva norma que, como diría el científico castizo, por profusa y difusa, resulta confusa: «Desde la publicación del *Diccionario de la Real Academia Española* (*DRAE*) del año 2001, todas las vocales del alfabeto español y gran parte de sus consonantes, sin posibilidad de reglas fijas, pueden volverse mudas». Del susto, claro. La pobre «h», tantas veces tildada de inútil, ya no está sola, sino que ha tenido que hacer sitio en su pisito de soltera a todo un regimiento. ¿Y qué decir de los acentos? Pues, lo que digo: que ahora que he leído el diccionario académico del siglo XXI puedo afirmar y afirmo que una palabra que lleva una hermosa tilde en la antepenúltima sílaba, no es esdrújula. Digo yo. No hay más que ver en la página correspondiente al ahora españolazo y siempre sicalíptico «*déshabillé*». Ni puesto a fantasear como cuando era aún más niño habría podido yo imaginar que algún día me darían licencia para pronunciar una españolísima «o» como si fuese una «u» y soltar por mi boquita una «a» cuando en el papel figura claramente una «i» a la que, eso sí, han puesto encima como coartada, o para que no se moje, un paraguas extranjero. Son dos cosas que ocurren mágicamente con la nueva palabra española «*boîte*», pronunciada «buat» por gentes poco castizas. Así entra, con alevosía y la nocturnidad rijosa de la *boîte*, el primer tejadillo oficial de las letras hispánicas, alias acento circunflejo, que algún despistado en el asunto puede confundir con una ceja perdida por el señor Rodríguez Zapatero, secretario general del PSOE. Ya me decían los que no querían que leyese por libre cuando era bajito que eso de andar leyendo puede resultar peligroso. Pero ya entonces me gustaban las emociones fuertes de la lectura con la imaginación al acecho.

Y es que no parece cómodo empezar un libro con una confesión, pero ya vamos estando en edad de reconocerse como realmente se es. Así que no veo motivo para negar una evidencia: uno, muy señores míos, es algo rarito. Por ejemplo, uno tiene un vicio casi inconfesable, que va a dejar de serlo en este instante: me gusta leer diccionarios. Es más: además de gustarme, es que los leo y busco tiempo para hacerlo desde que era niño. Aclaro esto porque también me gustan otras cositas que no practico o no me dejan practicar. Esto de leer diccionarios viene a ser mi segundo o tercer vicio favorito. Se ruega no pedir más aclaraciones, porque tengo aquí delante al niño escribidor.

Esta confesión explica por qué caminaba yo tan contento aquella mañanita de octubre de 2001. Iba directo a casa tras hacerme con uno de los primeros ejemplares llegados a los mostradores de novedades en El Corte Inglés. La XXII edición del *DRAE* era toda mía. La primera del siglo XXI. La primera que no funciona con butano o con pilas flojas, sino con ordenador. Un hermoso regalo que me hice yo mismo, cual tirita reparadora sobre la cicatriz del reciente cumpleaños del día 1. Y que no falten. El vicio es tan fuerte, la tentación era tan irresistible que, nada más acomodarme en el autobús, abrí mi diccionario y me fui directo a la letra R. A la vista de lo primero que llamó mi atención, y dada mi profunda, amplia y extensa indigencia curricular lingüística, no tuve más remedio que soltar en voz alta mi dictamen: «*¡Ahivá, mi madre!*». La señora de la derecha dio un respingo y yo mire para otro lado. Uno no va a ir confesando sus vicios hasta en el autobús. El caso es que había posado la vista sobre la palabra «refundación», aunque no era la que buscaba, y había leído: «Acción y efecto de refundar». Hasta ahí, todo normal; pero cuando se me ocurrió leer cómo definía el nuevo *DRAE* ese verbo, «refundar», resultó que NO ESTABA EN EL DICCIONARIO. El ordenador electrónico o sus ordenadores de carne y hueso se lo habían saltado. «*¡Ahivá mi madre!*», como digo, fue el dictamen espontáneo y natural. Naturalmente, eso no descalifica a nadie. Cualquier sabio —y la mayoría de los académicos lo son— puede tener una distracción pareja a las de un ignorante como yo. Es lo que puede pasarle a cualquiera que se ponga a hacer cositas en vez de vaguear entre semana. La cosa no tenía mayor importancia que la que tiene. Pero yo iba buscando algo que estaba un poco más allá. Yo iba buscando una palabrita que me lleva divirtiendo casi veinte años. Una palabrita que me ha dado oportunidad de ganar apuestas con amigos, con oyentes radiofónicos y que es posible que me las hubiera hecho ganar incluso frente a algún académico. No con todos, claro. Se trata del verbo «relanzar». Para que vean que no exagero en lo de los veinte años, les diré que el *DRAE* de 1984 definía este verbo de la siguiente manera: «repeler o rechazar». Nada de «volver a lanzar», que es lo que suponemos los no inmortales. Pero es que la cosa no terminaba ahí: en la segunda acepción, relanzar significaba «volver a echar en el cántaro la cédula, en las elecciones que se hacen por insaculación». Díganme por quién quieren que se lo jure. Lo de la insaculación, no se me exciten tontamente, es una variante de sorteo parecida a la de «la paja más larga» —y sigo pidiendo que no se me exciten— pero que se juega con un cántaro en vez de con el puño para guardar las cédulas. En el *DRAE* del siglo XXI «relanzar» significa «Repeler. Rechazar», como antes. ¿Y el cantarillo de Adriana? Pues tanto fue a la fuente que, supongo, se quebró y ha desaparecido.

Pero dejemos ya las primeras anécdotas ligeras y vayamos con las más llamativas y hasta escandalosas novedades del primer diccionario de este siglo. La primera puede ser el capítulo bien polémico de los corrimientos semánticos, los cambios semánticos producidos por el uso. Palabras que significaban algo y que pasan a significar otro algo o algo más. La Academia se ha rendido al mal uso de muchos y admite sentidos sin sentido. Ya lo hizo, por ejemplo, con «álgido» que pasó de ser exclusivamente el «punto más frío» a poder significar «el punto más caliente de un proceso», que es como lo usa una gran mayoría indocumentada en temperaturas. Como hay muchos otros corrimientos y ya tengo los dedos índices en carne roja, suelto varios del corralito para que se vayan indignando los que quieran:

deleznable Era «que se deshace, que se deshilacha». Pero la afición del personal a usarlo como si fuera una forma de insultar ha hecho que la Academia reconozca ese sentido. Y no sólo eso, sino que lo ha situado en primera acepción: «Despreciable, de poco valor».

olor de multitud Se suponía que era «olor a pies o a sobaquillo», pero lo definen ya como «con la admiración de muchas personas». Aunque huelan que atufen. Justo lo que significaba de toda la vida «loor de multitud», que viene de «loa».

versátil Se le llamaba en el pasado siglo «al que tiene carácter voluble o inconstante». El veleta, vaya. Pues ya podemos llamarle versátil al imbécil ese de las múltiples habilidades, capaz de cantar, bailar, escribir, dibujar y jugar al mus y al tute. Y, encima, hacerlo todo bien. La Academia ha añadido una segunda acepción en la que dice que es un tipo «capaz de adaptarse con facilidad y rapidez a diversas funciones». Merecería que le hicieran ministro al muy «polifacético».

Como estos usos no son obligatorios, si usted no quiere rabiar, haga lo que yo, que nunca uso deleznable por despreciable ni me caliento nunca con el frío de álgido. Esto de los corrimientos semánticos va resultando inevitable y hasta inexorable.

Y vayamos ya con una novedad más general y mucho más importante. Al abrir el diccionario, te salta a la vista un enjambre de avispas que revolotean por todo su texto aguijoneando mis *ojones* y los de todos con sus letras cursivas: los extranjerismos irreductibles a formas y maneras españolas. Los *OKUPAS*. Esa fue la primera queja o enmienda casi a la totalidad que fui encontrando en algunos medios de comunicación y en *tenidas* o foros de lingüistas y traductores en Internet. La Academia ha usado una pértiga de unos doce metros para saltar por encima de todas las viejas convenciones y ha admitido como españoles de pleno derecho palabros que ni son morenos ni son bajitos. La mayoría usa unas guedejas rubias que para qué, a juego con un cutis crudito y unos *ojirris* claros que no se nos despintan. Son extranjeros que se nos han colado, aunque no son de los que llegan en patera. Eso, sí: los escriben en letra cursiva. Como si les hubiesen dado un DNI de otro color que al resto de los españoles nacidos de españolas. Son los que yo bauticé como *OKUPAS* —creativo palabro juvenil de las Españas— cuando no tenían carné. Algunos de ellos (no todos), aunque ya lo lleven entre los dientes, *okupan* un lugar innecesario, porque nos sobran términos para decir lo mismo. El caso es que, espoleado por los comentarios de los técnicos, me fui en busca de la primera «avispa», que resultó ser el término «*affaire*: Negocio, asunto o caso ilícito o escandaloso». Inmediatamente empecé a imaginar a una española «*pre-preposmodelna*» que tengo yo bien conocida porque sale en todos los programas-coloquios de la tele, los llamados *talk-show*. O a lo mejor son varias y hay más de una por las Españas. El caso es que la imaginé diciendo algo así como: «Oiga, que mi marido es muy decente y muy español y nunca ha tenido un *affaire* de esos. Ha tenido sus **querindongas** y sus **líos**, pero de *affaires*, nada». El caso es que al seguir ojeando y encontrar avispa tras avispa, aguijonazo de sorpresa tras aguijonazo, la estupefacción me llevó a una pregunta: ¿Pero estas palabras están totalmente admitidas o la escritura en cursivas quiere decir algo? Las «Advertencias para el uso» que preludian el libro no me lo dejaban del todo claro, porque no se ve escrita la palabra «admitidos». Se dice que estos extranjerismos «se van incorporando a la nomenclatura de este diccionario» o que «se registran». Recordé entonces que, anteriormente, la Academia utilizaba en sus diccionarios manuales un sistema para distinguir a las palabras no admitidas por el momento: las incluía en el *DRAE* con un corchete por delante y, después, las definía y explicaba convenientemente. Pero sin admitirlas. No queriendo creer en el fondo que estos palabros, encabezados por el *affaire*, ya fueran totalmente españoles, utilicé inmediatamente un maravilloso servicio que la Real Academia Española ha incorporado en esta su etapa informatizada: las consultas a través de Internet. Funcionan espléndidamente y con bastante prontitud. A mi pregunta de «si estaban totalmente aceptadas o si la letra cursiva equivalía al antiguo purgatorio del corchete previo», la respuesta fue clara y tajante. La transcribo para general conocimiento de la grey española o asimilada:

«Estimado señor De la Banda Alcázar: el sistema de utilizar corchetes para indicar las palabras que todavía no han sido admitidas por la RAE no se utiliza en el *DRAE*, sino que es una forma que adoptó el *Diccionario Manual* de la RAE para señalar las palabras que no figuraban en el *DRAE* pero que se definían en ese diccionario. Todas las palabras que figuran en el *DRAE* son admitidas por la Academia, aunque en algunos casos de variantes una de las formas es preferida a la otra, como consta en las Advertencias.
Atentamente: Servicio de Consultas del *DRAE*. Instituto de Lexicografía de la Real Academia Española. Madrid. España».

Clarísimo: el *affaire* ya es tan españolazo como el querindongo o querindango, y hasta como el «lío». Y bastante más que el «*convoluto*», porque ese no ha colado aún. Una aclaración más: el nuevo *DRAE* ha metido muchos de estos palabros sin el aparente estigma de las cursivas. Los han escrito en letra redonda y negrita como el resto. ¿Ejemplos? Los que pone el propio *DRAE* en sus prolegómenos: **airbag** y **réflex**. ¿Qué pasa con estas palabras? ¿Que son recomendadas por ministros del Gobierno, que usan buenos coches y mejores masajistas? No; ocurre que se pronuncian en español prácticamente igual que se escriben en su idioma, con lo que la Academia les evita el trance de las cursivas.

Los de a pie tenemos que reconocer que la Academia, en este aspecto, ha sido valiente y se ha dejado de remilgos o rechazos. Hemos pegado el pendulazo. Estamos en tiempos de globalización evidente y se acabaron las autarquías. Tiempos hubo en que lo de los palabros extranjeros estuvo muy mal visto.

¿Y están en el nuevo diccionario todos los extranjerismos que usan muchos españoles? Pues, no. Por ejemplo, no han recogido uno con más canas que la mula de Belén: «*amateur*». Será porque ya todo el mundo cobra por todo. Ni el peligroso y popularísimo «*stop*». En este campo, quiero aclarar que van a encontrar en este libro una gran cantidad de dudas con la formación de los plurales en estos neófitos de la

Lengua Española. Para un *dominguero de las palabras* como soy, la cosa me inquietaba, pero se me han bajado los colores de los mofletes tras repasar lo que decía una primerísima autoridad en la materia, don Leonardo Gómez Torrego, en su *Manual de Español Correcto* en 1994, como preludiando la que se nos avecinaba: «No se sabe bien cómo pluralizar la gran cantidad de anglicismos que ya aparecen en el *Diccionario Manual e Ilustrado* de 1989 con un corchete, algunos de los cuales recoge el *Diccionario General* de 1992». Para no equivocarme ni equivocar a nadie, lancé una nueva consulta a la Academia que me respondió con rapidez: «En relación con su consulta, debemos indicarle que la formación de los plurales de voces extranjeras está hoy sometida a revisión, junto con la adaptación de numerosos extranjerismos. Estos temas se tratarán en la próxima comisión interacadémica de seguimiento del *Diccionario panhispánico de dudas*, que tendrá lugar en abril». Además, tuvieron la amabilidad de avanzarme los criterios que pensaban seguir y que no les traspaso porque aún no son firmes, pero a ellos me atengo a la hora de escribir.

Otra piedra, pedrusco, de comentarios generalizados parece menos discutible. La incorporación de miles de americanismos. Por ejemplo, ya pueden ustedes «campeonar» todo lo que puedan. Como el Madrid, el Depor, el Valencia o el Barça. Yo no pienso usarlo aunque eso me cueste perder, quedar el último y que me pongan a «colistar». Pero bueno es que figuren en el *DRAE* palabras de todos los «españoles» que se hablan en las Españas. Han sido admitidas por consenso con las Academias correspondientes debido a la amplitud de su uso. Además, se empieza a paliar así un viejo agravio comparativo que hizo sufrir durante siglos a los hispanohablantes de aquellos países.

Se hace realidad el sueño de tantos y tantos escritores americanos en español, de académicos correspondientes que lucharon por ello. Parece que hubieran decidido de forma generalizada hacer caso, por ejemplo, al gran tradicionista peruano Ricardo Palma. En carta a un corresponsal, escribía en 1877: «Pues nacimos hablando español y en español escribimos, no deseo que cada pueblo americano tenga un dialecto especial. La confusión de Babel sería funesta, y a todo lo que puede aspirarse es a ir lentamente enriqueciendo el español con los americanismos más generalizados».

Pero el tiempo iba pasando y sus esperanzas no se cumplían. Casi treinta años más tarde, en 1903, Ricardo Palma escribe a Carlos Gagini: «En mi librejo *Neologismos y americanismos* publicado hace ocho años sostuve que los cincuenta millones de americanos que rendimos tributo al habla de Castilla debemos romper con la autoritaria Academia cuyo *diccionario* (escribía yo) es como un cordón sanitario entre España y América». Esa situación ha terminado por fin.

Otro apartado de novedades: los neologismos, las creaciones bien sean del lenguaje técnico y científico, siempre en movimiento al paso de los avances, o bien del pueblo llano representado en los medios de comunicación, que no siempre limpian ni dan esplendor, pero sí que fijan nuevos palabros al ponerlos en letras de molde. En cuanto a los científicos, la tradición ha hecho que, normalmente, estén bien construidos. Si pasaron por aquí los romanos y nos dejaron el gran esqueleto del latín que dio lugar a las lenguas romances; si los griegos de Rode-Rosas nos dieron, por ejemplo, la posibilidad del «*telé*-fono» o la «*tele*-visión», ahora el imperio se ha desplazado a occidente. El *emperador* Bill Gates nos regala los *bytes* y las *webs*. Por no hablar de los Bush y sus talibán. Entre el latín, el griego y el inglés se reparten la clientela. ¿Y los inventados? ¿Hay que estar por sistema en contra de los neologismos inventados? No creo. Si yo digo que un neologismo aprobado ahora me ha dejado «*ojiplático y peliescarpiado*» no escribo correctamente, pero se me entiende. A blandas penas, pero se me entiende.

Al fin y al cabo, es para lo que sirve el lenguaje: para esclarecer los pensamientos. Aunque es sabido que también vale para ocultarlos.

En el nuevo *DRAE* hay algunas creaciones populares, claro. Del «*bussines*» anglosajón han sacado los castizos el «bisnes» que encontrará en la letra B para que invierta todo lo que quiera. No puedo decir que sea nuevo, porque ya lleva años por las calles, pero tampoco es «seminuevo», porque siendo éste un término más antiguo en el uso, no ha llegado al diccionario. Cosas que pasan. También hay novedades, como neologismos en el capítulo de las siglas o acrósticos. Sobre todo los que figuran en letra mayúscula, como «ADN» o «DVD». Se hace así con las aprobadas que no tienen lectura como palabras y hay que deletrearlas: «a-de-ene» o «de-uve-de».

Pero cortemos ya, que se nos va a hacer de noche. A partir de la firma, van a encontrar ustedes una primera selección, una primera colección de palabros aceptados por la Academia en su primer diccionario para el siglo XXI. Les evito con ella tener que cotejar el nuevo *DRAE* con el anterior de 1992 y saber qué hay de nuevo. De nada. Creo que es una lista útil, porque sigo con la idea que expuse en *Escafurcios y palabros*: conseguir un diccionario que se leyera; porque los diccionarios no se leen. Sólo lo hacemos algunos viciosillos... y los contratados para la tarea.

En cuanto empiecen a leer, podrán empezar a opinar. Porque todo es opinable y nada es obligatorio. No siempre hay que decir amén a los señores académicos. Yo, por ejemplo, como hombre de radio, casi hombre invisible, nunca podré admitir que el diccionario llame «retransmisión» a lo que yo llamo «transmisión». Para mí, se retransmite cuando alguien te cede su señal (TVE con las bodas de las Infantas) y tú la **retransmites** después por tu canal privado. Para la Academia, no hay más transmisión que la que hacen los aparatos técnicos desde el punto del acontecimiento hasta el emisor. Luego, dicen, todo es ya retransmisión: la de los partidos de fútbol, las corridas de toros, etc. Siguiendo esa lógica, El Corte Inglés no es una organización de ventas. Son unos simples «reventas». Como Iberia no es una compañía de transportes en avión, sino una de «retransportes», porque hay que llegar antes en autobús hasta el aeropuerto. Ya te digo.

En cualquier caso, soltemos lo que soltemos por la boquita al ir leyendo, ya sabemos que la lengua es —y debe ser— algo vivo y siempre en movimiento. Eso es lo divertido: que cambia y crece o mengua a diario. Es una rama de la vida en la que cada día inventan los catedráticos de universidad y los tostados «agroman», que también ellos necesitan su exuberante lenguaje de regadío. Aunque también haya profesores de vocabulario capado y labrantines con habla corta de secarral o baldío. La lengua da muchas vueltas y nunca se marea. Piense que si ahora le pueden afear a usted que haya escrito «andara» por «anduviera», no era así en el Siglo de Oro, como nos demostró don Francisco de Quevedo en *Sueños y discursos*:

«Volárase con las plumas,
andárase con los pies,
serán seis dos veces tres.»

Hablen los que entiendan y callemos los simples aficionados.

Y el último apunte: sobre todo, piensen que este libro quiere divertirles, que es todo lo contrario de aburrirles. «Divertido» no es lo opuesto de «serio». O no tiene por qué serlo. Ya me dirán ustedes. He tenido la satisfacción con mi anterior libro, *Escafurcios y palabros*, de ver a cientos de compañeros con la cara iluminada por poder hablar en sus programas durante quince o treinta minutos de esta cosa divertida que es el lenguaje, y no de los melenazos de Carmina Ordóñez. De eso se trata. De demostrar que las palabras, nuestras palabras, encierran tanta diversión como se sepa encontrar en ellas. Seguro que también opinarán ustedes sobre mi trabajito. Es lógico. Los pajaritos recibimos perdigonadas y, ahora, puede que hasta obuses por este vicio sobrevenido de afilar palabras y palabros tras usarlos de forma más o menos inocente en casi cincuenta años ante los micrófonos, las cámaras y las imprentas. Hale.

Mariano de la Banda

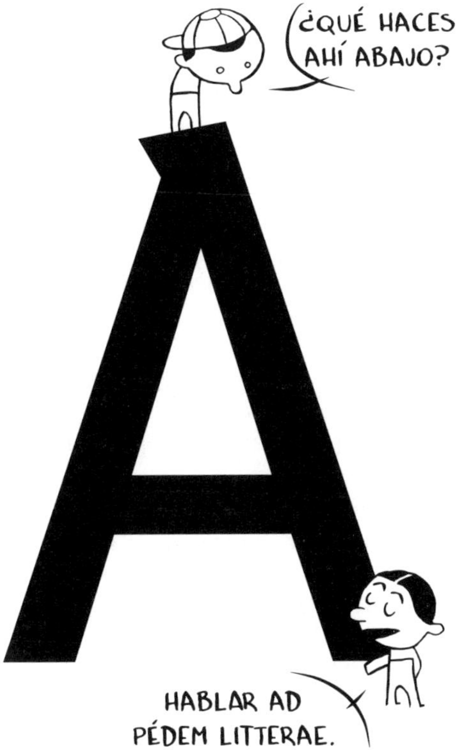

abordar Era considerado de toda la vida un anglicismo marinerazo que vino en un barco de nombre extranjero, cuando se usaba en el sentido de «subirse a un vehículo», aunque fuera a una barca. Lo correcto era «embarcar» o «subir a bordo», porque **abordar** viene a ser como darse un topetazo borda con borda. Y hay que ser muy borde. La Academia lo ha admitido como tercera acepción.

• Noticia en *El País*: *Los ocho militares abandonaron el pasado viernes una zona de maniobras en Cabo Blanco para tomarse unas copas en una barra americana, a la que llegaron a bordo*[1] *de un* Jeep.

abotargamiento Entra en el *DRAE* para acompañar a sus familiares **abotagarse** y **abotargarse**. Son cosas que le pueden pasar a cualquiera. Por ejemplo, en cuanto pilla uno un gripazo o se atonta sin más. Así ando yo últimamente. Ya vale con erre y sin erre. Don Josep lo usaba con erre y don Mario, sin ella:

• Josep Pla, traducido por Dionisio Ridruejo y Gloria Ros, en *El cuaderno gris*: *Me hubiera desagradado, ciertamente, tener los dedos toscos y deformes y una mano abotargada —la mano que suele atribuirse a los carniceros.*

• Mario Vargas Llosa en *Lituma en los Andes*: *La cerveza es para gentes que no saben lo que es bueno, que les gusta* ***abotagarse***.

achatarrar No es lo mismo que «dejar chato a alguien a lo bestia», eso sería **achatar**, sino convertir algo en chatarra. Un ahorro de letras y martillazos que nos ha proporcionado en el siglo XXI la Real Academia, gran almacén de vieja chatarra lingüística, por otra parte. Casi nada se tira y casi todo se guarda.

• Antonio Jiménez, *El País*: *Por cierto, ¿qué se hace con los 450 que se* jubilan*? La EMT los achatarrará si no encuentran comprador*.

acreditación Lo admitió al fin la Academia. Antes sólo admitía **credencial**. Ya no te cuelas. Ni en la quinta «boda del año».

• Alfredo Urdaci, TVE: *Habían robado seiscientas acreditaciones.*

[1] En esta edición las palabras subrayadas se consideran incorrectas. Si se subraya alguna letra aislada, será exclusivamente para llamar la atención sobre ella. Los usos correctos vienen señalados por las letras en negrita.

Ruego que hagan llegar noticia de la aprobación a oídos de don Francisco para que no vuelva a ponerse cual toledana tarasca:

• Francisco Umbral, *El Mundo*: *Stampa me dice que no he salido guapo en la foto de la* ***credencial*** *(estos dicen «acreditación», como también lo decía el PSOE, pero los españolistas debieran estar más obligados a cuidar el español).*

acto de presencia Era hasta el 2001, únicamente, «la asistencia breve y puramente formularia a una reunión o ceremonia». Ese ministro en campaña que llega, saluda, corta la cinta y se va corriendo para salir en otra foto, y acciones semejantes. Puro cumplido. Parada sin fonda. No era correcto decir que «*el árbitro hace acto de presencia*», porque los jugadores se harían los buenecitos durante medio minuto y, en cuanto se marchara, empezarían a dar patadas en los occipucios de los contrarios. Y he escrito «era hasta el 2001» porque el *DRAE* nos ha hecho un regate a lo Maradona. De entrada, vuelve a decir lo mismo en **acto**, aquello de la «asistencia breve», pero si te empeñas en seguir leyendo, cosa de gran peligro me dijeron de niño, te encuentras con que añaden al final: «**hacer — de presencia**. Presentarse en algún lugar». ¿En qué quedamos, queridos maestros? ¿Presentarse y salir pitando, o presentarse y quedarse hasta agotar los canapés?

• El Tiempo en *Madrid Directo*, Telemadrid: *El sol hará* ***acto de presencia.*** O sea: visto y no visto.

• Eugenio Trías, *El Mundo*: *O bien hace* ***acto de presencia*** *en la liza electoral la figura carismática de Pasqual Maragall...*

• Amparo Pou, Cadena SER: *y la nieve y el hielo han hecho* ***acto de presencia*** *en los puertos.* Sería un mísero chaparrón, visto y no visto.

• Fernando Sánchez Dragó, *El Mundo*: *Llevo varias semanas sin hacer* ***acto de presencia*** *en este suplemento, lo que en modo algunos significa que al sesgo de ese ínterin haya dejado de leer.*

Cerremos con un uso atinado, por clásico, del efímero acto:

• Guillermo Cabrera Infante en *La Habana para un infante difunto*: *...y yo no podía bajarme esa noche con ella porque debía aunque fuera hacer* ***acto de presencia*** *en un trabajo que mi actividad como crítico de cine y mi labor diaria como corrector de pruebas iba haciendo cada vez más obsoleto...*

ad lítteram Como decían los latinos **sin salirse del guión**, **al pie de la letra**, cuando algo se leía **literalmente** o **palabra por palabra** —por variantes no quedará— también ha ganado plaza en el *DRAE* y, por lo mismo, su tilde correspondiente. Pero si te has levantado con el día latino, qué le vamos a hacer, lo escribes en cursiva y te ahorras la tilde. Y por ganar tiempo y espacio, lo mismo te digo de su prima «**ad pédem lítterae**» que ya figuraba en el *DRAE* de 1992. La Academia recomendaba en su página web que se haga así con todas las locuciones latinas «al escribirlas en español». Pedí por Internet una aclaración a su maravilloso Servicio de Consultas, en el sentido de que suponía que se referían no a las que se puedan escribir, sino «a las que pasan a su diccionario». Así contestaron muy amablemente a mi consulta las gentes del equipo que las atiende por carta, fax o vía Internet:

«Efectivamente, su observación es acertada. Una cosa son las palabras y expresiones latinas utilizadas en español y otra cosa es la utilización de citas latinas en textos españoles. En el primer caso, estas palabras y expresiones latinas pueden considerarse pertenecientes al léxico español (se usan de esa manera), por eso se les aplican las reglas de acentuación del español. En el segundo, no dejan de ser citas en una lengua diferente del español (en la que no existen los acentos), por eso no es adecuado aplicar a las palabras que forman parte de estas citas en latín las reglas de acentuación del español (de la misma manera que no lo haríamos con una cita textual en inglés o en francés). Reciba un cordial saludo. Departamento de Español al día, RAE.»

ad náuseam No llegó en patera, sino en trirreme, y también consiguió los papeles y la tilde. Pero algún día en que te levantes con unos gramos de modestia en la sesera, también puedes decir **hasta la náusea**, **hasta hartarse** o darle gusto a las comillas, que siempre están encantadas de salir a escena, las tías.

• Carlos García-Calvo, *El Mundo*: *...es repetir* ad nauseam *que no aguantan a la prensa, sobre todo a la de televisión. Vacas Flacas, cuya ropa heterodoxa, atractiva y lúdica ha sido vista* ad nauseam *en todos los saraos juveniles madrileños.*

• Luis Antonio de Villena, *El Mundo*: *...imagen de una resistencia sin armas y, por fin, verdadera extenuación* ad nauseam *para un ciudadano indefenso y aturdido...*

adecúas y **licúas** Los ha admitido la Academia a la par con **adecuas** y **licuas**, pero no han dado el pase a **evacúas**. Hasta entonces, la norma decía que «todos los verbos terminados en -cuar o -guar tienen diptongo en el infinitivo, lo mantienen en los distintos tiempos y modos y se conjugan como **averiguar**». Ahora, averigúa. Pero lleva cuidado si evacúas en público.

• Doblaje de la película *Superman*: *Evacúen a todo el personal... Evacúen a todo el personal...*

• Alfredo Landa entrevistado por Lourdes Garzón, *El Mundo*: *...y quizá me* ***adecúo*** *a menos personajes.*

ADN Es el primer ex *palabro* que el nuevo diccionario escribe completo en letras mayúsculas. ¿Es que es más grande que Marcial? ¿Es que ha pagado el doble? No: es que la Academia ha decidido escribir en mayúsculas aquellas palabras formadas con iniciales —acrónimos— que no tengan más remedio que leerse deletreándolas: «a-de-ene». Intente leerlo de otra manera y ya verá que se le cuelga la lengua en el paladar. Y ya, de paso, le digo que usando **ADN** no necesita decir **ácido desoxirribonucleico**, que ya recordarán algunos la cara de locatis que se le ponía a Salvador Dalí cada vez que lo soltaba de paseo.

aeroespacial No llegó volando al diccionario aunque haga tantos años que el hombre llegó a la luna. Ha tardado lo suyo, que es más que lo mío porque yo soy muy posterior. Eso demuestra que los académicos se resisten a montar en cohete. Lentos, pero seguros, terminaron por aprobarlo. Supongo que pronto se ahorrarán una «e» y autorizarán aerospacial, por similitud con **aerostación** y **aerostática**, que vuelan por el *DRAE* desde los tiempos de los famosos globeros hermanos Montgolfiere.

• Luz Rodríguez, RNE: *La mayor compañía de la industria* ***aeroespacial*** *norteamericana, la Boeing...*

affaire es un viejo galicismo que se pasa al españolismo. Sustituye a palabras como **ligue**, **relación**, **asunto** o **caso** y lo incluye el *DRAE* en cursiva. Puro realismo. Es que, mire usted: sigue habiendo ***affaires***, a pesar de nuestros maravillosos y sucesivos gobiernos. Seguramente alguna vecindona saltará a protestar porque su marido siempre ha sido muy decente y muy español y ha tenido sus **querindongas** y sus **líos**, pero nunca un ***affaire*** de esos. Si quieres, utiliza alguno de estos términos y reserva el ***affaire*** para cuando tengas uno de verdad (no de boquilla, como siempre) con una francesa o un francés. Entonces, dale a la lengua. Francesa. Como mi traductora Anne Taland.

• José Luis de la Serna, *El Mundo*: *El* **affaire** *de Previsión ha estado también emparejado con las elecciones...*
• Alfredo Martínez, Cadena COPE: *¿Estás sorprendido por el* **affaire**, *por el escándalo con lo del Salamanca?*

agredes o **agredo** Han dejado de ser meteduras de pata. El verbo **agredir** ya no es defectivo, a causa de los nuevos usos y costumbres del personal, dice la Academia. Ya se puede conjugar completito, no como antes, que estaba de medio cuerpo presente, puesto que sólo se admitían las formas que incluían la letra «i» en su terminación. Y ya, de paso, si quieres, **transgredes** al tiempo que **agredes**. La policía académica tampoco te detendrá por eso.
• Carlos Fuentes en *Cantar de ciegos*: *Irreverencia hacia la Santa Madre Iglesia y sus ministros a los que usted* **agrede** *soezmente todos los días.*
• Iñaki Anasagasti en el Congreso: *Uno, normalmente, no* **agrede** *verbalmente...*

agroalimentación y **agroalimentario** Ya han entrado. Ya me lo decía mi abuelo Juan, que era *agriculto* además de agricultor: no se le pueden poner puertas al campo.

aguadilla Lo admiten como sinónimo de **ahogadilla**. Al que empuja y te hunde se le sigue llamando imbécil. Por lo menos.
• Francisco Umbral, *El Mundo*: *...no podrán ir nunca de vacaciones a Benidorm porque a la primera* **aguadilla** *les da el infarto.*
• Soledad Puértolas, entrevistada por Ángela Molina en *ABC*: *...cuando era joven, un niño me hizo una* **aguadilla**; *casi me ahogo.*

aguoso Sería lo mismito que **aguanoso** o **acuoso**, pero lo han tenido mojándose a las puertas de la Academia hasta octubre del 2001. Por cierto: aunque ya tenga permiso de buceo, no es sinónimo de **acuático**. **Aguoso**, **aguanoso** y **acuoso** vienen a querer decir «lleno de agua», en tanto que **acuático** es «relacionado con el agua». Mi padre tiene un barco, mecachis en la mar, que no está lleno de agua porque se hundiría. Está lleno de madera y, por supuesto, relacionado con el agua. O sea: **acuático**, pero nada aguoso, **aguanoso** ni **acuoso**.
• Ramón Tamames, Cadena COPE: *Si se dice que los días van a ser* **aguosos** *o* **acuosos**, *es decir, pasados por agua, acuáticos, eso no quiere decir mal tiempo. Hemos tenido una primavera muy seca, y es bueno que llueva.*

airbag o **air-bag** El mecanismo de seguridad contra accidentes de automóvil sacó pecho, se infló de aire y lo admitieron. Pero es mejor que no choques. Aunque suba la bolsa.
• Martín Prieto, *El Mundo*: *Está de moda el* **air-bag**. *Traseros y laterales quizá hubieran salvado la vida de Lady Di y su moro. / Sería un* **air-bag** *judicial muy útil cuando vas por los negocios o el contraterrorismo a 190 por hora saltándote los semáforos. / Así que el* **air-bag** *judicial de un reciente «inmortal»...*
• Pello Ruiz Cabestany, *El Mundo*: *La nave abre sus pétalos de placas solares, en el momento en que se deshinchan los* **airbags** *que le han ayudado a tocar el suelo sin daño. / Llegaron demasiado rápido, sin posibilidad de parar el batacazo, ni con los paracaídas ni los* airbags.

alauita es admitido ya como sinónimo de **alauí**. Y un ramito de perejil de regalo.
• Pedro Pablo Hormigos, Telemadrid: *En unos minutos, les ofreceremos una muestra de los sentimientos que ha despertado la muerte del monarca* **alauita**.
• Antonio Gala, *El Mundo*: *Un rey* **alauí** *debilitado y poco propenso a renuncias, modernizaciones y liberalizaciones.*
Y, para variar, alguien se sintió rumboso y les regaló una «h»:
• *El Mundo*: *José Luis Perceval, corresponsal de* El Mundo *en el reino alhauita.*
Lo que no parece lógico es llamar alauí o alauita a la bandera **marroquí**, al pueblo **marroquí**, al ejército **marroquí** o al gobierno **marro-**

quí. Eso sería tanto como decir que los habitantes de España, los gobernantes, el ejército o la bandera son borbónicos en lugar de **españoles**. Todos.

• *El Mundo*: *Tras comprobar que las temibles fuerzas alauitas no tenían ni media torta...*

• *El Mundo*: *Creíamos que la OTAN era el paraguas que nos protegía y comprobamos que la bandera alauí que te vi...*

alipori no lo encontraba uno en el *DRAE* hasta el 2001; tampoco estaba en el *Moliner* ni en el *Casares*, ni lo reflejaba el *Diccionario de uso CLAVE*, aunque ya lo usaban los castizos cuando yo era un bebé para hablar de vergüenza ajena. Y se sigue usando. «**Alipori** o rubor ajeno», dice Umbral en algunos de sus escritos. En la variación está el gusto, dijeron a coro las de la poliandria y los de la poligamia.

• Antonio Burgos, *El Mundo*: *A mí, como nacido en el sur de Despeñaperros, me ha dado cierto* ***alipori*** *durante estos catorce años que el modelo de niñato andaluz... / Oigo a Cristina por la radio, en la propia caricatura de su voz, y siento una mijita de* ***alipori***.

Más raro se me hace verlo escrito sin «a» de principio, en femenino y con acentuación aguda. Primera y, por ahora, última vez.

• Elena Pita, en el *Magazine* de *El Mundo*, entrevista a la actriz Lola Herrera:

—¿Qué es eso del peinado Lola Herrera?

—Ay, bueno, no me digas eso que me da una liporí.

¿Error de transcripción o de la entrevistada?

alta costura Según dijeron siempre los expertos y hasta los domingueros como uno que vive en mi hogar, es un galicismo que te cuesta caro aunque el modelito lo cosan en un piso bajo. Traducción directa de *haute couture*, tiene también su prestigio dicho así, a la española Pero no sé por qué llaman alta a la que es **cara**. El *DRAE* añade ahora a la palabra «alta» esos bodoques.

• Francisco García Calvo, *El Mundo*: *La palabra que mejor lo define es «revolucionario», opina el escritor Fernando Rìus, que ha seguido todos sus desfiles de* ***alta costura****...*

• Titular en el *Magazine* de *El Mundo*: Customizar *un coche con* ***Alta Costura***.

A propósito, de «alta peluquería», ni hablar del peluquín, que dijo en vida Xavier Cugat. Es un galicismo igualito que el anterior, pero no ha entrado en la Academia. Los señores académicos se arreglan las luengas barbas en las instaladas en pisos bajos.

alucine Se incorpora como sinónimo de **alucinación**. Antes era como una **alucinación**, pero sin pase de pernocta. Alucinen, pero no **alunicen**, que vienen los *polis*.

• Programa de cine ***Alucine***, en TVE.

analítica Equivale por fin a **análisis**. La academia ha añadido una cuarta acepción: «Análisis clínico». Un triunfo del personal sanitario de las Españas. Tanto pinchar, tanto pinchar, que no hay *pompidou* académico que se resista. Hasta entonces, **analítica** era sólo un adjetivo; no como **análisis**, que siempre fue un sustantivo. Una persona puede ser muy **analítica** si le gusta hacer **análisis** previos antes de llamar inútil al señor ministro. Pero lo cierto es hay médicos y demás sanitarios que empezaron a hablar de hacerte una analítica, cuando realmente se trata de un **análisis** de tomo y lomo, con pinchazo y micción. O sea: de sangre y orina, que no de sangre y arena. Vete preparando, torero.

• Quim Monzó en el cuento *Mi hermano*, *El País*: *Tendríais que hacerle una* ***analítica***.

andropausia No lo han reconocido los académicos hasta el siglo XXI. *Pitopausia*, todavía no. **Andropausia** —según me cuenta gente muy, pero que muy mayor— es el equivalente masculino de la **menopausia** femenina. Pero, muy machistas ellos, los académicos no reconocían tales nombres. Lo que no existe, parece que quieren decir, no tiene nombre.

anhidrido Ya se admite como sinónimo de **anhídrido**. Dos tufos por el precio de uno.

antiadherentes Son, o dicen ser, casi todos los cacharros que te venden para usar en la cocina, y como tales vienen rotulados. Ha tenido que llegar el siglo XXI para que el rótulo alcanzase las páginas del diccionario. Según parece, nuestros maestros tenían dudas sobre cómo meter la mano ahí sin achicharrársela. Por cierto: no podrían hacer luego el «cura sana, culito de rana» con crema antiarrugas, porque aún no han aprobado este término.

antiterrorismo Uno de los apartados prioritarios de la política de cualquier gobierno que se precie, no siempre recibe el reconocimiento general. El académico ha tardado, pero llegó. La democracia recibe de paso la vía libre para su lucha **antiterrorista**. Ojalá se convirtieran pronto en arcaísmos por falta de uso.

antitusígeno Les entró a los académicos a fuerza muchas cucharadas y mucho prospecto de uso de difícil lectura. Entre tanto, hemos tomado aquel **jarabe para la tos** de la abuelita Boni. Y cierro ya el cajón de los *antis* aprobados, reseñando que se quedan en el limbo y a la es-

pera otros cuantos: antitotalitario, antipersonales o antipersonas. Eran ciento y la madre, como se ve. Hay gente que se opone a todo.

apartheid Fue el sistema de **segregación racial** —pero en más duro— que, implantado por los colonos blancos, nació y, afortunadamente, murió en Sudáfrica. Legalmente terminó, pero el dolor no se olvida. La Academia lo incluye ya en letra cursiva. ¿Discriminación?
• Mario Vargas Llosa, *El País*: *Hasta algunos años antes de que Mandela ingresara al penal, el gobierno del* apartheid *que se inició en 1948... / El* apartheid *era algo mucho más profundo que una segregación racial. Dictaminaba una compleja escala en el grado de humanidad de las personas, en la que a la raza blanca correspondía el tope, al negro el mínimo, y a los híbridos cuotas mayores o menores según los porcentajes de blancura que detentara* (sic) *el individuo.*
• Emma Bonino, comisaria de la Unión Europea, *El Mundo*: *En la época en que en Sudáfrica imperaba el* apartheid *—la discriminación racial elevada a rango de ley—...*

arrejuntarse Se admite por fin. Ya lo estaba **ajuntarse**. Pero los hay que se casan y todo.
También lo usan los chavales para hablar de sus amistades eternas de cinco o seis años que se rompen por un quítame allá esa piruleta. Y ya que paso por este *arrabal* con todos mis *arreos*, no será mala cosa reseñar un par de detallitos: **arrascar** era y es una vulgaridad; quizá por eso el *DRAE* lo ha eliminado de sus páginas en el 2001, aunque haya dejado **arrebañar**. Al que le pique, ya sabe: «el comer y el **rascar**, todo es empezar».
• Andújar Oliver, ex árbitro y comentarista, Cadena COPE: *Augusto, con estos jugadores, prepárese para arrascarse el bolsillo. / Arrásquese el bolsillo.*

audio Estaba en el diccionario, pero con permiso condicional: sólo como «elemento compositivo». Nos dejaban que lo pusiéramos por delante de un «metro», de una «frecuencia» o de un «visual». Ahora tiene además su puerta de entrada independiente. Pero **audio** no es lo mismo que **sonido**. El diccionario define este término como «Técnica relacionada con la reproducción, grabación y transmisión del sonido». El **audio** puede fallar, como tal técnica; pero lo que hay que subir, bajar o escuchar atentamente es el **sonido**. Algunos. Dijo Napoleón abrazado a su cañón.

• *Cosas que dejé en la barra*, Cadena SER: *Hemos grabado un programa. El próximo día les ponemos el audio.*

• Inmaculada Galván, Telemadrid: *Tenemos un problema con el audio...*

autodefensa Me dijeron hace tiempo al oído que es un anglicismo, como muchas de las palabras en cuyo territorio estamos entrando, arrastradas por el dichoso *auto* sin gasolina. En **defensa propia** te lo digo, porque luego me duelen los oídos. Y el caso es que el propio *DRAE* parece como si protestara ante sí mismo por haberlo admitido, añadiendo un paréntesis que dice «Calco del inglés *self-defense*». O sea (sin permiso, señor Umbral).

autodidacta Lo ha admitido la Academia para aplicarlo a los varones junto a **autodidacto**. Antes **autodidacta** era exclusivamente femenino. Ahora, bisexual declarado y aprobado. Se ve que a los académicos se les hacía muy cuesta arriba llevar la contraria al Premio Nobel. Entre otros.

• Gabriel García Márquez, *El País*: *Los **autodidactas** suelen ser ávidos y rápidos.*

• Luis Antonio de Villena, *El*

Mundo: *De origen humilde, **autodidacta** y aficionado al teatro desde muy joven...*

Para que vean que también los había que respetaban la norma antigua, aquí va un buen ejemplo:

• Jean-Paul Sartre, traducido por Aurora Bernárdez, en *La náusea: Las lecturas del **Autodidacto** siempre me desconciertan. De pronto, me vuelven a la memoria los nombres de los últimos autores cuyas obras ha consultado: Lambert, Langlois, Larbalétrier, Lastev, Lavergne. Me iluminé: comprendo el método del **Autodidacto**: se instruye por orden alfabético.*

Pero siempre hay quien ha leído otra traducción distinta, claro:

• Francisco Umbral en *El Cultural* de *El Mundo*: *A mí me llamaba el **autodidacta**. No sé si había leído* La Náusea *de Sartre, pero yo tenía poco que ver con el **autodidacta** culoncillo y sartriano de aquella gran novela existencialista, aparte de que no era **autodidacta**, salvo en la medida en que lo es todo escritor, pues a escribir se enseña uno solo.*

Entendido: no es **autodidacta** ni tan siquiera **autodidacto**. No le afecta, pues, el consejo del machadiano Juan de Mairena: *Desconfiad de los **autodidactos**, sobre todo cuando se jactan de serlo.*

automedicarse Se admite en el siglo XXI. La Academia no ha hecho caso a los médicos ni a los que decimos que sobran *autos*. Porque, si bien se mira y hasta si se mira bien, **automedicarse** es **medicarse**, sencillamente, porque digo yo con mis pocas luces de ciudad que lo que hacen los médicos y farmacéuticos es **medicarte**. Yo acabo de **administrarme** una lata de fabada y no he necesitado el *auto* para nada. Quizá por eso dejaron a la intemperie y para peor ocasión autoinculparse y autoinmolarse, que es casi igual que autosuicidarse. A sí mismo. Claro. Y aquí puede usted autoañadirse a su colección particular todos los *autos* del mundo. De carreras o de paseo.

• Juan Andujar Oliver, ex árbitro y comentarista, Cadena COPE: *No comprendo a Scaloni. Se autoexpulsa él solo.*

• Martín Prieto, en *El Mundo*, atribuye a un psiquiatra: «*Y eso sin contar a los que se dan automuerte sin pasar por nuestras consultas*».

Raro final para un *súper-reflexivo*: darse muerte con un *auto*. De carreras.

baby sitter Literalmente sería algo así como una «gallinita clueca de bebés», que les cuida y da calorcito. Aparece ya en cursivas en la *Biblia* académica. El anglicismo encontró en España y otros países un sustituto también con gracia metafórica, **canguro**, por aquello de su bolsa de guardar criaturitas. Así figuraba ya como última acepción en el *DRAE* de 1992: «Persona generalmente joven que cuida de los niños en ausencia de los padres». No tienen bolsa marsupial, pero tienen paciencia. Por un dinero.

• Francisco Peregil, *El País*: *El mercado de las niñeras, **baby sitter**, au pair, **canguros** o cuidadoras de niños ofrece perfiles muy dispares.*

También surgen ocasiones en que se impone el **canguro**, porque lo de la ***baby sitter*** ya sería demasiado:

• Rosa Pradas y Rafael Ruiz, *El País*: *También se anuncian ya servicios de «canguros» para perros.*

Variante jocosa, la del culebrón de las Américas emitido en España en el que la gallinita, o la cangura, se convierte en simple **hermana**: *La baby-sister*.

• Javier Lorenzo, *El Mundo*: *No quiero detenerme hoy en culebrones —ya se veía que* «La baby sister» *no iba a durar mucho...*

Ojo al dato: por primera vez en la historia del toreo español, la vocal «a» se abre en canal y se convierte en dos iguales. Para hoy, la de *baby* se transforma en dos: una «e» y una «i», con lo que «Tú serás mi *beiby*». Como en los sesenta musicales.

bacón Es lo que han tenido que comprarse los llamados «inmortales», porque *bacon* no se toma en la Academia ni para desayunar. Los académicos aprobaron antes la versión fonética castellana **beicon**, que es con la que se desayunan los enterados. Con o sin huevos. De los de mojar. Lo que se ahorra en comillas o cursivas, se puede gastar en pan.

• Cristina Frade, *El Mundo*: *Efectivamente, de la cocina del Fox and Hounds (El zorro y los sabuesos) salen platos humeantes de sopa, carne asada, huevos con bacon y patatas fritas.*

Repito, antes de abrir la boca —para comer— hay que abrir el diccionario, como hizo don Fernando, y ver al nuevo **bacón** o al veterano y flamante **beicon** diciendo «úsame».

• Fernando Savater, *El País*: *Otra joya mancillada: el **beicon**, que aña-*

dido a los huevos revueltos... / El secreto del ***beicon*** *es que permanezca crujiente y seco...*
Otra posibilidad: como dicen las *fermosas* aldeanas de Forges, también puedes llamarlo **panceta** o **tocino**, pero dice una de ellas que esto ya no *mola*. En general y en sargento.

bailaor y **bailaora** Como **cantaor** y **cantaora** han sido aceptadas por la Academia. Ya eran de uso generalizado desde antiguo en los ambientes flamencos y gitanos, desde donde se extendieron al habla diaria. Tanto, que ya resultaba cursi a estas alturas —y a otras más altas y más bajas— decir **bailador** o **cantador**, que es lo que figuraba exclusivamente en el diccionario. Parecería que fueran naturales de *Bilbado* y comieran *bacalado*. A veces me pongo de un antiguo que nunca llegaré a clásico.
• Inmaculada de la Fuente atribuye a María Zambrano en *Mujeres de la posguerra*: *Me han revelado que tengo algo de bailarina; bueno, de* ***bailaora****.*
• Alfredo Grimaldos, *El Mundo*: Como artista invitado, participará su sobrino, el **bailaor** Miguel *El Toleo*.

bajines, **bajini** y **bajinis** Los llevo usando desde el *cole* de párvulos. Pero siempre **por lo bajini** o por lo **bajinis** para que no me oyera la *seño*, entonces madre y sor. Ahora lo decimos ya a voz en grito. Se acabó lo de **murmurar** de los académicos **en voz baja**. Aprobadas las tres. Y con nota.

balandronada Supongo, será una **baladronada** lanzada muy chulamente desde un balandro. Toda una bravata de regata. Pero como no me fío de mis intuiciones, prefiero consultar el *DRAE*, que va y dice: «Barbarismo por **baladronada**». Hay que afinar. Y de balandro, nada.
• José María García, Cadena COPE: *Mantengamos el secreto, y no es una* ***balandronada****. / Va por ahí, soltando* ***balandronadas****...*

baloncestístico. Hasta que ha cambiado de opinión la Academia, había que sustituirlo si uno quería estar dentro de la ley académica por algo así como «**relativo al baloncesto**». Un dispendio. Ahora ya es legal y puedes decirlo todas las veces que quieras, como ya decías **baloncestista**. Si te deja tu boquita, que esa es otra y hay muchos que se hacen con la lengua un lío.
• Vicente Salaner, *El Mundo*: *Lorenzo Sanz, como bien explica Tomás Roncero en estas páginas, tiene preparado un plan de drástico recorte del presupuesto* ***baloncestístico*** *a los 800 millones de pesetas...*

balonmanista y **balonmanístico** Sintieron la lógica envidia, se sintieron agraviados, reclamaron y consiguieron entrar en la Santa Casa con su balón chiquito en las manos. Todo llega, porque parecía que ni con recomendación de la Casa Real, que tiene un Urdangarín en su foto oficial.

bancarización y **bancarizar** Aunque pudiera parecer que vienen a ser lo mismo que **barbarizar**, pero hecho con las facilidades de un crédito blando de los bancos, recibió el plácet. La Academia también otorga créditos cuando no tiene más remedio a verbuchos con posibles. Y con padrinos.
• Lorenzo Bernaldo de Quirós, Cadena COPE: *Este es el peligro de la* ***bancarización*** *de las grandes compañías. / Una economía* ***bancarizada*** *es peligrosa.*

barajear Lo incluye la Academia junto al clásico **barajar**. Dice que se usa en Perú y México. Pero siempre con baraja española, señor Tamariz. Por cierto: el hecho de **barajar** no se llama barajeo, sino **barajada**, **barajadura** o **baraje**. Elija usted, don Francisco, o siga con su exclusiva:
• Francisco Umbral entrevistado por Miguel Munárriz, *El Mundo*: *Esta obra es una película. Y en la novela, en el «ruedo ibérico», por ese continuo juego de planos, ese barajeo de las situaciones de los personajes, en donde mezcla varias acciones a la vez. Eso es cine.*

baremar Es nuevo verbo inventado por algunos <u>*baremadores*</u> que piensan que todo lo calculan. Paradójicamente, la que luego regula, la Real Academia, les ha aceptado el verbo pero les ha dejado a ellos en la calle, tal que mirando a los Jerónimos. **Baremación** y **baremo** ya figuraban. Pero sin <u>*baremadores*</u> que mangoneen el asunto. Todo queda en manos de maestros chapuzantes. ¿Con IVA o sin IVA?

• Manuel Molés, Cadena SER: *A las doce se abrieron las plicas y, a la una, se había concedido la plaza al empresario. Y eso que había que **baremar** y todo.*

• Eduardo Cortés, consejero autonómico de Madrid con el PP: *Los que han pedido vivienda están en **baremación**.*

• Sigfrido Herraiz, concejal en Madrid por el PP: *Los demás datos de la instancia sólo sirven para la **baremación**.*

barman No figuraba en el diccionario de 1992. Café, copa y puro para celebrar su llegada al *DRAE*, coctelera en mano. Esta ronda va por cuenta del admitido, señores académicos. Pero un chato, dos almendritas y pare usted de contar. El hombre de la barra, el hombre del bar, no sufraga indigestiones ni cogorzas o pítimas.

• Miguel Ángel García Juez, revista *Antena* de la Asociación de Profesionales de Radio y Televisión: *La mayoría se enzarza en complicadas combinaciones sobre el largo de café y lo corto de la leche, o a la inversa, que provocarían más de un infarto a cualquier honrado **barman** de Chicago, pongo por caso.*

barra americana Es el territorio del **barman** del piso de encima. Se llamaba así al bar en el que las bebidas las servían *camareras* supuestamente *tiernas*, que incitaban al cliente a consumir bebistrajos variados de exótico nombre y alto precio. El diccionario de la Academia ha añadido el adjetivo «americana», pero muy al final de la barra y de sus tiempos, porque se las comieron las hamburgueserías.

• Noticia en *El País*: *Los ocho militares abandonaron el pasado viernes una zona de maniobras en Cabo Blanco para tomarse unas copas en una **barra americana**, a la que llegaron a bordo de un* jeep.

baterista En pura lógica gramatical era el nombre adecuado para el músico —o lo que sea en otros casos de puro aporreamiento— que toca la batería. Si al que toca el violín se le llama violinista, al que toca la trompeta trompetista y al del piano, pianista, lo suyo era llamar **bate**<u>**rista**</u> al que toca la batería. Y, sin embargo, no era así académicamente hablando. La Academia sólo admitía **batería** como nombre del «individuo que toca la batería en un conjunto musical», amén de llamar así al propio instrumento. Y, la verdad, es que así —**batería**— le sigue llamando la mayoría. Pero no todos aunque siga admitido.

• Diego A. Manrique, *El País*: *En las primeras horas de 1980, José Enrique Cano, Canito, **baterista** del grupo Tos, fallecía en accidente de circulación.*

bebercio Tenía el mismo problema que <u>comercio</u> en su acepción popular y humorística de meterse cositas apetecibles por la boca: que no los reconocía como suyos la madre de todas las palabras, doña Academia. Pero todos conocemos personas así de gordas que no comercian con nada pero engordan porque se pasan de <u>comercio</u>, y gentes que son incapaces de circular en línea recta, pero hacen maravillosas eses por culpa del **bebercio**.

En un juego de adivinación sobre cuál de ellas llegaría la primera al diccionario, seguro que habríamos fallado la inmensa mayoría, cual especialistas en encuestas de opinión. Porque los académicos se han dado en su *DRAE* al **bebercio** y no palian los efectos con un nutritivo <u>comercio</u>, que sigue significando lo de siempre. Más vale que pidan un taxi a la salida.

beige Lo refleja ahora el *DRAE* en letra cursiva. En 1992 ya figuraba en letra redonda. Cambio de marcha por diagonal. Es palabra francesa, no hay más que verle la lengua. Pero se fue haciendo un huequecito lógico en la española, porque resultaba muy largo decir «**de color café con leche**», o así. Muchos propusieron tirar por la calle más corta y llegaron los primeros: proponían traducir con la gorra y llamarlo **beis** y también le hicieron sitio. Al fin y al cabo, es como hay que pronunciarlo. Los tiempos cambian y las ciencias adelantan que es una barbaridad en la que la sílaba ya española «ge» se pronuncia «s». En su momento, algunos académicos colombianos, para quitarse de líos, propusieron sustituirla por **jalde** o por **pajizo**. Con un par... de sinónimos. Por cierto, un aviso a los curiosos: **jalde** era un término corriente en el siglo XV, y después se quedó en uso exclusivo para la heráldica. Así como los gules equivalen al color rojo, **jalde** equivale al amarillo. Con ese significado lo usa Cervantes en el capítulo XVIII del *Quijote*. De nada, oiga. Lo acabo de encontrar y no me lo iba a guardar para mí solo.

• Jesús Mariñas, *Época*: *Filas de perlones desiguales animándola, casi se confundían con las agitadas cintas* ***beige*** *del estampado.*

belcantismo, **belcantista** y **bel canto** Han entrado a coro y dando la nota en el *DRAE*. Belcanto, por el contrario, no entró; peca de exceso de pegamento en medio. Se ruega que reparen en dos detalles: que **bel canto** siempre necesita un poco de aire en el centro y que algunos usan el término erróneamente como simple sinónimo de **ópera**. Pues, no, mire usted. Es, sencillamente, una técnica, una manera de cantar, un «arte del canto según determinado estilo de la ópera italiana», como dice ahora el *DRAE* y como hacen los llamados **belcantistas**. Otros avisos en la puerta del frigorífico: bell canto es una barbaridad en español y en italiano. Sobra una «l». En cuanto a belle canto peca por confusión de sexos y de idiomas, ya que las *belles* siempre fueron francesas.

• *El Mundo: La que admiró al mundo entero como feliz e ilusionada chica camino del altar, la que se atrajo a la Corte a soberanos del* savoir faire, *estrellas del pop o el bell canto...*

• Cadena COPE: *Pero la voluntad no le falta, como tampoco le falta a la concejala del distrito Centro, María Antonia Suárez, repetidora en el «concierto navideño» de la Plaza Mayor, y que, como el alcalde, tampoco está dotada para el belle canto.*

• *El Mundo*: *Ni las lágrimas ni los propósitos de la enmienda librarán de la cárcel a Marcel Auram, hasta hace unos meses el mejor amigo de las estrellas del rock, pop o belcanto que querían esquivar al fisco alemán.*

• Luis Ángel Vela del Campo, *El País*: *La pureza de estilo, el concepto* ***belcantista****, la manera de regular, la limpieza del fraseo...*

best seller ¡Ojo al dato! ¡Atención a la jugada! Era, hasta la edición del diccionario de 1992, un *best-seller* con su ración de cursivas y, naturalmente, sin tilde, porque no había entrado en la nómina legal. Lo admitieron totalmente en ese 1992, como otra forma quizá de celebrar tanta Expo y tanta Olimpiada. Por supuesto, le clavaron en la cocorota su tilde a la española: best-séller, pero la dejaron con su raya en medio. Todo un éxito de venta de imagen del imperio anglohablante. Se acabó, creíamos, eso de andar comprando comillas usadas en el Rastro o buscando sustitutos: **éxito de ventas**, **campeón de ventas**, **número uno** o **más vendido**. Tomás Martín Blanco, en su *Gran Musical* de la SER, impulsó algunos propios como los 40 **principales** y los **superventas** con Rafael Revert. Pues se acabó lo que se daba. En la edición del año 2001 ***best seller*** ha vuelto a su estado original. Otra vez letras cursivas, sin tilde, sin su rayita y en inglés. Pero admitida. Que el imperio es el imperio. Y la Imperio, Argentina.

• Juan Manuel Bellver, *El Mundo*: *...antropofagia y negocios, en un entretenimiento perverso con vocación de* best-seller *posmoderno.*

• Pedro Narváez, *Blanco y Negro*: *La americana* <u>best-séller</u> *de esta temporada es en crêpe de color amarillo.*
A alguno le sobra ahora la tilde. A lo mejor también le faltan hombreras, pero es que no entiendo mucho de modas.
• Iñaki Gil, *El Mundo*: *...Con motivo de la salida al mercado de su panfleto* El honor perdido de François Mitterrand, *libro* ***superventas*** *(¡300.000 ejemplares!)...*
Aviso a los bebés primerizos: nada de pronunciarlo en plan «séyer». Aquí, por vez primera en los anales de la fonación española, esa «ll» se convierte legalmente en una «l»: «best-séler». Tal y como hacen aquellos transgresores de las normas que dicen haber visto a *Maragal* paseando por *Sabadel*. Por cierto, en la revista *Qué leer* escriben «*beséler*».

bibelot Es un anglicismo admitido que designa a una **figurita** o **figurilla** de nada. Si fuera más grande ya no sería un **bibelot** o, dicho en castellano, no sería una **figurita**. Sería una estatua, o un Sabonis, o un Gasol. O así.

big bang Es otro anglicismo que gana el favor académico en el siglo XXI. Es una expresión, en parte onomatopéyica, con la que los científicos han dado nombre a la **gran explosión** que hace miles de millones de años dicen que dio lugar al nacimiento del universo actual. Algo así de gordo debió de ser; si no, no se explica que estemos tan «atontados de los tiros» tantos años después.
• Paco Rabanne entrevistado por Soledad Alameda, *El País*: *Meditando sobre el espacio-tiempo, el* **big bang**, *entendí que no hay un* **big bang**, *sino muchos.*
• Juan Cueto, *El País*: *Hay que admitir que el actual encaje de bolillos del Vaticano es francamente bueno e ingenioso para adaptarse a los* **big bang** *de la ciencia y de la modernidad.*

birrioso Es realmente horroroso: «De mala calidad, de mal aspecto», reza el diccionario en el debut oficial del antiguo palabro como nueva palabra. Una auténtica **birria**, pero que sirve a ésta de nuevo sinónimo. Antes de prepararme una **birria** de cafelito de **birrioso** puchero, me siento en el deber de avisar a los aquí presentes de que, si viajan a Panamá, sepan que allí significa **porfiado**, y que si alargan el viaje hasta Costa Rica, se encontrarán con que se lo aplican al que tiene fiebre. De sábado noche y del resto de la semana. A sudar.

bisexualidad Es una condición que no estaba reconocida. Si te gustan gentes de todo sexo y condición, sea masculina o femenina, sí admitían que pudieras llamarte **bisexual**. Pero de ahí no pasaban, como si la cosa en sí no existiera. Ya tiene reconocido nombre científico legal su condición. Total, unos miles de añitos de retraso.

bisnes Lo aprobó la Academia, aunque no le veo yo el **negocio** a eso. Ni tan siquiera al *bussiness*, o al *bisnis*, otra corrupción por fonética traducción, dicho sea con perdón, pon, del mismo *bussiness*. Ésa se quedó fuera. Quizá fuese ya demasiado gasto. **Bisnes** son **bisnes**, oiga.
• Isaac Montero en *Pájaro en una tormenta*: *Anda por la Cervecería Alemana, toca en las esquinas pero va de* <u>*bisnis*</u> *por todo lo alto...*
• Carlos Boyero, *El Mundo*: *¿Qué sería del desamparado arte sin los medicis* (sic) *modernos, de esos opulentos y sensibles mecenas que entre* ***bisnes*** *y* ***bisnes*** *compran cuadros y además su generosidad consiente que la plebe podamos admirarlo de cerca?*

blazer El nombre inglés de la chaqueta de franela, cruzada y con estilo deportivo, ya es también su nombre español, aunque haya que pronunciarlo en inglés, con lo que la honrada vocal española «a» se transmuta otra vez en dos: «ei». Vaya lío. Y escribirlo en cursivas, aunque vaya sin botones dorados ni nada. Otros llaman a esa prenda *blazier* o *blasier* pero esos palabros han quedado fuera. Para más señas, suelen llevar un bolsillo pegado a la altura del corazón para poder meter el pañuelo y completar un aspecto levemente cursi de falso capitán de yate.

• Isabel Vaquero, *El País*: *El gabán marinero, los bombachos, la gabardina, el traje-pantalón, el* **blazer**, *la blusa transparente, la sahariana o el esmoquin.*

• Manuel Vicent, *El País*: *...que andan entre el padel tenis y el índice Dow Jones, con camisas vaqueras y* blasiers *entreverados con una rubia de piernas largas...*

blues Como se ve, también anda dentro del diccionario que estrena letras cursivas para palabras admitidas. Los *blues* —tristes cantos seculares de los negros de Estados Unidos— no sé si han bajado a una hipotética segunda división, aunque siguen aprobados. Antes usaban unas redonditas negras preciosas. Pero se las ha birlado el actual criterio de la Academia de reservar las redondas negritas para aquellas palabras que suenan en castellano casi igual que se escriben en su lengua original. Incluso, cantando. Bluesero, bluesista y demás derivados de *blues* no han conseguido ni tan siquiera pase de pernocta en los salones de la Academia. Pero *blues* ya hace tiempo que es el negro que tenía el carné blanco de español. Eso, sí: se apunta el tanto —si no meto la pata como todos los jueves— de ser la segunda palabra española que contiene una «e» muda del asombro de serlo, tras la de *affaire*. Diga usted «*blus*» y creerán que sabe más de jazz que mi inolvidable compañero Juan María Mantilla.

• Diego A. Manrique, *El País*: *Ha acostumbrado a sus* fans *más pudientes a sus conciertos invernales en el Royal Albert Hall, donde lo mismo puede dar conciertos de* **blues** *que flirtear con una orquesta sinfónica. / Respecto al* **blues**, *¿qué le interesa creativamente?*

• Eduardo Galeano en *Memoria del fuego*: *Bessie Smith, inmensamente gorda, inmensamente negra, maldice a los ladrones de la Creación. sus* **blues** *son himnos religiosos de las pobres negras borrachas de los suburbios.*

En cuanto a lo de llamar a la gente, a la española, bluesero o bluesista, a alguno le puede sonar igual que si los angloparlantes llamaran a Camarón de la Isla «jondoman». Ahí queda eso.

• Ricardo Aguilera, *El Mundo*: *Las mujeres han prestado al jazz una voz más sensual y dúctil que la que se podía escuchar de los varones, un punto de turbación y sentimiento que acerca la sofisticación jazzística a su raíz bluesera.*

• Xabier Rekalde, *El Mundo*: *...donde dejó registrada su canción más popular,* Hoodoo man blues, *que le convirtió en el bluesista del año 66.*

body **Cuerpo** en inglés, se llama a la prenda interior femenina hecha de una pieza, que cubre todo el cuerpo, excepto las extremidades. Y la cabecita de pensar. Conste. Ahí lo tienes ya, tejido en cursivas para mejor ajuste:

• Pie de foto en *El País*: *Un sugerente y elegante cuerpo tipo* **body** *de* lycra *y seda* stretch *con bordado de lentejuelas rojas.*

• Juan José Millás, *El Mundo*: *Había días en que estaba esperando ver entrar a su mujer por la puerta con su chándal y sus zapatillas de deportes, cuando aparecía la amante, con el sombrero de alas y el* **body** *transparente...*

bofia Así se llamaba despectivamente en mi calle y en la de al lado a la **policía** cuando todos los niños éramos todavía niños y no había aún televisión en la que sa-

lieran como gente alta, rubia y estupenda. Como si no fueran de la **bofia**. Pues ya se han infiltrado en el diccionario. Y tienen pistola. Dijo Sabina.

boiserie Ya sabe, es el mueble de madera-madera que se empotra en la pared pero sin llegar a entrar en casa de los vecinos. ***Boiserie***, nombre al que también corresponde el revestimiento de muros con ese mismo material, no lo han puesto en redonda porque se pronuncian algo así como «buaserí». ¿Quién nos iba a decir a los raciales hispanos de las cinco vocales recias e inmutables que, con el paso de los siglos, terminaríamos diciendo «ua» donde pone claramente «oi»? Ya se sabe: malas artes de los franceses, que tienen la boca rarita. De la de las francesas no me quejo. En general.

boîte Para ser una nueva palabra española, es más bien rarita. Para empezar, lleva ese gracioso tejadillo sobre la «i», acento circunflejo que nunca habían usado oficialmente los españoles de bien, a excepción del señor Rodríguez Zapatero, secretario general del PSOE, que los usa a pares como cejas. Además, resulta que hay que pronunciarlo «buat». Justamente eso es lo que ha hecho que se quedara en letra cursiva al entrar en el *DRAE*. Si no quieres andar con la boca al bies, puedes sustituirlo por **sala de fiestas** o **sala de baile**, o hacer lo que los castizos madrileños: pronunciarlo casi letra por letra y llamarla «bo-i-te», que hay que reconocer que tiene su gracia. Y su plus por *descorche*.
• Manuel Puig en *El beso de la mujer araña*: *Ahí en la* **boîte** *todo el mundo está enloquecido arreglando las mesas...*

• Mario Vargas Llosa en *Los cuadernos de don Rigoberto*: *...de modo que esa noche no atollan el programa discoteca, bar,* <u>boîte</u> *ni antro del amanecer.*

boom Cosa inglesa y onomatopéyica a la par, tiene fáciles traducciones hasta en sentido figurado: **auge repentino**, **furor**, **moda**, **éxito** y hasta **explosión**. Y porque llevo unos días que estoy muy vago, que si no podría proponerte otras tantas. Y ya estamos de nuevo con la sublevación de las vocales tradicionales: por escribirse «*boom*» y pronunciarse «bum», ha entrado en letra cursiva. Pero haciendo ruido.
• José Donoso tituló uno de sus libros *Historia personal del* **boom**.
• Gemma Casadevall, *El Mundo*: *En 1996, Volkswagen dobló holgadamente los resultados positivos del año anterior y en el primer trimestre de este 1997 ha registrado un nuevo* **boom** *de ventas.*

borde Se usa muy a menudo como sinónimo de **mal genio** o **desagradable**. Pero realmente **borde** sólo tenía dos significados: «**tosco, torpe**» e «**hijo nacido fuera del matrimonio**». En ambos casos —el tosco y el hijo naturalísimo— se puede ser persona de muy buen genio, aunque se sea un **borde** auténtico y genuino. Se ha añadido ya en segunda acepción ese antiguo uso popular como «**esquinado, impertinente, antipático**». Como un jefe. Talmente.
• Federico Jiménez Losantos, *El Mundo*: *Sinceramente, prefiero un presidente antipático, incluso tan antipático, hosco, híspido, adusto y* ***borde*** *como puede resultar Aznar...* Con amigos así, no se necesitan enemigos, señor Aznar.
• Fernando Ónega, *El Mundo*: *Así que, si todo el mundo está tan tran-*

quilo, no será este cronista el que se ponga ***borde****.*
Harás muy bien, querido Fernando. Y recuerden todos lo que enseñan aquellos que hurgan en el pasado de las palabras: que **borde** deriva del catalán *bord*, nacido del latín *burdus*, que quiere decir «bastardo» y que también dio nombre a los burdeles en que paraban las pobres madres de los auténticos **bordes**.

bote ¡Gracias! Se agradecen las propinas, ya que el sueldo —casi cualquier sueldo— nunca llega a ser justo. Esa acepción ha llegado de propina al diccionario 2001, pese a que nació tras los mostradores de tascas y tabernas en los años cincuenta. La popularidad del bote de las propinas llegó a inspirar canciones en aquellos años, como aquel *Dinero al* ***bote*** que cantaron mis amigos Luisa Linares y los Galindos. La Academia ha admitido el nombre tanto para la propina como para el **bote** en que se deposita con cante incluido (segunda y tercera acepciones). En la cuarta acepción ese humilde **bote** ha conseguido crecer y aumentar de tamaño, y ahora le caben cientos de millones en la Primitiva, la Bono-loto o las ya clásicas quinielas. Un sentido que también han incorporado los señores académicos. Por partida doble me gustaría a mi chillar: **¡Boooooooooote!** ¡Graaacias!

bourbon No es de familia de reyes, pero ha conseguido llegar en letra cursiva al diccionario. Es un whisky o güisqui sin sangre azul que los estadounidenses se fabrican preferentemente con maíz. Poniéndote en la boca un caramelo de café con leche, sabe divinamente, aunque los expertos en zumo de chinche siguen empeñados en que se parecen. Y, seas monárquico o republicano en materia de antiguas vocales, no digas borbón ni borbon.
• Eduardo Galeano en *Memoria del fuego*: *Cada día Keaton se entiende mejor con los perros y las vacas. Cada noche destapa una botella de* **bourbon** *y suplica a su propia memoria que beba y calle.*

boutique Es un galicismo que pasó los Pirineos y, de modelito en modelito, llegó hasta la Academia y entró en minifalda de rebajas hace algún tiempo. Desde entonces, toda España era ya una *boutique*: *boutique del pan*, *boutique de la moto* y similares. Hasta que lleguemos a la *boutique de la basura sin reciclar*, que todo se andará. Sólo me queda aclarar que la palabra ya estaba admitida, pero en el siglo XXI ha pasado de las redondas a las cursivas. Por culpa de la pronunciación, ya saben. Ahora resulta que se nos vuelven mudas la «o» y la «e» cuando les sobreviene la republicana y francesa gana. Sirva de aviso a los navegantes.
• Vicente Verdú, *El País*: *Incluso los zapatos de supercuñas que se ven en nuestras discotecas están en las tiendas, y las* **boutiques** *van abriendo junto a los salones de belleza.*
• Eduardo Galeano en *Nosotros decimos no*: *Los pañuelos se llaman* «foulards» *y son de Pierre Cardin, Dior, Givenchy o Yves Saint-Laurent; si una* **boutique** *no los tiene todos, se arruina.*

box Ya estaba admitido, pero únicamente como sinónimo de «boxeo». Paso. En 2001, con cuatro tablitas y unas mamparas de nada, le han abierto otra entrada independiente con acepciones referidas a las **cuadras** de los hipódromos y de las **casetas** en las carreras de vehículos motorizados, con harto contento de Valentín Requena, Ángel Nieto y demás familia televisiva, radiofónica y *prensadora*. También se llama **boxes** a los **compartimentos** para los enfermos que ingresan en Urgencias —vade retro— y, por último, para esos **corralitos** o **probadores** en que se aísla a los clientes en otros establecimientos comerciales. Cuidado con los mirones.
• Mabel Galaz, *El País*: *Cuarenta familias resisten a duras penas en un hipódromo en ruinas donde los doscientos caballos que aún permanecen en los* **boxes** *conviven con dos docenas de jabalíes.*

• Ángel Nieto, TVE: *Hemos estado antes con él en los **boxes**...*

brandy Lo han rebajado con cursivas en el *DRAE*. En 1992 estaba en redonditas. Vamos con él.
Sólo un chupito, porque ese vino quemado, que es de donde le viene el nombre, arrasa al por mayor gaznates e hígados de valientes si se bebe en bota o botijo. Realmente, el ***brandy*** es puro **coñac**, pero al no estar elaborado en Francia sino en España, hubo sentencias judiciales que obligaron al cambio de nombre y así lo registra la Academia. Hubo otro intento de bautizo, pero produjo la risa tonta en el personal. Algún académico de la época —o era— propuso que al **coñac** elaborado en Jerez se le llamase «Jeriñac».

bungalow Es la forma actual de la **cabañita** o *bungaló* que se habían sacado de La Manga del Mar Menor los académicos para que no escribiésemos ***bungalow***. Aquel *bungaló*, repito, desapareció en 2001 del *DRAE*, pero estaba en redondas en la edición de 1992. Su parcela, ya digo, la ocupa el viejo *bungalow*, en cursivas. Pero con vistas al *Mare Nostrum*.
• Andrés Aberasturi, *El Mundo*: *...y que nos hacen el favor de no cerrar esa Semana Santa para que todos podamos disfrutar del adosado o del bungaló*.
• Fernando Sánchez Dragó, *El Mundo*: *Estoy a la sombra del porche de un* **bungalow** *con techo de bálago... / Alguien, para colmo, ha puesto en marcha una radio ensordecedora cerca de mi* **bungalow**...

byte Me dice mi sobrino Luis Bárcenas, *el Rey de la informática,* que es el nombre de una unidad de almacenamiento de información en el ordenador, y que equivale a ocho **bites**, que es lo mínimo que se despacha en unidades de almacenamiento electrónico. Nadie se ha molestado en buscar una traducción, y yo, espero que me disculpe todo el gentío que me rodea, tengo que ponerme ya a repasar la letra «C». Ahí les queda otra novedad en letra cursiva.

cacharrazo Ya es lo mismo que **golpetazo**. Aprobó el examen a la última, como casi todos, y ya tiene permiso de circulación por las autopistas del lenguaje. Por lo demás, se te llena totalmente igual la cara de suelo que con el **golpetazo**. O de pared, que también hay **cacharrazos** en vertical.

caché Ha castellanizado a *cachet*, un galicismo que utilizan muchos, primero como sinónimo de «elegancia», y después para aumentar su **cotización**. El tal *cachet*, ahora ya **caché**, es por ejemplo la cifra que te pide el representante de la figurita de *Operación Triunfo* y similares si quieres que vaya a las fiestas del lugar a soltarte docena y media de coplas para que el gentío mueva con ritmo la percha y sus colgajos.

• Antonio Burgos, *El Mundo*: *Cuando hay dinerito a la vista, en forma de derechos de autor, de* ***caché****, el famoso que tanto corría se detiene de golpe...*

• Carmen Rigalt, *El Mundo*: *Más tontería, más engreimiento, más* <u>cachet</u>, *más todo y más nada.*

caddie Lo ha admitido la Academia en cursivas en este club. *Caddy*, no. Pero no hay peligro de que mi viejo amigo Luis del Olmo cargue con los palos. Había otra variante, **cadi**, que ha sido despedida sin indemnización del exclusivista club. Era la sencilla traducción fonética que aprobó la Academia en el año de los fastos de 1992 para nombrar al **asistente** que carga con los palitroques de los geniales Seve Ballesteros, Sergio García y demás compañeros. Así descansan la espalda. Esa palabra, **cadi**, ya estaba en el diccionario y lo sigue estando con otro significado que aún conserva: el de un tipo de palmera del Ecuador que da como fruto la tagua. ¿A quién le toco las palmas? Desde luego, no aplaudiré al que paladee y pronuncie la «e» final. Los tiempos modernos han hecho que gane la facultad de volverse invisible. Y muda.

• Pepa Roma, *El País*: *...cuyos miembros se reconocen entre sí por los* masters *que han hecho, la escuela de donde proceden o el club de golf donde marean al* **caddie** *los domingos.*

cadena alimentaria Tras hincarle el diente para probarla, es una acepción que se ha añadido al diccionario. Significado: «Sucesión de relaciones entre los organismos vivos que se nutren unos de otros en un orden determinado». Ya saben: la hierba es comida por la vaca, la vaca es comida en filetones por el ser humano y el ser humano es comido por el caníbal. Decían. Cualquiera se atreve desde el 2000 a comer de nada con las cosas espongiformes aquellas. Ahí se rompió la cadena. Los humanos nos volvimos locos manipulando alimentos y terminaron locas hasta las pobres vacas.

• Viñeta de Forges, *El País*: *Curiosísimo: nos quedamos sin chuletones por culpa de los chorizos.*
— Va a haber que instituir la CADENA ***alimentaria*** *PERPETUA.*

• Portal Terra de Internet: *Vacas locas: se retira el espinazo de la cadena* ***alimentaria***.

Y así una buena parte de los medios de comunicación. Pero no fueron todos. Algunos prefieren llamarla **cadena alimenticia**, variante que no recoge la Academia:

• Teresa Castanedo, Telemadrid: *Bruselas retira el espinazo de la cadena alimenticia. / España retirará el espinazo de la cadena alimenticia, siguiendo las directrices de Bruselas.*

calcinar Nunca fue exactamente lo mismo que **carbonizar**, sino «convertir en cal algunos minerales mediante la combustión». **Carbonizar** es «reducir a carbón un cuerpo orgánico». Pero la Academia ha terminado por decir que **calcinar** es también «abrasar por completo, especialmente por el fuego». Desde ahora, los periodistas y sus lectores acertarán siempre. Pongo la mano en el fuego. Y no me la **calcino**. Seguro.

• Titular en *El País*: *Un desconocido de unos 30 años muere* ***calcinado*** *junto a las Barranquillas.*

• Juan Manuel de Prada en *Las máscaras del héroe*: *Tenía el rostro entorpecido de barba, como un bosque* ***calcinado***.

calendarizar *Palabro* con sonido *yuppie*-administrativo para oídos celtibéricos, que entró para acompañar a su primo **calendar**, que ya estaba admitido. ¡Con lo fácil que es decir **fechar**! Pero la Academia matiza y distingue: **calendar** es poner fecha a los documentos; **calendarizar** lo registra por su uso en Chile, Cuba, el Salvador y Honduras, y significa «fijar anticipadamente (el subrayado es mío y no está en venta) las fechas de ciertas actividades a lo largo de un periodo». Así que pónganse al día, y si algún jefazo *modelno* le quiere **calendarizar** su vida, no le mande a *esparraguizar*.

• Joaquín Verdegay, secretario general de la Federación Española de Automovilismo, entrevistado en *Supergarcía*, Cadena COPE: *¡Pero si es que no hay ninguna carrera calendada para el calendario de 1998!*

calimocho Bebistrajo compuesto por vinazo y cola, que se tragaron los académicos sin aperitivo. Y no era *Gran Reserva*. Ni tan siquiera tenía denominación de origen.

• Francisco Umbral, *El Mundo*: *...y lo del alcohol no significa que seamos borrachos, sino que el* ***calimocho*** *joven es el agua de fuego generacional... / ¿Por qué sólo los cristianos padres tienen derecho a montar la polvoranca del sabadete? Y luego dicen que los hijos se van de* ***calimocho***.

cameraman Ya es castellano y moderno. Antes lo fueron el **camarógrafo** y, dicho en confianza, el **cámara**. A mi amigo Fernando Navarrete, billarista a tres bandas en horas libres, le da igual cómo le llamen con tal de cobrar puntualmente. Y su más habitual director, José Luis Garci, siempre cumple.

• Eduardo Haro Tecglen, *El País*: *La reportera, el* ***cámara*** *y el sonidista son groseros personajes...*

campeonar Viajó desde Perú y, en dos patadas, entró en el diccionario del siglo XXI. Ganó el campeonato liguero de palabros sin necesidad de sobornar árbitros. Tenía buenos padrinos. Pero yo no pienso usarlo. Por si me obligan a decir, además, que el último de la clasificación va a «*colistar*».

• Mario Vargas Llosa en *Contra viento y marea III*: *En efecto: había* ***campeonado*** *el Chelsea Football Club.*

• Alfredo Bryce Echenique en *Un mundo para Julius*: *¡Viva el Perú, carajo! ¡En las olimpiadas del treinta y seis no nos dejaron* ***campeonar*** *al fútbol porque éramos negros!*

camping Ha entrado por fin, aunque bien se veía que no tenían los académicos muchas ganas de andar tirados por los campos en chaqué, sin servicios, sin su «Paseo del Prado», sin su Corte Inglés y tal. Y los llamados **campistas** por el contrario, se ve que andaban murmurando que ellos no iban de **acampada** o de **campamento** ni hartos de «*wine of grape*». Insistían tanto en que ellos van a su **camping** tan ricamente y hacen **campismo**, se pongan como se pongan los académicos, que lograron su propósito. Nunca se sabe quién tiene más fuerza, si los académicos o los adictos a las tortillas de hormigas.
Por cierto, **campista** ya figuraba con otras acepciones, pero con uso en América: «arrendador de minas» o «persona que recorre por oficio los campos para vigilar el ganado». Ahora ha volado el arrendador de minas, pero también significa «persona que va de campamento o acampada». O sea, de **camping**.
• Carlos García-Calvo, *El Mundo*: *Últimamente tengo la impresión de que no despegan nunca, y que me paso horas y horas sentado haciendo* ***camping***.

candidatear Ya está admitida, pero no lo esta candidatar, que guarda su candidatura para peor ocasión. Viajó desde Argentina, Chile y Perú y ya tiene algún usuario. «Hay gente *pa' to*», dijo el diestro al alejarse el filósofo.
• Georgina Higueras, Cadena SER: *...pero el presidente ruso volvió a candidatarle para el cargo*.
• Ramón Tamames, Cadena COPE: *Yo creo que sería providencial que Atutxa candidatara a* lehendakari.

cannabis Ha pasado a la lengua española. En dosis terapéuticas, supongo. Entra así al diccionario con plenos derechos el nombre latino de la planta de cáñamo índico que, fumada, se utiliza como droga, en forma de **marihuana** o **hachís**. Algunos dicen que blanda. Mientras dura.
• Ricardo Aguilera, *El Mundo*: *Los textos hablan de «maderos» con cara de perro, de la legalización del* ***cannabis***...

cantaor y **cantaora** Entran a ritmo de rumbas y con palmeros. Hasta entonces había que llamar **cantador** al que entonaba *bulerías* en *Bilbado*. El diccionario, muy fino él, ya digo, registraba ya **cantador** para «el que tiene habilidad para cantar coplas populares».
• Alfredo Grimaldos, *El Mundo*: *Tomasa ya daba muestra de que, además de ser una* ***cantaora*** *enduendada como pocas... / Genuino representante de la escuela* ***cantaora*** *de Cádiz, Chano atesora toda la riqueza de matices...*

canterano Como «jugador que procede de la cantera de su equipo», ya tiene sitio en el banquillo de la Academia. Ahora, a esperar a que se lesione el *figura*.
• Olga Viza, Antena 3: *Por cierto que, hace quince días, un* ***canterano****, Xavi, salvaba al entrenador*.
• Antonio Burgos, *El Mundo*: *¿Cómo es que Cascos hablaba de que el equipo funcionaba bien, y meten a los* ***canteranos****? Ha empezado la ascensión del* ***canterano****, en el PP y en lo que no es el PP*.

carajada Es la primera de la familia por orden alfabético en inaugurar una cajoncito de palabros más o menos malsonantes —o que así resuenan a los oídos celtibéricos— que se incorporan al lenguaje común oficial. Por si teníamos pocas. A saber: **carajada**, cuyos significados en distintos países de la América hispana van desde «asunto» o «maldad» hasta el «acto realizado con engaño»; **carajazo**, con perdón, es en Venezuela un «golpe contundente dado con el puño», y en México equivale a «enfado o disgusto»; **carajear**, y usted disculpe, es «regañar» en Costa Rica, «insultar con tacos», claro, en Venezuela, y «echar votos y reniegos», como sapos y culebras, en Uruguay. Y completan la lista otras dos: el tío **carajete**, que es como se denomina en Venezuela a toda «persona muy despreciable», y el pequeño de la familia, el **carajito**. No es hijo del **carajete**, sino un sencillo «niño» en Honduras y Venezuela. Añado, porque no tengo otro remedio, **carajón**, que es como llaman en Honduras a la caquita de cabra. Y manos en nariz, voy y afirmo: con un pequeño esfuerzo de nada, la Academia podría haber registrado carajal que, como dijimos en *Escafurcios y palabros*, fue elegido Neologismo Creativo del año 1996 por la Real Academia Científica Recreativa y Cultural de Donantes de Esperma. Ganó, además, el Preservativo de Oro que concede anualmente

la Real Sociedad de Palabra Cachonda y Costumbres Licenciosas. Salió del caletre del ex ministro José Borrell y tuvo gran éxito de crítica y público, ministras incluidas, que se pusieron a usarlo sin importarles un **carajo** que haya niños como yo delante.

• José Borrell, ministro de Hacienda con el PSOE: *Están entrando en la organización de un carajal fiscal...*

Y, tras el creador, los seguidores de amplio espectro.

• Editorial de *El País*: *El carajal de Barajas es de calibre tal que ha servido para acuñar un nuevo nombre del aeropuerto de Madrid: Barajal.*

Y si Vicente o el siguiente no quieren ir por donde va la gente, le introducen la variante personal:

• Luis Herrero, Cadena COPE: *La gente quiere saber de la gorda carajera que se está organizando, en el caso de que esto sea una gran carajera.*

carroza Sinónimo de moda ya hace lustros de «persona mayor y anticuada», ha estado a punto de pasar al olvido sin parada y fonda en el diccionario. Se quedó más anticuada que el cocherito leré que la conducía. Sin embargo, al empezar el nuevo siglo XXI, la Academia se arranca, admite ese sentido de la palabra en una quinta acepción y lo define, sin conmiseración alguna, sin eufemismos ni ternuritas, como «viejo». Ahora que no sé cómo llaman ya a los antiguos o anticuados. Nadie se atreve a decírmelo en mis barbas.

• Leopoldo Alas, *El Mundo*: *El ejemplo de las teleñecas éstas prestigiará una combinación pasional que, al contrario de la de un* ***carroza*** *con una «lolita», siempre estuvo mal vista.*

Carta Magna Por su procedencia no era realmente un buen sinónimo, un sinónimo exacto para nuestra **Constitución**, aunque siempre se ha usado como tal a troche y moche. La **Carta Magna** era un «documento otorgado por el dadivoso príncipe Juan sin Tierra a sus súbditos, quitándose así la corona algunos privilegios de los muchos con que abusaban por costumbre los soberanos». Es decir: un regalito del jefe. No parecía

estar la **Constitución** española en el mismo caso, pero en el 2001, tanto en «carta» como en «magna», se añadió al diccionario: «Constitución escrita o código fundamental de un Estado». Hasta entonces, **Carta Magna** no era un auténtico sinónimo de **constitución**. Ahora, sí. **Constitución**, **Constitución**, *perdoná* que al evocarte se me vierta un lagrimón…

• Eduardo Haro Tecglen, *El País*: *Una* ***Constitución*** *no es un texto sagrado en una zarza ardiente. Es un documento que conviene a un país para gobernarse; antes, un pacto entre el poder absoluto —un rey— y un pueblo —o unos feudales— en el que se concedían derechos bajo amenazas: una* ***carta magna.***

• Editorial de *El Mundo*: *En un solvente artículo, Jorge de Esteban, catedrático de Derecho Constitucional, advierte que la* ***Carta Magna*** *impone que el rey debe viajar acompañado de un miembro del Gobierno…*

En su solvente artículo, por cierto, el mencionado catedrático Jorge de Esteban no usa en ningún párrafo **Carta Magna** como sinónimo de **Constitución**. Es más: el mismo día y en la misma página en que don Luis Solana le daba a la **Carta Magna,** don Jorge de Esteban ofrecía un sinónimo más riguroso, repeticiones aparte:

• *Como es sabido, la diferencia fundamental de la* ***Norma Fundamental,*** *en relación con las demás que España ha poseído…*

Quede constancia de que aún queda solvencia, aunque «nadie es perfecto».

casting Lo han introducido en letra cursiva. Supongo que habrá habido **pruebas**, **selección** y hasta **audición** antes de que entrara hasta la cocina. Y, supongo que los antiguos **seleccionadores** —o académicos— han pasado a ser también <u>*castingueros*</u>. O así.

• Paula Vázquez, Antena 3: *En nuestro* **casting**… / *En el* **casting** *que hemos hecho en Archidona…*

¡Mira que ponerse en Archidona, precisamente en Archidona, a hacer semejante guarrería! ¡Si llega a estar presente el dueño del famoso cipote no habría consentido tan cosmopolita actitud! Y don Camilo José Cela, tampoco. Seguro.

• Francisco Peregil, *El País*: *Porque los padres de Curro se empeñaron en traerlo al mundo con las gafas puestas sobre la nariz. Y así se hizo la selección (***casting** *en la jerga).*

casual Es un adjetivo. **Casualidad** es un sustantivo. <u>Por un casual</u> lo soltaron por un canal. De televisión. **Por una casualidad** yo estaba a la escucha y lo anoté. Lo afeé en *Escafurcios y palabros*. Muy a tiempo, porque la Academia, pisándome los talones que es que me han dejado los calcetines llenitos de tomates, lo ha aprobado como sinónimo de **por casualidad**. Los tiempos adelantan que es una barbaridad. **Casual**, al ser un adjetivo, parecía feo usarlo como si fuera un sustantivo. No parecía bueno usarlo ni aunque te lo hubiera pegado nuestro abuelito pastor. Casualidades de la vida.

• Informativos Telecinco: *Pero el propietario del camión le presionaba para que saliera por sí,* ***por un casual,*** *se abriera la frontera.*

• Manuel Hidalgo, *El Mundo*: *Si* ***por un casual,*** *el vencedor agiganta su estatura en el ejercicio del cargo…*

categorizar Es un verbo *inventizado* que termina por ser *aprobizado*. Como tantos otros. Si quieres «clasificar por categorías», **categoriza**. O, si eres gente sencilla, **clasifica**. Pero a mí, aunque prevariques, me pones en primera. No quiero ni recordar aquellos asientos de maderitas en los vagones de tercera. Salías con el culito como una cebra. Macho.

catering El servicio de comidas a domicilio o de preparación y abastecimiento de comidas y cenas para hospitales, empresas, escuelas o compañías de aviación, no ha encontrado traducción por el momento. La prueba es que la Academia lo ha metido en bandeja y en cursiva. No sé por qué. Con ha-

berle puesto una tilde, la cosa habría sonado casi como el original. Yo, aprovechando esta tarde libre, propongo algunas soluciones. Por lo civil, aporto **avituallamiento**, **abastos** y **abastecimientos**. Otra solución, militar por supuesto, sería **intendencia**. Si se te ocurre otra cosa, levanta la mano. Sólo una, no te asustes.
• Ana Quesada, *El País*: *Ofrecer un servicio de* catering *(comida) a domicilio no sólo con menú propio, sino con el de los más variados restaurantes...*
• Carlos García-Calvo, *El Mundo*: *También visitaba la feria ayer Borja de Artiñano, uno de los reyes del* catering, *que quería encontrar bandejas para presentar sus célebres minicanapés.*

CD-Rom Pasó al registro oficial en 1998, lo acogió la Academia en su pedazo de seno en tal año, pero tuvo que esperar hasta la aparición del *DRAE* del 2001 para verse en letras de molde. Y redondas. Traducido «a la pata la llana» por algunos como «cederrom», la Academia lo ha castellanizado finalmente de forma más lógica para nuestras boquitas pintadas y sin pintar como «**cederrón**». Vino a ser el sustituto del viejo disco microsurco. Empezó por contener únicamente sonidos y llamándose *compact disc*, de cuyas iniciales salió lo del **CD**. Cuando la gente con dos dedos y medio de frente ya lo llamaba **disco compacto**, la tecnología le añadió la imagen y llegaron los ingenieros angloparlantes y lo rebautizaron como **CD-rom**, más conocido en familia, como decimos, por **cederrón**. Y no es una investigación de Mortadelo y Filemón.

celular Así comenzó a llamarse a los teléfonos inalámbricos que, después, pasaron a llamarse **móviles**, **portátiles** y demás monerías descriptivas. Ha pasado al diccionario en una tercera acepción, ya que la palabra tenía antes sus sentidos relativos a la célula o a la cárcel. Le faltaba éste para tener los cinco sentidos. En Italia —y con gracia— lo tuvieron claro desde el primer momento: dado su tamaño lo llamaron *telefonino*, o así. En algunos países hispanoamericanos, como Perú, se mantuvo el primigenio **celular**. Allí nadie dice que el jefe «está reunido», sino que «está con **celular**».

celulitis Tardó lo suyo entrar. La estaban dejando engordar. No sé ni cómo ha entrado por la puerta. Y el caso es que decía que no comía mucho; que engordaba de los nervios por lo de ser o no ser admitida. Y querida.

cénit No lo admitía la Academia con esa tilde, aunque una mayoría cultural así lo ha escrito siempre. Pero la mayoría no concede automáticamente la razón. Sólo la presidencia del Gobierno y cosas así. El caso es que ya lo han conseguido y vale tanto su **cénit** como el clásico **cenit**. Pero yo no pienso por ello dejar hecho un churro el poema de Quevedo que dice:

Todo hoy ministro es Turquía
en el español ***cenit****,*
donde el zancarrón se adora,
y tiene tiempo y atril.

Y algo más: lo puedes escribir también con «z», pero siempre sin tilde: **zenit**. La cosa no es grave, pero la palabra, sí.
• *El Mundo*: *Ella se encontraba en el* ***zénit*** *de su fama.*
• Javier Ortiz, *El Mundo*: *La declaración de Barrionuevo alcanzó su* ***cénit****...*

cesar Siempre fue, y sigue siendo, un verbo intransitivo. Por ello, «cesar a alguien», o «ser cesado por alguien», son cosas imposibles. Mi primer *profe* de gramática insistía mucho en que **cesar**, como todos los intransitivos, no admite complemento directo. Se puede **destituir** a alguien, pero **cesar** *sólo puede hacerlo uno mismo*, como oportunamente corrigió don Jesús Aguirre, quien fuera duque consorte y heredero de jaquecas de los Alba, al entonces alcalde de Sevilla don Alejandro Rojas Marcos

cuando, al **destituirlo** de su cargazo en la Expo-92, comunicó que lo había cesado. Nadie te puede cesar, ni suicidar ni dimitir, porque los tres son personales, intransferibles e intransitivos. Que lo intente conmigo el que se atreva. Pues bien: tengo la obligación de advertir a esta selecta concurrencia de que, en su versión 2001, el *DRAE* sigue considerando como intransitivo el verbo cesar, pero dice en la voz **cese** (dar el): «Destituir a alguien de un empleo o cargo». ¿Pura contradicción? ¿Nadar entre dos aguas?

• Eduardo Serra, ministro de Defensa con el PP: *He decidido cesar en su destino al jefe de la Escuela Nacional de Montaña...*

Por muy ministro que se llegue a ser, a lo más que llegan los poderes es a **destituir**, con lo que el destituido **cesará** automáticamente. Pero **cesará** él.

• Martín Prieto, *El Mundo*: *Fernando Castedo cesó de un día para otro a Iñaki Gabilondo.*

Quede claro que no cesó a mi amigo Iñaki por haber utilizado mal el verbo **cesar**, sino por salvar su propia cabeza, que caería poco después. Quede claro también que uno no pide el cese de tanto ilustre, sino un poquito más de cuidado, tíos, que sois todos unos figuras, contra. Que hay mucho niño oyendo y mirando, caramba, carambita, carambí, urí.

chador Coincidiendo con la enésima guerra de Afganistán, lo incluye la Academia en su diccionario como «velo con que las mujeres musulmanas se cubren la cabeza y parte del rostro». Como uno no es experto en telas ni en mujeres, sean o no musulmanas, tendrá que acudir a quienes puedan serlo. Porque parece que no es lo mismo un **chador** que un **velo**. *El País*, periódico que, por su parte, utilizaba profusamente el término **pañuelo**, incluyó además las matizaciones de alguien más próximo al asunto:

• Adelhami Beyuki, presidente de una asociación laica marroquí en España, *El País*: *Ni un velo es un* ***chador****, ni un* ***chador*** *un* ***pañuelo****. El* ***chador*** *es una prenda de color negro que cubre a la mujer de pies a cabeza y se suele utilizar sobre todo por las mujeres en Irán. El* ***velo*** *cubre la boca, las orejas, el pelo, a veces también la nariz y suele tener una connotación religiosa. Pero el* ***pañuelo*** *o hijab no tiene nada que ver con la religión. Es un signo de identidad en nuestro país.*

Ya que estamos en faena, conviene aclarar también que **chador** no es lo mismo que *hijab* o *hiyab* y mucho menos que un *burka*. Son tres prendas diferentes, con diferentes significados. Y, además, usadas en zonas diferentes del mundo islámico. En España se han usado a veces casi como sinónimos, pero la cosa tiene tela. Más tela. Leamos ejemplos. Malos y buenos.

• Francisco Umbral, *El Mundo*: *...y ahora, encima, no le quieren quitar el* ***chador*** *a la niña.*

• Editorial en *El Mundo*: *La Comunidad de Madrid acierta al permitir el* ***chador*** *de Fátima. El consejero de Educación madrileño, Carlos Mayor Oreja, terminó ayer con la polémica del* ***chador****.*

Por el contrario, en la misma página y en recuadro aparte, se podía leer:

• *Llamazares apoya el hiyab que prohíbe a una niña marroquí asistir a clase con la cabeza cubierta por el* ***chador*** *o hiyab islámico.*

La Real Academia española, por su parte, ya hemos dicho más arriba que no fue tan precisa al definir el **chador**, ya que no alude a su color negro, e incluso lo llama velo.

En cuanto al *burka*, es un vestido femenino de una sola pieza, que cubre totalmente desde la cabeza a los pies, y que lleva un enrejillado a la altura de los ojos como único contacto con el mundo exterior. Sólo se ha usado en Afganistán.

chafardero Viene del catalán *xafarder*, y ha entrado para echar una mano a los **chismosos** y **cotillas** que se trasladan a medrar y a malmeter en Cataluña. **Chafardear**, me dicen al oído lenguas viperinas y de triple filo, equivale en el habla cotidiana de allá a **murmurar** y **co-**

tillear. El verbo no ha conseguido Plaza de España. El adjetivo, sí. Y la gran *MARUJA*, con mayúsculas, me lo confirma:

• Maruja Torres, *El País*: *El* ***chafardeo*** *con Charo y Eli, de una óptica, resignadas sin amargura a no tener clientes durante largas horas...*

Abrocho: los que **chafardean** sueltan **chafarderías** y, por lo tanto, son unos **chafarderos**. *Indomables*, claro.

• Juan Marsé en *Si te dicen que caí*: *Pero cuando los mamones de los Hermanos de los Luises querían hacer rabiar al chico contaban esta* ***chafardería****. / No lo sé, se peleó con madre por culpa de estas* ***chafarderas*** *y se fue de casa.*

chance Es ambiguo. No es español, que conste, pero es ambiguo. Lo dice la Academia. Así que no pierdas el tiempo discutiendo sobre si es **el chance** o **la chance. Chance** (**fortuna** o **suerte** en francés y **casualidad** en inglés) se suele usar en España pronunciándola al castizo modo —con todas y cada una de sus letras— y como palabra propia con el significado de **oportunidad**. Como en algunas rebajas. **Chance** fue un término de los muchos admitidos para el siglo XXI. Al fin le dieron una **oportunidad**, dicen los no afrancesados.

• Mario Vargas Llosa en *La ciudad y los perros*: *Delante del coronel, yo no sabía, mejor dicho no podía hacer otra cosa. No me daba* ***chance*** *para nada.*

• Zoe Valdés, *El Mundo*: *Probablemente les dé* ***el chance*** *de ser todavía más famosas...*

chapero Así llaman despectivamente al que ejerce la prostitución masculina, sea o no homosexual. Ahora, con toda propiedad. Sobran, pues, las cursivas. No registra el *DRAE* el uso de chapa en los jugueteos sexuales pagados, ni en el sentido que le dan en la jerga carcelaria de encerrarse en la celda. En el anterior diccionario de 1992 sí figuraba **chapera**, que es cosa de albañiles. Y añade: «Plano inclinado hecho con maderos». Al fin y al cabo, otra cuestión de inclinaciones.

• Titular en *El Mundo*: *Por la ruta de chapa en la capital.*

• Javier Valenzuela, *El País*: *Este acoso dio un salto cualitativo el martes con los disparos en la nuca que terminaron con la vida de Gianni Versace, un crimen atribuido por el FBI al* ***chapero*** *de lujo y asesino en serie Andrew Cunanan.*

• Rafael Torres transcribe entrevista con el actor Jesús Vázquez en *El Mundo*: *...que esos* ***chaperos*** *siguen prostituyéndose igual, y su vida sigue siendo igual de desgraciada que antes.*

chartreuse Para todos, que paga la Academia. Ni que fueran todos de Bilbao. ***Chartreuse*** ha entrado por cajas. En cursiva, para que se vea bien que no es mosto jerezano, sino cartujano de la Francia. No hay más que verle la color *verdiamarillenta* y el pasaporte francés, que es cosa que aclara mucho. Y esa cosa tan sospechosa, y ahora también española por decreto, de que una «u» se haga la muda cuando va no delante, sino detrás de una «e». Por no hablar de la «e» final, que también se despide a la francesa para terminar diciendo algo así como «chartrés». Ya lo decía el gran Gila: «¿Qué la "e" es muda y que La Fayette se dice "La fallé"? ¡La falló tu padre!». Total: que un fraile, dos frailes, tres frailes se aburrían en su cartuja y se dieron a pimplar en colorines.

chatarrerías No había en los aledaños de la Docta Casa. Tenían fichados a los **chatarreros**, eso sí, que todavía quedan. Pero, a lo que parece, tenían que ser callejeros y estaban sin cobijo ni **almacén** para sus chatarras. Se acabó el problema. Con cuatro hierros de nada, **chatarrería** montada. ¿Del Canadá? No, de España, señores.

chatear Era tomar **chatos**, en segunda acepción, pero siempre fue la primera para los bebedores. **Chatear**, según el *DRAE*, era: «1. Hacer con la azada en los terrenos llanos una pileta mayor que la ser-

pia, a fin de extirpar las hierbas y recoger las aguas. 2. Beber chatos de vino». Pero todo eso de la azada desapareció en la edición 2001. Y aviso, que para eso estamos: al usar el *chat* y chatear en nuestra jerga informática o *internetera*, hay que recordar que *chat* en inglés equivale a **charla, conversación, cháchara** o **plática.** Luego puede parecer una tontuna decir chatear cuando se puede decir **charlar, conversar** o **platicar**.

• *El País*: *Menos mal que se escribió en cursiva, lo mismo que los tiempos verbales del inexistente chatear, dejando claro que se trata de términos de algún idioma ignoto.*

¿Idioma ignoto el castellano/español?

chef Perdió sus cursivas o sus comillas, pero no perdió sus comiloncillas ni su alto gorro en el trance de entrar por las puertas de la Academia. Ya tiene nombre español el **primer cocinero** en un hotel o restaurante, como mi amigo y paisano Luis Rubio, que tantos años pasó en el *Palace*. Y se quedará con su gorro y con su chef —ya en español— por los siglos de los siglos, porque suena a muy francés y da un prestigio que no veas. Aunque igual le salen fatal las judías con chorizo, que nunca me las ha dado a probar.

• Feliciano Fidalgo, *El País*: *...y Elena Arzak, cría casi con sus 25 años y que ya oficia de* ***chef*** *en el sitio centenario.*

• Moncho Alpuente, *El País*: *...de un régimen cuyo invicto caudillo nunca pasó de la tortilla preparada en las cocinas de El Pardo por un benemérito* ***chef*** *de la Guardia Civil a la hora de la cena.*

cheposo Ha tardado muchos años en tener padrinos suficientes para entrar en el diccionario. Quizá venga de ahí la costumbre de llamar sencillamente **chepa** al que sufre tal desviación de la columna vertebral. También admitía el diccionario que se le llamase **chepudo**. Ya se pueden usar los dos dentro de la legalidad. Otros muy estrictos han usado todos estos años otra solución: habida cuenta de que **giba** es lo mismo que **chepa**, y que **giboso** sí figuraba en el diccionario, se acabó la historia.

chiclé Se admite como dispositivo de los vehículos «que regula el paso del combustible al carburador». Y si no *furrula*, ya sabes, a soplar. Hacia afuera, borrachín, hacia fuera.

chifonier Es la versión estilizada a la española del *chiffonnier*. Ya sabes: una especie de cómoda, pero con ringorrango francés. Lo que no aparece en el diccionario es el melódico nombre de sinfonier que le dan algunos artistas. Más cómodo, **cómoda**.

chiií Lo admitió la Academia como sinónimo de **chiita**, término anteriormente admitido y que, tras muchas discusiones periodísticas y académicas, perdió la tilde que hasta entonces llevaba sobre la segunda «i». Lo mismo les pasó a «diita», «tiita» y hasta a la mismísima «Rociito». Pero de eso no le informaron a usted los magazines del bajo vientre. En definitiva, ya se puede llamar de ambas formas a los seguidores de esa variante religiosa del islamismo, que tiene como profeta a Alí, yerno de Mahoma.

• Esteban González Pons, *El Mundo*: *La secta de los asesinos, fundada en 1090 por el fanático chiíta Hasan ab-Sabbah...*

Otros escribían shií y shiíta:

• Titular en *El País*: *...el terrorista desarrapado shií que moría matando a occidentales o israelíes...*

• José Donoso en *El obsceno pájaro de la noche*: *...que esperáramos unos diítas más...*

Chimbambas Lo registrábamos como error en la primera versión de *Escafurcios y palabros*. La Academia decidió reconocer en el 2001 las **Chimbambas** como sinónimo de las entonces únicas y auténticas **Quimbambas**: «Lugar imaginario y muy lejano». Ya están igual de *lejotes*. Cuates.

• Martín Prieto, *El Mundo*: *Recuerdo pensando en ella a un joven y*

aparentemente muy chulo fotógrafo a quien ordené volar de inmediato a Italia, que no a las ***Chimbambas****, para cubrir un devastador terremoto...*
• Jesús Cacho, Cadena COPE: *¿Cómo puede ser que a ese señor no se le haya dado una cobertura en Andalucía, en el Algarve o en las* ***Chimbambas****?*

chiquilicuatre Término espurio hasta ahora, lo emparejó la Docta Casa con el genuino **chiquilicuatro**. Será para que se peguen entre dos del mismo peso. Ahora se puede llamar de ambas maneras sin riesgo de enfado a un tipo «zascandil, mequetrefe y chisgarabís», siempre que, además, sea gente culta y admita esos leves defectillos. Pero si no es gente de diccionario, ya puedes empezar a correr.
• Alfredo Sánchez Bella entrevistado por Xavier Horcajo en *El País*: *Yo estoy en esto por quijotería, porque no se puede consentir que te tome el pelo un* ***chiquilicuatro*** *como éste.*
Aunque únicamente sea por huir del recuerdo del cierre del diario *Madrid*, de cuyas páginas discográficas me encargué durante tiempo, pongamos otro ejemplo de uso alternativo del **chiquilicuatre** y el **chiquilicuatro**. Éste, más metidito en años:
• Benito Pérez Galdós en *La primera República*: *Y todo por cuatro* ***chiquilicuatres****, a los que entretanto tan sólo se nos ha caído el pelo...*
• Benito Pérez Galdós en *Los apostólicos*, de sus *Episodios Nacionales*: *Este buen Tablas es un* ***chiquilicuatro*** *que por no tener alma no ha emprendido el oficio de mirar cara a cara a la cuerna, y está de demandadero en la Cárcel de la Villa.*

chóped El socorrido **chóped** de los bocadillos populares, ha sido admitido por los académicos, que le han añadido su española tilde sobre la «o». Y eso que ellos, según dicen los deslenguados y los no admitidos a sillón, cada mañanita de sesión se matan un par de caviares de los gordos y se hacen sus bocadillos de lujo. Pero no con lo que cobran por dietas. Los pobres.

christmas En cursiva ya en el *DRAE*, es difícil de pronunciar aunque llevamos años y años de entrenamiento. Por aquello del tradicional espíritu navideño, siempre vuelve a casa por Navidad, con o sin turrón El Almendro. Cuando empezó a entrar en España se intentó sustituirla por la palabra «navidal», pero el éxito fue perfectamente descriptible y la mayoría siguió comprando, enviando y diciendo ***christmas*** pronunciado milagrosamente con el sonido natural de la «ch» seguida de la «r». O lo que pasa ahora que, al ser ya palabra española, hay que asimilar que en lengua castellana se pronuncie una «ch» como si fuera talmente y sola una «c», con lo que ganamos tontamente otra posibilidad de que la mudita «h» lo siga siendo donde antiguamente no correspondía. ¿Sabes lo que te digo? Que si quieres evitar esfuerzos inútiles, manda una **tarjeta de Navidad** o una **felicitación de Navidad** y, con las energías sobrantes, métele el diente al turrón duro. O haces lo que mi pudiente amigo Jaime, que no ahorra un duro y escribe las dos cositas seguidas.
• Jaime Peñafiel, *El Mundo*: **Christmas** *real. El* **christmas** ***de felicitación navideña*** *de don Juan Carlos I y doña Sofía es este año, como los anteriores, una fotografía familiar.*
Hasta los modestos ***christmas*** tienen una función social. Guinda final en una castellanización desacomplejada.
• Francisco Umbral, *El Mundo*: *No vamos a hacer un crismas con el hambre de los hambrientos...*

chut Entró por fin, de *volea*. A ver si aprendemos de una vez a **chutar** y ganamos un Mundial. Vamos, señores árbitros, no se me resistan. Hasta ahora, nuestro **chut** siempre daba en el poste o el larguero. Es una transformación del *shoot* o **disparo** de los ingleses, inventores del patadón reglamentado al ba-

lón. Algunos lo españolizan como chute, pero sin éxito deportivo, porque también entró otro **chute**, pero como término del argot de la droga equivalente a «inyectarse una dosis». Triste gol. Ya estaba registrado el verbo **chutar**. Y ya no te digo más. Vas que **chutas**. Pero no metes un gol ni al arco iris. Ya está otra vez García hablándome al oído.

• Julián García Candau, *El Mundo*: *...que inauguró el Stadium Metropolitano, el 23 de mayo de 1923, día en que hizo el saque de honor, con un fuerte chute con la derecha, el infante Don Juan, padre del rey Don Juan Carlos.*

ciberespacio Así llaman los **cibernautas** al **espacio virtual** o **espacio no real** que utilizan para andar hurgando con sus mensajes, preguntas y respuestas. Aprovechan la ya vieja raíz que dio lugar a la palabra **cibernética** (ciencia que estudia la comunicación entre máquinas y aparatos varios) para andar *ciberhaciendo* cositas variadas con sus ordenadores. De momento, han entrado a acompañar a la ciencia un ejército de **cibernautas** loquitos con las cosas del virtual **ciberespacio**. Éstos, en vez de casco como los que navegaron hacia las Américas, usan cojincillo para los riñones. Hay más, porque cada día alguien apunta alguna nueva, pero aún tardarán en entrar, creo:

cosas como ciberpornografía, ciberfabada o ciberbotijo. De momento, nos tomamos frío un cibercafé y un cibercocido en el ciber-restaurante.

• Vicente Verdú en su ensayo *El planeta americano*: *En 1980, William Gibson, un joven norteamericano, acuñó el término **ciberespacio**. Era un escritor de ciencia ficción... / El **ciberespacio**, decía John Perry Barlow, es «ese lugar impalpable donde se está cuando se habla por teléfono».*

• J. A. P., *El Mundo*: *Los impuestos y las aduanas no existirán en el cibercomercio. / Para que el comercio en Internet no sucumba a los ciberpiratas. / Los ciberexportadores norteamericanos...*

clip Lo transformó la Academia en clipe y lo prendió en la página correspondiente. Pero como se dieron cuenta de que tú y yo, y no sé si algunos más, cada vez que tenemos que sujetar unos folios, les ponemos un **clip**, han tirado a la basura aquel clipe y han dejado el trabajo en exclusiva al **clip**. Hasta que, de nuevo, el clipe les flipe.

clónica y **clónico** Aparecieron en el diccionario para hacer compañía a sus papás, **clon** y **clonación**. **Clonar** ya entró en 1992, en tanto que clonaje no está admitida. Y no por escrúpulos éticos, sino porque, ya te he dicho, pero es que no te fijas, que ya lo está **clonación** que significa lo mismo. Quizá por eso Carmen Sevilla, experta en ovejitas luceras, llamó «ovejitas crónicas» a las obtenidas en laboratorio, como la pionera *Dolly*, según atribución de Eduardo Mendicutti en *El Mundo* el 25 de marzo de 1997.

• *La Mañana del Sábado*, Cadena COPE: *...el clonaje de embriones humanos... / El clonaje de embriones humanos no es legal...*

• Fernando Savater, *El País*: *En las pasadas semanas hemos vuelto a escuchar ambas posturas con motivo de la célebre oveja* Dolly *y otros casos de clonación que hipotéticamente podrían llevar a fabricar **clónicos** humanos.*

Más corto, y legal, **clones** humanos. También hay quien hablaba de **copias**:

• Antonio Herrero, Cadena COPE: *¿Cómo valora las noticias que ha habido de **clonación**, de **copia** de seres humanos?*

clown Estaba admitido y no necesitaba cursivas. Ahora, sí. Cambio de tipo de letra al cambiar de siglo. También se le podía y se le puede llamar **clon**; pero supongo que con menos risas y a más barato precio. Cosa, por cierto, que induce a confusión con el **clon** que tiene entrada independiente justo al ladito y que se aplica al conjunto de células con una idéntica dotación genética obtenido a partir de una célula determinada. O cosa parecida. Por eso, y no sé si también por afinidad, yo siempre he estado más a gusto con los **payasos**. Usted es muy dueño de reírse con el ***clown***. Pero en cursivas, señores míos.

• Manuel Hidalgo, *El Mundo*: *Trapecistas, contorsionistas, volatineros, equilibristas,* **clowns**, *un Sansón...*

• Antonio Skármeta en *La velocidad del amor*: *Se desató el nudo de la corbata y, hurgando en su maletín, extrajo un sobre con el que se golpeó cual un* **clown** *la frente.*

coitus interruptus Traducido en las mesetas celtibéricas e islas adyacentes por un clarísimo «apearse en marcha», parece ser otro de los métodos anticonceptivos no permitidos por la Iglesia católica, puesto que dicen que el fornicio sin intenciones reproductivas es un pecado así de gordo. Más bien parecían tolerar el Ogino, también llamado «ruleta rusa» o «escopeta de feria». Quizá por eso se decía la locución en latín antiguo, como la misa antigua, y había que ponerlo en cursivas. Todo cambia. Primero, la santa misa de frente al personal; después, ahora, se puede hacer el **coitus interruptus** en redondas. Pero en pecado.

• Fernando Sánchez Dragó, *El Mundo*: *Tercera: ¡es tan arbitrario —y tan inconstante— el recuerdo, ese* ***coitus interruptus***, *y «es tan largo el olvido»!*

colchonero Es el apelativo popular que se dio en su día a los jugadores o seguidores del Atlético de Madrid. Eran tiempos en que los colchones se solían elaborar, como sus camisetas, con telas rayadas en rojo y blanco, cosa de la que huyen los colchones modernos. A mí, plim, decían los muy blancos de corazón señores académicos, que habían mantenido reservado el término **colchonero** para el «que fabrica o arregla colchones». Pero con tal de no aguantar la verborrea del Gil y Tal, aprovecharon el paso del equipo por la segunda división para aprobarlo en segunda acepción. Y para ver si se calla. Cuando bucea.

• Julián García Candau, *El Mundo: Todo tuvo tintes de gran fiesta. A la gran ilusión* ***colchonera*** *únicamente le faltabas la respuesta satisfactoria de su equipo.*

coleccionable Formaba parte en el siglo XX de la gran colección de aspirantes a plaza. Así que los doce kilos de papel que me llevo del quiosco de prensa en mi carrito de la compra cada domingo por la mañana con cromos o informaciones eran **de colección** o **por fascículos**, que es un nombre que no me gusta nada. Pero al empezar el XXI nos han echado una mano al **coleccionable**. Y que nadie piense mal, porque no estoy haciendo lo de aquella coplilla popular que dice las cosas sin nombrarlas:

«Ya sé que estás en la cama,
ya sé que durmiendo no.
Ya sé que tienes la mano
donde el pensamiento yo».

Muy finamente.

colero Consiguió sitio en el *DRAE* allá por el año de desgracias de 1929. Desde entonces, ha seguido barrenando y no ha salido. Es el nombre que se da en algunos países hispánicos a un «ayudante de minero». Pero en el fastuoso 2001, la Academia ha añadido una acepción que pude escuchar y leer directamente en Perú. Allá, el **colero** es lo mismo que acá es el **colista**. El último de la fila que, encima, no canta.

• Noticia en *El Comercio* de Lima: *Si algo parece seguro en esta apertura es que el equipo tenista terminará como* ***colero***.

collage había pasado al diccionario en forma de colage, con lo que se supone que se pronunciaba «colage». Duro que te recorto y duro que te pego hasta que te salga algo artístico y no la birria de siempre. Pues parece que les salió birria, porque en la vigésimo segunda edición, la Academia echó el colage a la docta papelera (ya me gustaría a mí espiarla a diario) y ha recuperado en cursivas el original ***collage*** que, supongo por la letra cursiva, que habrá que llamarle ahora «colás», como si fuese el vástago del tío Nicolás. Todo un lío esto del ***collage***. Pero seguro que Pablo Alemany lo monta en un periquete.
• Javier Villán, *El Mundo*: *Chacón hace* **collages**, *grabados, composiciones de objetos...*
• Luis Carandell, *El País*: *Porque lleva un periódico en la mano* El conspirador carlista *que Valeriano Bécquer pintó en 1856 y un periódico aparece en un* **collage** *de Miquel Barceló.*

colleja Así venimos llamando a una especie de golpe de conejo suave que se da en el cuello. Pero en el diccionario no había tal hasta la versión 2001, en que se registra una entrada independiente para evitar peligros de agresión. Digo yo. Sólo crecía allí la **colleja**, una humilde planta, comestible en casos de apuro. Algunos combatientes de la guerra incivil en el frente de la Ciudad Universitaria, como Mariano de la Banda I y Conrado Imedio, iban cada noche a buscarla a los descampados del pueblo de Valdeconejos, hoy urbanización de lujo Puerta de Hierro. En los años noventa los estudiantes del Instituto «Ciudad de los Poetas» hicieron un ejercicio de investigación sobre el pueblo casi desaparecido: los más viejos del lugar les llevaron hasta un solar —milagrosamente no construido aún— donde crecían las genuinas **collejas**. Y dieron el golpe. En el concurso del *Hoy por hoy* que yo realizaba en la SER.
• Malén Aznárez, *El País*: *«¡Aquí hay una cierva!», y ante sus gritos e insistencia Morlote responde también a voces: «¡Más vale que sea cierto, porque como nos hagas subir y sea una gracia te vas a ganar dos* ***collejas***!».
• Josep Pla, traducido del catalán por Dionisio Ridruejo y Gloria Ros, en *El cuaderno gris*: *Siempre había un estudiante apocado y provinciano, cuyo sombrero se echaba a volar por los aires, a consecuencia, a veces, de una* ***colleja*** *bien dada y de origen generalmente desconocido...*

comemierda Es uno de los palabros admitidos en los concilios que cada jueves celebran nuestros académicos. Y aunque haya entrado en el *DRAE*, sigue siendo un palabro en segunda acepción, como lo son todas las palabrotas. Así lo remarcan nuestros inmortales al señalarlo con el dedo —cosa también fea— y declararlo «vulgar» justo antes de la definición: «persona despreciable». Nada de hambres ni de posible coprofagia. Según parece, un **comemierda** se trabaja ese desprecio de boca para afuera.

competencial No era de mi competencia. Era **de competencia** académica. Se sentó muy calladito en la sala de espera —«No moleste», le susurraron— y entró antes que Umbral.

compincharse Siempre fue cosa natural entre los **compinches** de toda clase y condición, a excepción de los **compinches** académicos, que admitían el sustantivo, pero le negaban el paso al verbo. Simple cuestión de **compincharse**, escribirlo y decirlo a menudo, y dar la tabarra. Se consiguió, **compinches** míos.

conceptualizar Es un neologismo aprobado ahora y que se refiere a «forjar conceptos acerca de algo». No «de alguien». Así que hagan el favor de no seguir murmurando acerca de los autores de este invento. Por ahora y hasta nueva orden.

conflictual No sé quién lo habrá inventado, pero sí sé quiénes lo han aprobado. No les voy a dar la lista completa, no vaya a ser que algún amigo mío tenga que ponerse a correr por donde no haya piedras. Y es que yo no suelo ser **conflictivo**. Aunque hay cosas por las que no paso y no paso. Envido.

confort Ya ves tú qué sorpresas se lleva uno, lo ha tenido la Academia en la pajolera calle hasta el mismísimo siglo XXI. No sé si por **comodidad**, que es una buena sustituta. ¡Con lo **confortador** que ha sido verlo instalarse **confortablemente** junto a estas tres primas suyas que ya tenían dentro de la docta casa su propio y **confortable** rinconcito! Algunos gramáticos y hasta académicos dicen que **confort** se pronuncia «confor». La «t» nos la comemos con patatas fritas. Y luego dirás que te sube el colesterol. Lo mismo dicen de la «t» final de **complot**, que algunos escriben incluso «compló». Con estas instrucciones de aligerar la pronunciación, dije yo hace tiempo, puede resultar que yo esté esperando a Godot y todo el mundo crea que espero al señor conde de Godó, al que no tengo por qué esperar. Que hubiera llegado a su hora, en vez de andar por ahí vendiendo cadenas de radio al mejor postor. Y no quito ni una coma, porque tengo comas de sobra. Hale.

contextualizar Ya lo usaban los adelantados *contextualizadores* acostumbrados a **poner en su contexto** con la gorra los hechos o los argumentos; les daba igual que el verbo no estuviera bendecido por el diccionario de la Academia. Y, erre que erre, ahora que la Academia le ha dado al término **contextualizar** los *hisopazos* de reglamento, con tal de llevar la contraria, van los tíos y se ponen a sacar de **contexto** el asunto. Aunque no esté admitido, ellos lo descontextualizan. Con un par. De palabros.

• Ignacio Villa, Cadena COPE: *Intentó **contextualizar** algo que no tenía necesidad de **contextualizar**.*

Los más originales y ahorradores, en lugar de usar **contextualizar**, ponen las cosas en contexto con un **contextuar** que ya aparecía en el diccionario de la Academia, pero con el significado de «acreditar con textos».

• Casimiro García Abadillo, *El Mundo*: *Este relato de hechos sirve para **contextuar** la decisión del Supremo...*

contracepción No estaba, y **contraceptivo** no lo encontrabas no digo ya en el diccionario. Ni tan siquiera en las farmacias. Eran otros tiempos, claro. **Contraconceptivo**, **anticonceptivo** y **anticoncepcional** sí estaban en el *DRAE* y hacían el mismo servicio. También siguen por ahí el método Ogino y otras escopetas de feria para los que no tragan la *píldora*. Ya te dije.

• Javier Sardá, Telecinco: *Sí, lo ha acertado. Conoce el universo de la **contracepción**.*

• Noticias en TVE-2: *En Francia, este nuevo **contraceptivo** viene usándose desde hace...*

contraoferta La hubo. Y fue al alza. Así se consiguió que entrara en la palabra en el diccionario. Jugando a la contra, como los equipos que entrena Luis Aragonés. Pero ya sabes que el éxito depende de una **oferta mejor** o **superior**. Contraofertas a la baja, no les veo yo futuro. Me dejé la bola en casa.

contrariar Significaba lo mismito que **contradecir**. No quería decir **molestar** o **enfadar**, aunque eso molestaba o enfadaba a bastantes. Se acabó la bronca. Ahora todo el mundo tiene razón. Una segunda acepción como «disgustar, enfadar», ya está en el *DRAE*. ¿Se enfadarán otros?

coproducir Verbo por fin aprobado por la Academia, lo hacen sólo los **coproductores** que se casaban «por detrás de la Academia» para una **coproducción**. Juntan sus deudas, convencen a un par de bancos, y hale, a **producir en común**. El verbo **coproducir** no existía legalmente, pero sus hijitos, sí. Los habrían hecho *in vitro*. Hoy las ciencias adelantan que es una barbaridad. O dos.

copropiedad No levantaba cabeza desde que nació. No la aceptaba la Academia. Además, con la estafa aquella de Sofico cavó su propia tumba. Chiquitita. Como de recién nacida. Ahora ya tiene un «multi-nicho». Todos los dueños son **copropietarios**, esperemos que todos con los papeles legales. Ellos, sí. La **copropiedad**, también. Ha entrado en el *DRAE*. Somos sus *multipropietarios*.

cotidianeidad Aviso a los escribientes: no era recomendable ni en días alternos. La cosa parecía clara: Si de **mundano** no sacabas mundaneidad, sino **mundanidad**, ¿a qué venía derivar de **cotidiano** esa **cotidianeidad**? Para que te fíes de la lógica y no corras a comprar diccionarios: ya está admitido como sinónimo de la lógica **cotidianidad**. Paso. No es obligatoria.
• José Luis Gutiérrez, Cadena COPE: *...y llega a no percibir hechos que, dentro de la* ***cotidianeidad****...*
Cotidianidad era el único término correcto. No lo practiques sólo los fines de semana. Todos los días. Si las fuerzas te responden. Aunque no seas Umbral.
• Francisco Umbral, *El Mundo*: *Y una España que viene de Larra en cuanto a la manera que tiene Carandell de recoger la* ***cotidianidad****...*

crack La ha incluido la Academia en cursiva como «droga derivada de la cocaína» o «caballo que destaca en las carreras». También llaman los anglos *crack* y *crash* a nuestra caída de la bolsa de cada día, que es que llevamos un siglo que ya, ya. Pero ambas las ha recortado la Academia y las ha situado en negritas como **crac**, sin admitir *crash*. **Crac** ya lo reseñaba el *DRAE* como barbarismo en 1927, y en 1989 andaba con corchete por sus páginas. Reseñado, pero no admitido. Aquí, además, hay mucho usuario de la palabra, *crack*, pero para referirse a las estrellas de los equipos de *fútbol*, como dice uno de sus presidentes, el señor Villar, abogado por Deusto. Pudiendo llamarles **estrellas**, **figuras** o **ases**, hay comentaristas que se empeñan en llamarles *crack*, como a la caída de bolsa. Será por las *mochas* que se tiran los listos en el área de penalti. Y, a los muy burros, supongo, como si fueran caballos de carreras. Aclaremos pues, que hay aquí mucha maraña: la Academia deja ahora dos entradas para **crac**; una como «quiebra comercial» y otra que apunta: «Úsase para imitar el sonido de algo que se quiebra». Me borro de todas.
• *Onda Cero*: *Todos esos* cracks *brasileiros, todos esos ases, estarán en el partido contra la droga.*
• Carlos Fresneda, *El Mundo*: *El joven, que pasó unos meses en la cárcel por tráfico de* **crack**...
Caso justificado, porque si no, no sabríamos cómo llamar a esa droga. Y, en un instante, pasamos de la vida a la bolsa, del ***crack***, al *crash*, con García como bisagra:
• José María García, Cadena COPE: *¿Dará para tantos miles de millones el fútbol? ¿No llegará un* crack *y se hundirá todo?*
• Jesús Cacho, Cadena COPE: *Pero la verdad es que el efecto que pudiera tener un* crash *de la Bolsa de Nueva York...*

criminalizar Era verbo muy usado pero poco aprobado por las autoridades de tráfico gramatical. La Academia se resistía, aunque el personal se pase el día demonizando, **satanizando** y **criminalizando** a todo aquel que pasa por la calle mayor o por el gobierno de turno. Unos lenguas-largas es lo que son. Y con peligro: han conseguido hacer entrar en la Academia a Satán y al criminal, pero no al demonio. *Vade retro.*
• Pedro J. Ramírez, *El Mundo*: *Jesús Cacho, Miguel Ángel Rodríguez, el juez Gómez de Liaño o yo mismo engrosamos ya una larga lista de precedentes de distinta índole en los que los polanquistas y felipistas han* ***criminalizado*** *siempre a las víctimas.*
• Luis Solana, *El Mundo*: *Con esta forma de hacer política se está intentando* ***criminalizar*** *al PSOE...*

cross Aparece con su clásico trote, pero ahora en cursivas, y se cuela

hasta el fondo. Cambio de camiseta, porque antes la llevaba redonda perdida. Ya saben que ***cross*** es un recorte de *cross country*, que es una **carrera campo a través, a través del campo** o **a campo traviesa**, que es como ha preferido escribir la Academia. La mayoría prefiere decir ***cross*** a secas, aunque llueva a mares el día de la carrera. El caso es que ese término figuraba ya anteriormente en el *DRAE*, con su letra redondita a más no poder. Y yo pregunto: si ***cross*** se pronuncia aquí igualito que se escribe allí, ¿a qué viene ese cambio? Será que ha corrido marcha atrás y ahora pierde las redondas. Por sus malas zapatillas.

• Eva Díaz Pérez, *El Mundo*: *...y Domingos Castro, uno de los personajes habituales en este* **cross** *que, sin embargo, tuvo que conformarse con el séptimo puesto.*

culpabilizar Nos incita a *intertextualizar* y hasta a plagiar descaradamente frases del libro *Escafurcios y palabros*, ya que todo queda en casa. Se puede leer, si es que sabe: «es un verbo que dieron en *inventizar* en sus horas libres los enredadores del lenguaje y estiradores de las palabras, que siempre andan con semejantes *creatizaciones* para *presumizar* ante novias, *santas* o ligues. Si quieres lavarte las manos como Herodes (que era un asesino y un vicioso, pero tan limpio como Poncio Pilatos según cuentan las crónicas) sólo tienes que **culpar** a otro. Ese es el camino más corto: **culpar**. Y si ha sido bueno, no lo vayas a *inocentizar*. Encima».

Pues dicho esto (perdón por la *intertextualización*, señor Fraga), el *DRAE* 2001 va y escribe: «**culpabilizar**. Transitivo. Culpar». O sea, que lo han *sinonimizado*. Talmente.

Lo que no han *equivalizado* es **culpabilidad**, que es la «calidad de culpable», con **culpa**. En eso, no podemos echársela. No.

• Pedro J. Ramírez, *El Mundo*: *...no es de extrañar que la opinión dominante en occidente* ***culpabilice*** *a Arafat en estos o parecidos términos.*

• Alfonso García, Telemadrid: *Y, además, volvió a* ***culpabilizar*** *a los hermanos Anglés.*

culturalismo Curiosamente, era una palabra de esas que casi todos dábamos por admitida, pero que no estaba registrada. Y eso que ya andaba por allí practicando la cosa uno alto y rubio al que la Academia ya llamaba en su diccionario **culturalista** con todas sus letras. Y es que no han tenido más remedio que admitirlo en el 2001, porque la definición que han dado ahora al pedantuelo mozuelo es «que practica el **culturalismo**». Había que reconocer el arte con su nombre, aunque haya llegado después que el reconocimiento al artista **culturalista**, que es una persona que está metiendo siempre citas y detalles culturales «de forma ostentosa», matiza el *DRAE*, en todo lo que dice, escribe o crea artísticamente. Se dice el pecado, pero no se dice el pecador ostentoso. Tú ya le conoces.

• Carlos Boyero, *El Mundo*: *En sus últimas entregas, al rey del* ***culturalismo*** *y de la poesía con* grandeur...

cum laude Ya sabes, aunque no la tengas, que es la máxima nota que te pueden dar en la universidad. Y, como es gente tan culta, te la daban en latín para que presumieras por los ministerios y demás centros de acogida. Ahora, con la universidad en plan No-Do, al alcance de todos los españoles —dicen—, ya te dan la máxima nota en castellano. Y sin cursivas. Menos latín y más redondas, que habría dicho un ministro. El caso es dar la nota. No tienen arreglo. Son como jefes.

• Rosa María Sardá entrevistada por Elena Pita, *El Mundo*: *...pero en este oficio nunca se tiene el* ***cum laude****, afortunadamente: es una evolución continua.*

cunnilingus Aquello del señorito andando con la lengua donde te dije, es otro latinajo que ha aceptado la Academia y que ahora permiten escribir sin cursivas. No sé qué autoridad tienen estos señores en el asunto. Porque es evidente que no existe la Real Academia de la Lengua, sino la Real Academia Española.

• Raúl del Pozo, *El Mundo*: *Los indios norteamericanos llaman a la Coca-Cola «agua loca» y creen que si se practica la felación o el* ***cunnilingus*** *se ahuyenta a los salmones...*

• Carlos Boyero, *El Mundo*: *La botica de la abuela sólo conseguirá mi solidaridad el día que aconseje un buen polvo, mamada,* ***cunnilingus*** *y una botella de alcohol legal para mantener la salud física y mental.*

cupletista Seguía hasta que acabó el siglo XX —y mentira me parece— en la inhóspita calle desde aquellos tiempos del **cuplé**. Igualito que la <u>cupletera</u>, que aún duerme en la calle. ¿Cómo llamábamos entonces a Raquel Meller, a Olga Ramos, a Sarita Montiel? Pues, naturalmente, **cupletistas**. Y, por supuesto, doña Raquel, doña Olga y doña *Saritísima*. Aquellos tiempos del **cuplé**.

currante Tenía el mismo problema que <u>currelante</u>: que además de no encontrar trabajo, no le dejaban dormir a cobijo de la Academia. Hay décadas que no está uno para nada. Así sigue el <u>currelante</u>, que sigue sin poder <u>currelar</u> legalmente o encontrar un <u>currelo</u> digno, a pesar de la maravillosa murga que

le dedicó el inolvidable Carlos Cano. Pero ha prosperado el **currante**, que se ve en letras de molde como **trabajador** en el diccionario del nuevo siglo junto al **curre** —**trabajo**— conseguido, o sea, el **curro**. Pero sigue siendo un **currito**. La Academia le reconoce, pero le pone el estigma: «trabajador que realiza labor sin importancia».

• Pilar Portero, *El Mundo*: *Miguel Ángel de Miguel, 27 años, aspirante a psicólogo, con estudios de teatro, aficionado a componer y* ***currante*** *provisionalmente en una pizzería...*

Aclaro otra cosita: había un antecedente bien cercano que ya encontró colocación el diccionario de la Academia: **currar en un curro**, que hasta el año emblemático de 1992 era sólo algo como «cortar el pelo a los caballos salvajes» —recordemos la famosa Rapa das bestas— pasó de ser jerga a ser lenguaje. **Currar en un curro** significa legalmente desde 1992 **trabajar en un trabajo**. Si es que lo encuentras. Que esa es otra; y, además, rubia.

• Carmen Rigalt, *El Mundo*: *Al revés que el común de los mortales, Santoni ha descubierto el* ***curre*** *cuando ha llegado a la tercera edad.*

currículum vítae Ha ganado una tilde: la que se cae encima a la letra «i» de **vítae**. En diccionarios anteriores sólo ponían tilde en la «i» del **currículum** ese que tienen algunos recomendados. Como ahora la norma es que se pongan las tildes del reglamento gramatical español a las expresiones latinas que apruebe la Academia, la explicación está servida. Y otra cosita: **currículum** lo admite la Academia exclusivamente en la expresión **currículum vítae**. No le dejan trabajar por libre, En los demás casos se usa **currículo**, con plural en **currículos**. Es mucho mejor que <u>currículums</u>, que todos los expertos aconsejan evitar. Luego hay sitio aparte para la grey latiniparla, que usa <u>currícula</u> para el plural.

• Gabriel Cisneros, del PP: *La importancia de los <u>currícula</u>...*

• Àngels Barceló, Telecinco: *Ha pedido que le envíen <u>currículums</u> de licenciados en derecho. / Y hoy ya había recibido veintinueve <u>currículums</u>.*

Por cierto, y como quien no quiere la cosa, hay que dejar muy claro

que el **currículum** o **currículo** es la «relación de cargos, honores o trabajos y datos biográficos que califican a una persona». No parece muy correcto en los siguientes ejemplos:

• *El Mundo*: *...y una montaña de papeles (citaciones, denuncias, sentencias...) que engrosan el* ***currículo*** *del chico.*

• Onda Cero: *Pocos <u>currículums</u> como el de Urrusolo Sistiaga...*

Supongo que se referían a su **historial sanguinario**, que no lo califica, sino que lo descalifica. Error que se repite a menudo:

• Informativos Telecinco: *Su <u>currículum</u> de terrorista es casi inigualable. Se le atribuyen varios asesinatos...*

Último detallito *curturá* para quien lo necesite, claro: si pronuncias «vita-e» y alguien te lo afea, dile que tú sigues el sistema de pronunciación clásico y que así lo aprendiste. Si acostumbras a pronunciar «vite», expones al posible protestón que tú te riges por el sistema tradicional español. Me lo aclaró un experto. Pero no diré quién ha sido, por si acaso. Antes la muerte que la fuente. Que es de porcelana de Sargadelos. Por cierto.

cúter Ha cortado el camino que llevaba hacia el diccionario cursivas en ristre el *cutter*, la herramienta cortante que suelen usar los aficionados a la chapuza casera y que me tiene prohibida este gobierno que tanto y tan bien vela por la salud de los inútiles. No es una simple **cuchilla**, sino un mango que puede ir cambiando de cuchillas según se van gastando. Corto y cambio. Cambio de acepción, porque **cúter** ya estaba en el *DRAE*, pero ha pasado a segundo lugar la acepción en que aparece una «embarcación que tiene las velas al tercio, una cangreja o mesana en un palo chico colocado hacia popa, y varios foques». Si no han entendido nada, como yo, seguro que en la Casa Real se lo aclaran. Cuando desembarquen.

cutredad y **cutrerio** No los admitía la Academia por excesivamente sucios y descuidados y por su baja calidad. En una palabra: por **cutres**, término madre que ya andaba recogido en territorio *sagrado* junto a la **cutrez** que nos rodea desde las pantallas amigas de las teles. Ahora, la **cutredad**, que es lo mismito que la **cutrez** y que el **cutrerío**, puesto que significan lo mismo, ha llenado de pestazo la página. Tres en uno. Y ni por ésas.

• Carlos Boyero, *El Mundo*: *Lo mamó desde dentro, vivió el* ***cutrerío****, el extraer agua medianamente bebible de las áridas piedras...*

dancing Se nos aparece, decrépita ya, con el cutis de color sepia, cuando ni un solo luminoso refleja la existencia de alguna sala —o antro— con dicho nombre. La Academia lo incluye en cursivas, supongo, y así lo justifican, porque aún se usa en las Españas americanas. ¿Se bailará en ellas el rock o seguirán en el bolerazo y el foxtrot?

deleznable Según el *DRAE* penúltimo, el de 1992, era algo «que se deshace, que se deshilacha, que está hecho de materiales inconsistentes». Nada que ver en el siglo XX con **detestable**, aunque suene parecido, ni con **despreciable**, **rechazable** o **reprobable**. Pero si muchos primeros espadas, y tres banderilleros por barba o bigote de cada uno de ellos, más sus respectivos picadores, mozos de espadas y hasta sus apoderados se empeñan en decir que son una misma cosa, ya vaticinábamos en *Escafurcios y palabros* —escrito y publicado está— que obligarían a la Academia a admitir esa acepción. Ya lo habían hecho algunos diccionarios de uso. Desde la versión 2001, no es que lo hayan aceptado los señores académicos, es que la primera acepción del adjetivo **deleznable** es «despreciable, de poco valor». Con lo que me cargan a mí los profetas, hombre. Pero es que ese **deleznable** tan **despreciable** contaba con cada padrino, que era difícil resistir esa presión.

• Guillermo Cabrera Infante en *La Habana para un infante difunto*: *...el único desacuerdo fue la conspiración de María Montoya para servir sobras a Rubén Fornaris y el descubrimiento y revelación de esta* ***deleznable*** *infamia realizado por Victoria y mi madre.*

• Mario Conde, ex presidente de Banesto, *El Mundo*: *...lo que menos les importaba era la moralidad del gobernador del PSOE, ni el* ***deleznable*** *modo con el que abusó de su gran poder.*

• Feliciano Fidalgo, *El País*: *¿Aznar es* ***deleznable****?*

No veo yo que se deshilache el hombre por la parte del bigote.

Y para cerrar con llavín de plata este caso, un ejemplo de buen uso «a la antigua». Se pide el traslado temporal del *Guernica* de Picasso a Bilbao, y los expertos ponen pegas técnicas. El cuadro peligra, dicen, y hay quien opina igual:

• Federico Jiménez Losantos, Cadena COPE: *Es que Picasso hacía sus cuadros en esa época con materiales* ***deleznables****.*

• Martín Prieto, *El Mundo*: *Luego te enterabas de que la avaricia del pintor le lleva a utilizar un lienzo* ***deleznable*** *que es el que hace peligrar los traslados de la obra enrollada...*

Y como me ha salido callo en los dos dedos índices, remato de una vez con el buen ejemplo de don Benito:

• Benito Pérez Galdós en *De Cartago a Sagunto*: *El castillo, visto desde el mar, parecíame asentado en la cima de un alto monte de turrón,* ***deleznable*** *conglomerado de avellanas y miel. A pesar de estas apariencias, nuestros proyectiles no hicieron allí estrago visible.*

delincuencial Ya no comete delito de leso léxico contra la Academia. Nos habíamos arreglado hasta el siglo XXI para aludir a la **delincuencia** o para señalar con el índice a quien era proclive a ella, con el término gramaticalmente legal **delictivo**. Ya están los dos en la legalidad. A ver si ahora arreglan lo mío sin que tenga que recurrir a mi abogado.

• Javier Ortiz, *El Mundo*: *Nos han llamado de todo: desde «memos» hasta* ***delincuenciales****, que no tengo ni idea qué puede ser, pero que suena terrible. / ...pasando por catedráticos, profesores, sociólogos, magistrados, cineastas y hasta académicos, todos ellos perfectamente* ***delincuenciales****, supongo. / Nuestros detractores tienen dos posibilidades: o poner también a caldo a los «abajofirmantes» tirando de diccionario de sinónimos (o inventándoselos directamente, en plan* ***delincuencial****)...*

• Martín Prieto, *El Mundo*: *Pero resulta intolerable que unos servicios secretos tantas veces* ***delincuenciales****...*

dequeísta Llamamos hace tiempo al que practica el **dequeísmo**. El defecto tenía ya nombre legal, como se ve por las negritas empleadas, mientras que el usuario aún no había conseguido entrar en el diccionario. Pero como los señores **dequeístas** siguieron poniendo la preposición «de» antes del «que» cuando no tocaba, le tocaron la pituitaria a los académicos que han terminado por señalarles por su nombre en letras de moldes. Eran **dequeístas** sin carné y, ahora, están hasta en el diccionario oficial del reino.

• Mario Conde, ex-banquero, *Cadena COPE*: *A pesar* ***de que*** *algunas personas del partido socialista dicen* <u>*de que*</u> *en estas elecciones... / Yo creo* <u>*de que*</u> *ya está bien* ***de que****, a cada cosa que pasa...*

• Roberto Cantatore, entrenador de fútbol y comentarista, llamado por los comunicadores el «doctor Cantatore»: *La claridad que tiene con el balón hace* <u>*de que*</u>*... /...tienen claro* <u>*de que*</u> *hacen* <u>*de que*</u> *se nos respete... / No sólo era un equipo fuerte, sino* <u>*de que*</u> *está conjuntado. / Nosotros sabemos* <u>*de que*</u> *al rival no hay que darle ventaja. / Ahora tenemos totalmente claro* <u>*de que*</u> *podemos ganar. / Tan es así* <u>*de que*</u> *el Madrid no ha podido remontar. / La clave fue* <u>*de que*</u> *maniatamos a los hombres del Madrid. / Y te puedo asegurar* <u>*de que*</u> *fue una alegría tremenda.*

desaparcar Se supone que no podía hacerse, porque el verbo no existía. Aunque sí existiese **aparcar**, que siempre fue cosa mucho más dudosa y hasta imposible. **Desaparcar** ha sido obsequiado ahora con una hermosa plaza de residente. Dentro de nada, se inventarán

el desaparquímetro para cobrarnos por parar y por salir zumbando. Ya te digo.

• Isaac Montero en *Pájaro en una tormenta*: *En ese momento un gemelo* ***desaparcó*** *a la pasota y Pacino, sin dejar de cubrirse con el periódico, agarró el bolso y salió en sentido opuesto.*

• Manuel Vázquez Montalbán en *Tatuaje*: *Dejó que el vehículo hiciera la maniobra de* ***desaparcar*** *y mientras tanto puso el coche en marcha.*

desertificación y **desertificar** Movieron pacientemente sus dunas hasta conseguir plaza en el colegio oficial de palabras. Se acabó aquello de ir dando vueltas y más vueltas por el desierto esperando un indulto que no llegaba. ¡Y qué sed, madre! Pero es que vigilaban rígidamente el oasis dos guardianes con turbante: **desertización** y **desertizar** que ya tenían cogida la única sombra oficial del palmeral. Ahora, en este arenal ya vale todo. Por si fueran pocas esas cuatro, hay quien propone que usemos ayermar, pero lo veo difícil. Caerá en **baldío** o en **secano**, que son terrenos que tampoco tienen riego.

• Editorial de *El Mundo*: *...y el tiempo juega en contra de nosotros: cuanto más tarde se frene la* ***desertificación****, el calentamiento de la Tierra...*

• Rafael Ruiz, *El País*: *En España, la* ***desertificación*** *es realmente uno de los problemas ambientales más graves.*

déshabillé Lo ha dejado entrar la Academia en cursiva y con un exótico y turbador acento sobre la primera «e». Lío a la vista para nuestros infantes, a los que habrá que pedir que no se pongan a *esdrujulear* con su boquita como si fueran ministros con *pérsonalidad* imitadora. «Por el acento, a la revolución», que diría un demagogo. Encima de la sicalipsis y de la provocación, eso. Y aunque se pronuncie prácticamente igual que se escribe. Encima, me parece que es la primera palabra española que lleva dos tildes sobre la cabecita. Mucha permisividad con el sexo, oiga. Esta España ya no la conoce ni la madre que la parió. Dijo el Guerra.

Deus ex máchina Se escribía en latín sin esa tilde sobre la «a» de la maquinilla: ***Deus ex machina.*** Gana el acento ortográfico al pasar al diccionario español. O lo pones, o te castigará *Deus*. Para ese lector bien curioso pero desinformado (me han dicho que tengo uno), voy y aclaro que es una frase latina que viene de las viejas representaciones teatrales, en las que se hacía bajar de los cielos al supuesto Dios mediante una máquina, una ***machina*** que no cantaba boleros. Ahora se usa al hablar de intervenciones sobrenaturales para solucionar un problema. Por cierto: lo puedes pronunciar «máquina» sin echarle gasolina. Y algo más: aunque no somos ni seremos expertos teólogos, podemos afirmar y afirmamos que Dios no se escribe con «x» ni en latín. Fuera erratas. Si es que dos veces se puede considerar errata.

• *El Mundo*: *Pero Portela y el verdadero* Deux ex machina *del tinglado acebeísta, Jordi Bertomeu... / Es bien poco lo que pide la ABP, y bien grande la soberbia de Portela y del* Deux ex machina *Bertomeu.*

• Pedro J. Ramírez, *El Mundo*: *...el creciente aislamiento del* Deus ex machina...

diagramar Ya no tiene peligro de tirón de orejas. Aunque te parezca mentira, hasta el mes de octubre del 2001 **diagramar** no era un verbo. Era una entelequia (segunda acepción del *DRAE*) que vivía su vida extramuros en compañía de diagramación. Existían los **diagramas**, que los tengo vistos yo desde que era así de bajito, y que ya sabes que son unos dibujos muy majos que se hacen para explicar mejor las cosas; pero si dibujabas un **diagrama**, no estabas **diagramando** ni haciendo una **diagramación**, aunque parezca mentira. Estabas **dibujando diagramas**. ¿Lógico?

díes írae Nos demuestra que no siempre hay que poner los puntos sobre las íes. Es otra de las expresiones latinas tildadas de nuevo cuño. Tildada, en el buen sentido de ponerle tildes. Ya estaba en el *DRAE* y no necesitaba cursivas ni comillas como había que hacer cien años atrás, en tiempos de Pérez Galdós; pero, ahora, siguiendo la nueva norma, recibe una hermosa tilde sobre cada «i». La cosa no me gusta, pero ya la tengo bastante oída: son las dos primera palabras del himno que se entona habitualmente en el oficio de difuntos. Que me esperen sentados. Prefiero que me toquen los mariachis, que es cosa más alegrita.

• Benito Pérez Galdós en *Un faccioso más y algunos frailes menos*: *«Maricadalso» subía a su casa, lloraba junto al cuerpo de su hija, bajaba a gritar de nuevo, blasfemando, volvía a subir y a llorar... Ya no parecía la Muerte, sino la Locura cantando a su modo el* ***dies irae****.*

• En *Narváez*: *Ya se me hace fúnebre como el* ***dies irae*** *el ladrido de los perros en largas noches...*

digitalizar Ha pasado al diccionario en el siglo de la Informática con el significado de «expresar datos en forma digital». Su derivado <u>digitalización</u> no figura aún, pero todo se andará. **Digital** figuraba para adjetivar a los instrumentos «que miden mediante número dígitos», amén de su primera acepción relativa a los dedos. Ya me dijo un amigo muy mayor: «¿Sabes que me he **digitalizado**? Ahora, lo hago todo con los dedos». Las peplas y achaques de la vejez y su decadencia física. Me han dicho.

• Javier Ortiz, *El Mundo*: *...de gente dispuesta a poner a caer de un burro al gobierno por su Ley de Televisión* ***Digital*** *(¿por qué no la llamarán «de pago» si ese es su principal rasgo distintivo?...*

dinamizar Es algo que han hecho evidentemente en la Academia con sus actividades, servicios y diccionarios. Primero han tenido que aprobar ese verbo, **dinamizar**, para no caer en falta. Claro que si no se hubiesen puesto de acuerdo, el resultado podría haber sido el mismo utilizando **animar**, **promover**, **estimular**, **reactivar** o **reanimar**. Si te parecen pocos suplentes, te vas al Corte Inglés y cargas allí para todo el mes. De paso, aprovecha la oferta de nuevos productos anexos: **dinamización**, **dinamizador** y **dinamizante**.

• Jesús Alcaide, *El Mundo*: *Con su sola presencia, el brasileño movilizó al grupo y* ***dinamizó*** *un partido que había nacido sin vida.*

diplodocus Es el nombre que le damos generalmente a aquel bicharraco antediluviano que tanto

dinero le dio a ganar al señorito Spielberg en sus películas. ¡Quieto, bicho! Pues, al fin, ese **diplodocus** ha pasado a ser también palabra española. Por fin, porque ya lo era **diplodoco**, que no es un palabro aunque a algunos así les suene por falta de uso. Esa es la forma castellana del *diplóos dokós* (doble estilete) griego y el *diplodocus* latino. Que salga el culto de la parroquia y moje su pluma en vinagre.

• Antonio Gala, *El Mundo*: *Y para acabarlo de arreglar, el* ***diplodoco*** *Fraga, que debería estar recluido...*

disc-jockey Lo ha incorporado el *DRAE* escrito en letra cursiva. Y es que nunca admitió sustitutos, el muy ruidoso. Empezó a vivir su vida en España desde que Raúl Matas abrió el melón discográfico con su inolvidable *Discomanía* y empezó pronto a compartir piso

con los raciales **pinchadiscos** españoles. Uno de ellos, Federico Halpern, manejaba la revista que llevaba un título muy adecuado para haber traducido ese término: *Discóbolo*, el que lanza los discos. Yo propuse su uso en alguna de las reuniones que manteníamos los siete que nos dedicábamos por entonces al asunto en los felices sesenta, pero mi éxito fue perfectamente descriptible. A la vista está. Aquí estamos ahora los españolazos, pronunciando la rasposa jota ibérica como si fuese una «y griega» o «ye», que de las dos formas la llaman nuestros académicos.

• Silvia Grijalba, *El Mundo*: **Disc-jockeys** *como Higinio (de la discoteca* La Real*) o el canadiense John Aquaviva...*

• Ildefonso Olmedo, *El Mundo*: *Especialmente capacitado para el baile —abundan los rumores sobre su trabajo como* go-gó *en discotecas— y aventajado aprendiz de* **disc-jockey**...

display Es un anglicismo que se coló por las fronteras de nuestros ojazos cuando se abandonó aquel viejo lema que decía: «el buen paño en el arca se vende». Publicitarios más modernos nos convencieron de que hay que enseñar para vender. Enseñar, según qué cosas, claro. **Display** alcanza el total reconocimiento en el diccionario con el nuevo siglo como sinónimo de **despliegue** para designar al tablero o soporte donde se muestra el producto no bruto o, más modernamente y con electrones de por medio, a la pantalla donde se proyectan sus imágenes. Compre, que se me están acabando.

dolarización y **dolarizarse** Nos han llegado desde los países hispanos que no han tenido más remedio que tragar oficialmente con lo que ya era evidente «a nivel de calle», que diría un político. <u>Dolarizar</u>, por el contrario, no ha entrado. Total, para qué. En el viejo solar ibérico ya estamos *<u>eurotizados</u>*. Talmente como europeos.

• Martín Prieto, *El Mundo*: *Menem, tras <u>dolarizar</u> la economía argentina, sopesó la posibilidad de establecer como divisa el dólar estadounidense.*

• Julio A. Parrado, *El Mundo*. *Su entrada en escena ha <u>dolarizado</u> el boxeo a límites increíbles, explica Raúl Fernández, locutor en castellano de los espectáculos de boxeo...*

Dossier Con sus dos «eses» gemelas, igual que en el original francés, ya estaba aprobado por la Academia y se escribía en redondas. Igualito que **informe**. Pero en el 2001 le han metido un remedo de marcha atrás y lo han pasado a letra cursiva. Sigue admitido, sí, pero con ese remilgo. Aviso, por tanto, de que a pesar de los malintencionados rumores sobre mi persona, no existen los <u>dosieres</u> con una sola «s», aunque unos lo usen y otros quieran asustarme con ellos. Y ya puestos, abro el cajón secreto de la mesa y me topo con una ficha escrita con tinta antipática que dice: *<u>Dossiers</u>*. No les parece a los entendidos un buen plural. Puesto que ya es una palabra española, se supone que deberá formar el plural añadiendo la sílaba «es»: ***dossieres***. Como mis amigos nocturnos los **somieres**. Repito, siempre con sus dos «eses» de reglamento y, ahora, en cursiva. No me guarden el secreto. Hombre.

• Federico Jiménez Losantos, *El Mundo*: *...por ser él una de las víctimas de los vídeos, fotos, informes y* <u>dossiers</u> *preparados por la banda para chantajear... / Han enviado grandes* <u>dosieres</u> *a cada obispo a ver si lo excomulgan.*

• Victoria de la Muela, Presidenta del Reagrupamiento de Accionistas de Banesto, *Cambio 16*: *...no sólo por el poder que da el dinero, sino también cuando se poseen y manejan* <u>dossiers</u> *e información sensible.*

• Francisco Lean del Río, directivo de la Federación Independiente de Trabajadores del Crédito, *Cambio 16*: *El ex banquero sigue teniendo muchas influencias y* <u>dossiers</u>...

dracma La moneda griega fue un término examinado en su momento por los doctores de la Real

Academia. Levantaron sus faldones y convinieron a coro: dracma no es un dracma. Es **una dracma**. Pero, allá por las calendas del 2001, empezaron a oírse malintencionados rumores: que si dicen que se ha operado de los bajos, que si hay quien asegura que tiene tal pitorrillo que parece un botijo de Ocaña... En resumen: que los expertos de la casa en sexar palabros y palabras tuvieron que pasar por el trance de levantarle los faldones a la criatura ya desarrollada. No sé si es que les dio vergüenza mirar o qué. El caso es que no hubo unanimidad. Unos dijeron que parecía **un dracma**, en tanto que otros juraban que era, claramente, **una dracma**. Total: que el *DRAE* 2001 la registra como ambigua. Otra más. Esto parece un programa de la tele. Oiga. Y vea.
• Titular en *El País*: ***La dracma** griega se revalúa un 3,5% para poder entrar en el euro.*

driblear Regate a regate, ha alcanzado la red de la Academia. Y eso que venía sorteando contrarios desde Perú, lugar de origen, hasta Madrid. Como desde aquí a Lima, vamos. Ya teníamos en el diccionario **driblar**, amén de **regatear**. Pero ni por ésas. Ni con Clemente, ni con Camacho. Nunca **dribleamos** a los árbitros. No tenemos buen —ni mal— *dribbling* ni en el diccionario. Conste.
• Alejandro Delmas, *El Mundo*: *Kobe Bryant, el maravilloso chiquillo con el* dribbling *matador que, a los 19 años, despierta sensaciones alucinantes...*

dumping Es lo que hacen quienes inundan el mercado con mercancías a un precio inferior al que cuesta producirlas, con el fin de machacar a la competencia. Es que hay capitalistas que son más malos que un hijo de Sadam Husein y la madrastra de Blancanieves. Pues el ***dumping*** ya es legal. Académicamente hablando, tranquilos. Eso, sí: los examinadores han aliviado su mala conciencia poniéndole el estigma de las cursivas. Pero que le quiten lo *dumpingado*. Al tío.
• Ramón Casamayor, *El País*: *El plan Prever ha provocado una nueva guerra comercial que, según algunos, está alcanzando niveles de* **dumping**.
• Enrique Fernández-Miranda, diputado por el PP, *El Mundo*: *Por otro lado, la lamentable práctica del llamado «***dumping** *social» en numerosos países orientales...*

duopolio y duopolizar Son cosas que están muy feas. Pero echando las cuentas con los dedazos, hay que convenir en que están la mitad de feas que **monopolio** y **monopolizar**, porque dejan la mitad del negocio a otro *listo*. Pues resulta que, mientras que **monopolio** y **monopolizar** llevan juntas tiempo y tiempo en el **monopolizador** diccionario de la Academia, duopolizar se ha quedado en la puerta por la que se coló el **duopolio. Monopolizar** se queda con todo el mercado. El *desmonopolizador* que consiga duopolizar la situación, buen *duopolizador* será. ¡Madre, qué lío!
• Juan Cueto, *El País*: *No veo yo a los grandes prosadores poéticos del reino lucir sus célebres plumas a costa de empresas tan poderosas y globalizadas que nos monopolizan/duopolizan...*
• Federico Jiménez Losantos, *El Mundo*: *Lo que no confiesa ese anuncio, además del pillaje creativo, es que lo que se presenta como alternativa al monopolio no es la libertad sino el* ***duopolio***.

DVD Nos permite cerrar por todo lo alto con sus mayúsculas y por todo lo moderno la letra «D». Bien redondo y en letra mayúscula, para que se le vea perfectamente, el disco que permite grabar y reproducir imágenes y sonidos ha conseguido llegar con sus siglas al diccionario. De *Digital Video Disc*, a **DVD**. ¿**DVD**? «Capicúa y suma novecientos noventa y cinco», dijo Julio César tras pasar el Rubicón con la lista de la Bono Loto.

economicismo Es la *Biblia* del **economicista**, un tipo nuevo que sale a bailar en la pista con su libro de teoría en la mano. No hay otra verdad revelada para él y salen juntos a la escena. Para el que sigue la economía o es experto en ella, ya teníamos a mano **economista**. Se pone así adjetivo más que nombre, **economicista**, al que pone la economía por delante de todo y como explicación de todas las cosas. «¡La economía, imbécil, la economía!», le escribían en chuletas y le gritaban sus asesores al presidente Bill Clinton. La becaria, punto en boca.

• Fernando Ónega, *El Mundo*: *Ojo, que están haciendo ustedes un puro discurso* ***economicista. Economicismo*** *es que importe más un pequeño dato comparativo que el drama humano de 57.000 personas que han perdido su puesto de trabajo.*

• Fernando González Urbaneja, Cadena SER: *Yo no soy* ***economicista.***

ecuatoguineano Es un término que se suele usar para referirse a los ciudadanos de la antigua Guinea española. Había quien te lo afeaba por dos motivos: el primero, y principal, porque algunos decían que es un término despectivo que usan los nigerianos para chinchar a los **guineos** o **guineanos**. Este último gentilicio es reciente en el *DRAE*, ya que no figuraba en la edición de 1984, aunque era usado con mucha más asiduidad que **guineo**. Ese motivo lo tiré yo por encima de mis altos hombros cuando, en un reportaje de televisión, vi al presidente Obiang Ngema votando a su favor, claro, bajo un letrero así de gordo y en mayúsculas en el que se podía leer: «CIUDADANO **ECUATOGUINEANO**». Así que ya tenemos desechada la primera pega. En segundo lugar, porque el término **ecuatoguineano** no figuraba en el diccionario de la Academia. Para que lo sepas y no metas la pata en subsaharianas discusiones, **ecuatoguineano** ya está admitido.

• Marisa Cruz, *El Mundo*: *Severo Moto no dejaría de ser el líder de la oposición* ***ecuatoguineana*** *si pierde el asilo que tiene concedido en España.*

ejemplarización Es un término **ejemplarizador** o **ejemplarizante.** Si sus señorías me admiten esto, ya puedo seguir y decirles que a los tres los han admitido por fin. Estaban ya ahí los avanzados de la tribu, **ejemplarizar**, **ejemplificación** y **ejemplificar**. Pero no han admitido aún al primo pobre, ejemplificador, que nos va a servir para intentar ver claro en este batiburrillo que casi parece una de las *Novelas ejemplares* de don Miguel. Ejemplificador es un palabro que te puede causar problemas. Dos: el primero, porque ya digo que no está recogido en el diccionario como lo está el verbo **ejemplificar**, que es «ilustrar con ejemplos». Es cierto que, en segunda acepción, la Academia lo da como sinónimo de **ejemplarizar**, que no es exactamente lo mismo que «poner ejemplos». **Ejemplarizar** quiere decir «en lo moral, dar ejemplo». El segundo problema es que pongas el palabro ejemplificador en lugar de la palabra **ejemplarizante**. Y yo daré ejemplo, seré **ejemplarizante** ahora mismo, si no doy lugar a confusiones y errores y **ejemplarizo** con un párrafo equivocado captado en la televisión:

• Julio Muley, Informativos Telecinco: *Hay que reseñar que es la sentencia más dura y más ejemplificadora impuesta en España.*

elepé Es la forma castiza en que se castellanizaron las siglas de *Long Play*. Ha visto cómo se le iba media vida sin conseguir albergue oficial. Ya está dentro de la ley el forastero, a quien otros vienen llamando desde los años cincuenta

del siglo XX **álbum** o **disco de larga duración**. La Academia no ha admitido ni en cursivas el auténtico nombre, *Long Play*, pero sí sus siglas: **LP**. Y ahora que te lo has aprendido, empieza a olvidarlo porque ya estamos hace años en la siguiente era discográfica: la del **CD-Rom**. Eso si no ha salido nada nuevo esta semana.

élite Es francesa, pero ahora tiene permiso de trabajo en España. Digo por lo de la lengua. Me parece que esto queda confuso a la par de picarón inocente. Vamos con el aclarado: **élite**, en su tierra de nacimiento se pronuncia «elít». Le he colocado una tilde antirreglamentaria para que llegue a tu oído. Y es que el acento francés que lleva la cosa no obliga a pronunciarlo como palabra esdrújula, como hacemos los *subpirenaicos*. Aun así, mucha gente llevaba años escribiendo y diciendo **élite**, cuando lo que la Academia tenía aprobado de antiguo era **elite**, sin tildes como palabra llana, para designar a una «minoría selecta». Ahora puedes elegir, la **elite** y la **élite** están admitidas. Ya veremos si te admiten ellas a ti.

• Francisco Umbral en *Leyenda del César Visionario*, editada por *El Mundo*: *Y la **élite** del café se encuentra de pronto destronada y postergada.*

Curioso: tiempo después, el 10 de marzo de 1998, tiraba los acentos a la piscina por encima del hombro, como si fueran libros ilegibles.

• Francisco Umbral, *El Mundo*. *La **elite** «porta» y el pueblo empuja. La **elite** es piadosa y el pueblo es costalero.*

• Titulares en *El País*: *Los* master, *en Madrid. La **élite** española. / Sólo una **élite** accede al último fármaco de moda.*

Poco tiempo después, y desde entonces, *El Mundo* ya siempre escribe **elite** y ahorra un capitalito en acentos. Algo que no hace *El País*, aunque sólo sea por llevar la inveterada contraria. Sin embargo, *Nueva Economía*, el suplemento económico de *El Mundo*, no seguía la norma allá por noviembre de 1999:

• *Nueva Economía*: *Michel Camdessus, la **élite** de la ENA. Michel Camdessus [...] encarna como pocos esa **élite** de administradores...*

Sigamos el repaso, que incluye ejemplos hasta de ultramar:

Noticia en *El Sol* de Lima: *Según versiones de los periodistas peruanos*

que llegaron a esta ciudad para cubrir la cumbre del Grupo de los 15 (G-15), fuerzas de ***élite*** *de la policía...*

Para cerrar, un gran escritor, con muchos años en la **elite**, ganada a pulso, en un diario que casi siempre escribe **elite**, como se verá después:

• Rafael Sánchez Ferlosio, *ABC Cultural*: *Recuperación de* ***elites,*** *desde luego, pero no por vanidad mundana...*

Hemos escrito «que casi siempre escribe **elite**» porque, a veces, algún firmante de su famosa «Tercera» decide alternar los dos usos:

• Carlos Martínez Gorriarán, *ABC*: *Por eso no es casual, todo lo contrario, que las* ***elites*** *catalanas... / ETA trata de explotar en beneficio propio ese interés de la* ***élite*** *catalanista...*

emocionalidad y emocionabilidad Tienen entre sí un par de diferencias. Una, apreciable a ojo de cubero modesto y de oyente mediano, es que la segunda lleva de matute una sílaba más. La segunda diferencia requiere ya algo de estudio: que no emociona a los académicos. Sólo han admitido en la nueva hornada a la primera, **emocionalidad**. Para esos menesteres emocionales, la Academia y su diccionario disponían ya del término **emotividad**. Les copio un mal ejemplo y vuelvo al tajo. Mejor que al Jarama, aunque también me pilla cerca.

• Achero Mañas, actor y director de cine, Telecinco: *Espero que sirva para que, al que vaya al cine, le despierte una emotividad, una emocionabilidad...*

Vamos ya con los matices antes de que se me salten las lágrimas. **Emotividad** no es sinónimo de **emoción**. **Emotividad** es la «calidad de **emotivo**». **Emocionalidad** tampoco es los mismo, sino «calidad de **emocional**». Yo puedo sentir **emoción** siempre que te veo, aunque no sea propenso normalmente a la **emotividad**. La culpa es tuya, claro. Como siempre. No sé qué me das. O sí.

• Fernando Burgos: *Están abrazando a la madre y a la novia del jugador fallecido. Son momentos de gran emotividad.*

en abierto Así dicen algunos que se transmiten programas de televisión en los que se ven muslos, como son los partidos de fútbol. Si usted mira en el diccionario la palabra **abierto**, verá que la Academia ha introducido una acepción que reza con fe: «En abierto: Dicho de una emisión televisiva; sin codificar. *Ese canal ha estrenado un nuevo programa en abierto*». Como no hay programas en cerrado, supongo que los distinguen así de los que, según dicen ciertos espectadores de abono, se transmiten en codificado, en los que también se muestran muslos futboleros y muslo y mitad de cuarto de juguetillos reproductores; es decir: películas porno. Pues miren: yo nunca me como un filete en frito, sino **frito**. Tampoco me lo comería en crudo y, menos aún, **crudo**. No haría falta señalar tanto. Todo lo que no es **televisión codificada** es pura y simple **televisión**, o **televisión abierta**. Lo otro, lo llamen como lo llamen para disimular (digital, codificada, por cable, etc.) es **televisión de pago**. Y si no estás de acuerdo, intenta que de te lo den gratis y no verás.

• Titular en *ABC*: *Gran fiesta de presentación de Onda Seis, la primera TV digital terrestre* ***en abierto*** *de España.*

• José María Michavila, secretario de Estado con el PP: *El hecho de que unos acontecimientos se transmitan* ***en abierto*** *permite que otros se transmitan en cerrado.*

¿Con llave? ¿Se ve algo a través de las puertas?

en profundidad Decíamos tal que ayer en *Escafurcios y palabros*, que parecía buena descripción de la forma en que trabajan los poceros y los empleados del Metro y demás suburbanos. La Academia ha añadido en el 2001 en «**profundidad**» un reconocimiento a ese uso y hasta abuso de **en profundidad** en lugar de **minuciosamente** o **con detenimiento**, por poner sólo dos ejemplos. Hasta la nueva edición, la Academia registraba para **profundidad** en cuarto lugar, pero figuradamente, el sentido de «viveza, hondura o penetración de las ideas». Ahora, hasta el fondo: «De forma completa, con el mayor cuidado y rigor: *La obra analiza **en profundidad** el problema*». Es lo que pasa cuando la gran mayoría se lo trabaja **en profundidad**. Por no bajar escaleras, yo procuraré tratar mis asuntos **con profundidad**. Superficial. Claro.

• Pilar del Castillo, ministra de Cultura con el PP, citada por *El Mundo*: *En su momento se estudiará el asunto **en profundidad**.*

• Rafael Simancas, portavoz del PSOE en el Ayuntamiento de Madrid: *Lo que debe hacer el señor Herraiz es dejar de insultar a la oposición y estudiar **en profundidad** por qué se hunden los edificios.*

¿Se refería a revisar los cimientos? Aunque tampoco soy experto en socialismo espeso y municipal, me temo que no.

• Casimiro García Abadillo, *El Mundo*: *Una de las personas que con mayor **profundidad** ha estudiado el delito...*

• Publicidad institucional, Cadena COPE: *Esta noche, en directo, **en profundidad**, José María García y José Luis Núñez.*

Hay otro regimiento que usa ese **en profundidad** en lugar de **en vertical**. Me refiero a los futboleros, que quieren distinguir así a los pases que no son **laterales** u **horizontales**. Dan con eso la impresión de que hay muchos que juegan al fútbol con un berbiquí en las botas, y se pasan el partido como si fueran topos, barrenando en el césped y dejándolo lleno de agujeros:

• José María del Toro, Telemadrid: *Esnáider es el que mete el balón en profundidad...* .

• Fernando Burgos, Telemadrid: *¡Atención al pase en profundidad!*

encefalopatía Recibió todos los focos de la actualidad en el año 2001. La imagen de una vaca cayéndose a cada paso como borrachita nos persiguió de telediario en telediario. Era la variante **espongiforme** de esa enfermedad. Ninguna de las dos palabras las había recogido aún la Academia. Decir **encefalopatía espongiforme** no está al alcance todo el mundo, presentadores de telediarios incluidos. Por eso terminamos todos hablando del **mal de las vacas locas**. Nos ahorramos los ejemplos, que bastante sufrieron ya entonces nuestras orejitas.

encoñamiento Es una consecuencia, supongo, de **encoñarse**. Estas son cosas nuevas que pasan. Al diccionario, claro. Cosas muy humanas que les pueden pasar —insisto, me dicen— a hombres y mujeres que pierden el buen jui-

cio por una dama. Pues —no es coña— hasta el año 2001 estas expresiones no han contado con el beneplácito de los académicos de la Real que, además, han dejado fuera a aquel rijoso señor de la esquina, el encoñado. No sé que hace esta admirable gente con la Lengua, años y años.

• Carlos Boyero, *El Mundo*: *Me gusta ese tipo capaz de jugársela una y otra vez, el soñador que arriesga en apuestas imposibles, el perpetuo encoñado e infiel profesional sin complejo de culpa.*

engrosar Es un verbo que, además de ser un gordinflas, juega con dos barajas, el muy tramposo. ¿**Engrosas** la galería de los errores si conjugas de tal guisa el verbo **engrosar**? ¿Sería lo propio decir que la **engruesas**? Veamos: en el anterior diccionario, el de 1992, no se de-

cía nada del asunto; pero el verbo **engrosar** ha ganado en el diccionario oficial del 2001 un doble sello de hermafrodita. Por un lado, dice que es irregular y que se conjuga como «contar», con lo que habría que decir «**engruesas**», pero es que, inmediatamente, la versátil Real Academia, muy ladina ella, te añade luego como quien no quiere la cosa: «Se usa también como regular». O sea, que no hay forma de equivocarse. Ni queriendo. Lo mismo **engroses** que **engrueses**, la cosa está bien. Pero con michelines.

• Isabel Longhi-Bracaglia, *El Mundo*: *...y una montaña de papeles (citaciones, denuncias, sentencias...) que* ***engrosan*** *el currículo del chico.*

enmerdar y **enmierdar** Son dos verbos que caían siempre fuera de taza. El *DRAE* no los retenía y, para evitar aromas, tiraban rápido de la cadena antes de que se depositaran. Pero han tenido que admitir que, ya que se entra a diario en el «salón del trono», algo habrá que hacer además de leer el Quijote.

• Pedro Simón, *El Mundo*: *...andan serios como nunca desde que la colitis del* Prestige ***enmierdó*** *sus percebes y sus erizos de mar.*

• José María García, Cadena COPE: *Alguien se ha propuesto* ***enmerdar*** *esta situación. / Quien está* ***enmerdado*** *hasta las cejas... / Yo le he visto* ***enmerdado****...*

entente Es una invasora francesa, aunque se presente casi siempre como «cordial» y con mucha sonrisita falsa. La Academia la sujetó a raya, es decir, en la frontera, hasta el año 1989, en que la definió en su *Diccionario Manual*, marcada con una estrellita para avisar de sus intenciones. Aun así, no hubo **entente** hasta el siglo XXI. Ya no hay Pirineos. Hasta yo soy europeo. Mire.

• Borja Hermoso, *El Mundo*: *...fueron numerosos los ciudadanos belgas que acabaron en el paredón o condenados a cadena perpetua por su* ***entente*** *o, al menos, su «comodidad» durante la ocupación.*

Por cierto, si usas este galicismo, recuerda que se trata de una francesa. No le cambies el sexo.

• Editorial en *Antena de Radio y Televisión*: *Se esperaba que, de todos conocido* <u>*el*</u> ***entente*** *cordial entre el presidente de la Comunidad y el grupo PRISA...*

entreno Pero poquito. Casi nunca hago uso activo de la palabra y, cuando lo he hecho, ha sido como una forma del verbo **entrenar**. Sin embargo, allá por mi juventud, ya noté que mi amigo y compañero de juveniles en baloncesto Baudilio Ferret Miquel, catalán de Cornellá recriado en Aranjuez, usaba **entreno** como sinónimo de **entrenamiento**. No era el único, porque el uso ya era mayoritario en Cataluña y lo han extendido a muchos más. A fuerza de **entrenos**, el oído de los académicos se acostumbró y lo aprobó. Con tanto **entreno**, el señor Pujol tenía que conseguirlo.

• Alfredo Martínez, Cadena COPE: *Por cierto: regresa el equipo y, en la misma mañana,* ***entreno****.*

• José Manuel Lázaro, Cadena SER: *Quedan todavía muchos días, muchos* ***entrenos*** *por delante...*

epatar El *épater* que se usan los franceses para intentar **escandalizar**, **asombrar**, **pasmar** o **deslumbrar** ha entrado oficialmente por la frontera. Estuvo en el *Diccionario Manual* con su estrellita por ser un galicismo puro de *les enfants de la patrie* aquella que hay nada más pasar Bahamontes, Induráin y demás tropa española en cabeza por los Pirineos. Ya leerán después cómo lo tradujo don Miguel de Unamuno. El término, ya digo, viene de la frase francesa «*épater le bourgeois*», que es como llaman algunos pretendidos modernos a cosas como decir «*pedopisculocaca*» por la televisión o hurgarse la nariz adrede en plena recepción regia, aprovechando que todas las cámaras les están apuntando. Hay muchas variantes.

• Manuel Aznar Soler, *El País*: *La voluntad de* <u>*épater le bourgeois*</u>*, tan propia de la bohemia modernista y que Unamuno tradujo muy gráficamente como la de «dejar turulato al hortera».*

erotizarte Siempre me gustó. Pero a la chita callando; sobre todo, callando, porque no me dejaba abrir boca la Academia. Hasta en eso se mete esta gente. Pero nosotros, a lo nuestro. No importa que el acto no se diga, como creo que dijo un chileno famoso, «*me gusta que te ausentes porque estás como callá*». Al final, no han tenido más remedio que aprobar de una tacada **erotización**, **erotizado**, **erotizante** y **erotizar**. Ahora que casi no me quedan fuerzas ni magnetismo. ¡Le digo a usted, guardia! De la moral.

ertzaina y ***Ertzaintza*** Los han metido en nómina en letra cursiva. Vale. Pero si «*abertzale*» lo han pasado a redondas quitándole la «t», **aberzale**, no entiende uno, y no hablo en plural porque aún no soy papa, la diferencia de criterio. ¿No habrían cabido «erchaina» y «erchaincha»? O así. Como estas dos palabras nos plantean dudas a muchos de los que no hablamos euskera, les copio una chuleta que me pasa Iñaki Gabilondo antes de acostarse: ***Ertzaina*** es un policía autonómico vasco. Sólo se empieza por mayúscula después de un punto. ***Ertzaintza*** es la policía autonómica vasca. Su nombre se inicia siempre con «E» mayúscula, vaya o no detrás de un punto. Si tienes dudas, además, con la pronunciación, recuerda que el grupo «tz» viene a equivaler a la «ch» del castellano.

• José María Michavila, ministro de Interior con el PP: *La Ertzaina ha cumplido con su deber... / La Ertzaina es un cuerpo de seguridad del Estado...*

Pero no todo el mundo es ministro como para andar equivocándose. También los hay que saben distinguir:

• Titular en *El País*: *Atutxa quiere 500 nuevos* **ertzainas** *para disponer así de 7.350 agentes operativos.*

• J. L. Argiñano, *El Mundo*: *La consejería de Interior del gobierno vasco ha desistido de presentar un recurso contra la decisión del juez de no actuar, por falta de pruebas, contra los manifestantes que agredieron a agentes de la* **Ertzaintza**.

escanear Ha llegado al diccionario, cual capataz cumplidor o benéfico empresario, decidido a dar trabajo al **escáner**, que ya estaba allí esperando tajo desde aquel 1992, trampolín de las modernidades y demás *AVES* de presa. Y no ha habido comisiones de por medio. Espero.

• Abel Mantón, *El Mundo*: *La impresora que* ***escanea*** *y fotocopia ...en colores. / En relación con la posición para* ***escanear*** *papeles...*

• Ramón Tamames, Cadena COPE: *El F. B. I. son 24.000 funcionarios que están todo el día* ***escaneando*** *al país.*

escaparatismo Se admite por fin como la «técnica del arreglo y adorno de los escaparates». Por cierto, escriben «técnica» y no «arte». Si sabré yo que hay artistas, los **escaparatistas** que llevaban en el diccionario desde 1970, capaces de hacerte entrar inmediatamente con la tarjeta de crédito entre los dientes para llevarte a toda prisa todo lo que no necesitas ese mes. Ni el siguiente.

EL REY DEL ESCAQUEO, QUE HASTA SE ESCAQUEÓ DE POSAR PARA SU RETRATO.

escaqueo Era un arte —y hasta una técnica— no reconocido con tal nombre por la Academia. Lo que demuestra que también los cultos y cumplidores saben **escaquearse** a veces. La Academia tenía tan permitido **escaquearse** como **escurrir el bulto** a la hora de meter el hombro. Ahora han pasado del verbo, **escaquear**, a la acción, **escaqueo**. En el principio, fue el verbo. Esto me suena mu-

cho. Ya investigaré otro día. Por si *intertextualizo* y eso.

• José L. Lobo, *El Mundo*: *...lo que a su vez anima a miles de jóvenes a seguir su ejemplo, convencidos de que la objeción es casi un salvoconducto para* ***escaquearse*** *del servicio militar y de la PSS.*

esclerotización, **esclerotizante**, **esclerotizar** y **esclerotizarse** Ya le caben en sus páginas al *DRAE*, aunque hayan entrado en tropel. Hasta el siglo XXI se las iba arreglando con el verbo **esclerosar** para tales menesteres. Los que padecen la **esclerosis**, «endurecimiento patológico de un órgano o tejido», son **esclerosos**, **esclerosados**, **esclerósicos** o **escleróticos**. Ya lo saben los que usen ahora **esclerotizar** y demás familia. Que sé que eran muchos. Por ahí arriba andan.

Pedro J. Ramírez, Cadena COPE: *La manera de que nuestro sistema político se* ***esclerotice*** *en partitocracia...*

• Manuel Martín Ferrand, Cadena COPE: *No se trata sólo de que el sistema político no se* ***esclerotice*** *en partitocracia, como ha dicho el señor Ramírez...*

espongiforme Se entiende muy bien. Es algo más bien blandito, con apariencia de esponja. Como ellas, tiene poros tan grandes que más parece un incomestible queso gruyere o una foto de las tristemente célebres redes de cuevas de Ben Laden. La palabra ha llegado al diccionario, pero te remite exclusivamente a «encefalopatía», esa enfermedad en que se te ponen los sesitos de tal manera que el diccionario explica que el cerebro «adquiere aspecto **esponjoso**». Así que, para estar dentro de la ley, habrá que usar **esponjoso** para todo lo demás. Marianito, ahorra para la vejez y saca ejemplo propio.

• Mariano de la Banda en la definición de «Cadena alimentaria»: *Ya saben: la hierba es comida por la vaca, la vaca es comida en filetones por el ser humano y el ser humano es comido por el caníbal. Decían. Cualquiera se atreve desde el 2000 a comer de nada con las cosas* ***espongiformes*** *aquellas.*

esponsorizar Desgrava o deduce lo suyo en la declaración de la renta. Exactamente lo mismo que si practicas la **esponsorización**. Y, para rematar sus ventajas y bondades, la Academia ya no te regañará por tu **esponsorización**, por **esponsorizar** cuando nada te impide **patrocinar** actividades o practicar el **mecenazgo** con algún genio oculto como el de la lámpara. Sin embargo, los muy ingratos de los académicos no dejan entrar a sus salones al *espónsor*, posible traducción de *sponsor*, a pesar de que es el que afloja los euros. Eso, cuando no lo suelta en dólares. Prefieren que se le siga llamando **patrocinador** o **mecenas** para que todos entiendan a la primera que ha sido él el benefactor que, de paso, le escamotea un bocadito al inspector. De Hacienda somos todos. Pero no creo que nos *esponsore* ni tan siquiera nos **esponsorice** dentro de la ley. Y el orden.

• Amando de Miguel, Cadena COPE: *Asunto inane, donde él mismo se esponsore...*

• Juan Cueto, *El País*: *El talón de Aquiles de los nuevos héroes está donde tiene que estar, en el logo de esa zapatilla deportiva que* ***esponsorizan***.

esquijama Variante del **pijama**, fue el nombre moderno adjudicado a los viejos «calzonazos Mariano» —y no es publicidad— que empalmaban con la camiseta en una sola pieza. Era aquel mono interior de cuerpo entero que algunos usaban cuando la tierra no se había recalentado y se vivía en el reino de San Sabañón del Dedo, monarca felizmente destronado. Las viejas películas del oeste le hacían la publicidad a la menor ocasión. El nuevo nombre, aprobado ahora que la Academia ya tiene calefacción central de la buena, se debe a su parecido con el mono que usan los esquiadores. El detalle que distingue al **esquijama** del **pijama** lo introduce sabiamente la

Academia en la definición: «pijama compuesto de pantalón ajustado a los tobillos y jersey». Para las montañas nevadas, diría el irreductible falangista.

estacionalidad Ha pasado de palabro a palabra. Ya reconocía la Academia —se creerán que la policía es tonta— que una situación o una cosita, de mucho o de nada, puede ser **estacional** cuando sólo ocurre o se produce durante alguna estación o temporada del año. Los Reyes Magos, por ejemplo, son **estacionales** de Navidad; y el tal Lecquio, desde que se nos apareció, siempre fue **estacional** de todo el año. O sea: que nunca fue **estacional** el tío, sino un pesado.
• Titular en *El Mundo*: *Las franquicias han conseguido romper la **estacionalidad** de las ventas en el sector.*
• Mercédes Gómez, *El Mundo*: *Este nuevo concepto de negocio ha conseguido superar la **estacionalidad** de las ventas que asfixia a las tiendas tradicionales...*

estajanovismo Siempre fue el soviético vicio de los **estajanovistas**. O de algo parecido, pero dicho en ruso, que es lo que llamaban en la antigua Unión Soviética a los operarios que trabajaban muchísimo. Y bien, claro. Aludían así a un *fiera* en lo de *dar el callo* llamado Alexei Stajanov, un minero que se puso a extraer carbón como un loco, y por el mismo dinero que los que se hacían los distraídos. Héroe de la URSS, supongo. Vuelve a triunfar, cuando ya no hay URSS, porque consigue que pasen esas dos palabras a nuestro diccionario por excelencia. Conmigo, que no cuente el jefe.
• Ignacio Amestoy, *El Mundo*: *Alfonso Sastre es un **estajanovista**. en su Hondarribia, edita minuciosamente una «obra completa» que no para de crecer.*

estatalismo, **estatalización**, **estatalizar** y **estatizar** Han pasado en tropel al diccionario. Y eso que ya mandaban los nuevos liberales que, en sus ratos libres, se dieron a **privatizar** cual posesos esclavos del llamado «déficit cero». Hasta ese momento, **estatificar** era el único término legal para hablar de esas cosas, pero no estaba tampoco admitido su derivado **estatificación**, que también ha pasado con la manada el filtro junto al verbo **estatificar** y **estatista**, pero no <u>estatalista</u>. Kilo y medio de cacofonías. Ahora que ya dieron media vuelta los vientos de la historia. Además, no me abrumen, oigan, que yo soy un particular. Y avisen al gran don Mario, que me temo que leyó el diccionario con las gafas al revés.
• Mario Vargas Llosa, *El País*: *Por culpa de la cultura **estatista** (el diccionario dice que debe decirse «<u>estatalista</u>», pero nadie que tenga sensibilidad auditiva debería incurrir en esa horrible cacofonía).*

estatus Castellanización del *status* latino, ha ganado su ídem para la Academia. Pareció durante años que preferían que hablásemos exclusivamente del **nivel** o de la **posición** que se ocupa en la sociedad. El que ocupe algo, claro, pero no sea un pobre *okupa*. Ya le hicieron sitio. Un poquito lentos, pero seguros. Total, hace nada que se fueron los romanos.
• Santos Sanz Villanueva, *El Mundo*: *Ese **estatus** de autor de minorías se ha afirmado con la reciente concesión de los premios Príncipe de Asturias y Reina Sofía de poesía.*
• Luis Solana, *El Mundo*: *...Cataluña, el País Vasco y Galicia contarían hoy con unos niveles de autonomía seguramente mayores de los que ya tienen y, sobre todo, serían esas tres regiones las únicas que detentarían* (sic) *ese **estatus**.*

eucaliptus Para el diccionario ni era un árbol ni un caramelillo. Además, parece que les da la risa a los que saben latín. Dicen que es un latinajo macarrónico, porque habría que escribirlo con «y»: *eucalyptus*, que significa «bien cubierto», pero no me pregunten más que ya voy a rastras. Ha venido a hacer compañía en el bosque a su hijo español, el **eucalipto**, que era la única forma aceptada en el

DRAE. Y sabe tan rico como los de limón o menta.

euro Como moneda europea antes llamada efímeramente **ecu** en cierta especie de bautizo *interruptus*, ha dado lugar a una nueva acepción. Las prisas suelen ser malas para casi todo, menos para lo de no llegar tarde. Se aprobó por la Academia a todo correr lo del **ecu** y, poco después, se cambia de nombre a la moneda. De momento, aunque el **euro** ingresó en el *DRAE*, el **ecu** también permanece. Veremos por cuánto tiempo. Por cierto: «**euro**» ya estaba en el diccionario como «prefijo alusivo a Europa» y, también, como «nombre de un viento». Prefiero dinero.
• Titular en *El País*: *El **euro** y el mercado hipotecario.*
• Jesús Ceberio, *El País*: *El dudoso sueño del **euro** es ya una certidumbre y España tiene por primera vez en varios siglos...*

evidencia Nunca lo entendí como sinónimo de **prueba**, y así me lo enseñó don Perry Mason por la tele. En el diccionario figuraba como «certeza en algo». Habrá que ver qué pasa ahora cuando los señores jueces administradores de justicia lean en el nuevo diccionario, en segunda acepción, que la **evidencia** equivale a «prueba determinante en un proceso». Yo puedo tener la certeza, la **evidencia**, de que soy un genio, pero no hay **pruebas**. Por ahora. Por eso no insisto, ya que me pondría **en evidencia**, que es igualito que hacer el ridículo. Allá los que, evidentemente, saben más que uno. A las **pruebas** me remito.

ex aequo Es un latinismo que tiene ahora su lugar en la meta académica y que se puede sustituir, si te duele la boca, por **empatados**, **en igualdad de circunstancias**, o por el giro **con idénticos méritos**. Y recuerda lo que apuntamos en **currículum vítae**: da lo mismo que pronuncies la sílaba «ae» como si fuera una «e»: «exécuo», que si lo haces con las vocales por separado «exaecuo», porque lo primero es el sistema tradicional en España y, lo segundo, lo clásico. Elige, hombre. Mujer.
• Javier Reyero, Telemadrid: *Los porteros Bodo Ilgner y Songo'o, **ex aequo**, los menos goleados.*
• Pedro J. Ramírez, Cadena COPE: *Este **ex aequo**, este segundo puesto **ex aequo** de* El Mundo *no deja de ser una cosa extraordinaria.*
• *Estudio Estadio,* TVE: *Fue segunda **ex aequo**.*

excedentario Ya no es **excedentario**. *Quicir* —como diría aquel Núñez que presidió el Barça— que ya no le sobra al *DRAE*, que está aprobado. Antes bastaba con decir **excedente**, término al que lo equipara la Academia. Un derroche. Yo iba tirando con el **excedente**. Aunque fuera ario.

exhaustividad Lo tenía difícil. Es tan difícil llegar a ella, que la Academia se resistía a reconocerla, ni tan siquiera como utopía. Casi todos los estudios que conozco con esas pretensiones de **exhaustividad** resultaron ser «casi **exhaustivos**». Y es que, **exhaustivo-exhaustivo**, lo que se dice **exhaustivo**, tiene el mismo problema para encontrarlo que el café-café, lo que se dice café en la época de posguerra. Casi nada es **exhaustivo** en esta vida, porque significa «que agota o apura por completo». A mí, de eso no me queda. Siempre se me olvida algún detallito de nada. Cosa más tonta.
• Clemente Villaverde, gerente del Atlético de Madrid: *Se hizo un estudio **exhaustivo** del problema del césped y se solucionó.*
Y dicho esto, que diría Fraga Iribarne, ¿cabe hablar de algo «<u>casi exhaustivo</u>», «<u>medianamente exhaustivo</u>» o «<u>bastante exhaustivo</u>»?
• Federico Jiménez Losantos, Cadena COPE: *Hoy había una información <u>bastante</u> <u>exhaustiva</u>...*
• Roberto Gómez, Cadena COPE: *Los controles van a ser <u>muy exhaustivos</u>. / Las medidas van a ser <u>muy exhaustivas</u>.*

exilado y **exilar** Tenían el mismo problema, amén del principal, que es estar fuera de casa: había que po-

nerles las íes debajo de los puntos para poder encontrarlas en el *DRAE*: **exiliado** y **exiliar**, que proceden del **exilio**, y no del exilo, sí estaban en casa. No es bueno comerse las íes, aunque eso casi no engorda. Pero, desde el 2001, no tiene mayor importancia. **Exilado** y **exilar** han vuelto a casa. Antes de Navidad.
• Pedro J. Ramírez, *El Mundo*: *Excluidos ambos,* ***exilado*** *Solana...*
• Luis Antonio de Villena, *El Mundo*: *...e inexistente —como tantos de aquellos cafés— desde poco después de la Guerra Civil, cuando Ramón vivía* ***exilado****... / ...se nos aparecerá el poeta Meléndez Valdés, que como tantos tuvo que* ***exilarse*** *de su patria...*
No se iba a **exilar** de la patria de los franceses. Digo yo.
A todos ellos les llama don Mario —muy finamente, eso sí— antiguos:
• Mario Benedetti en *Andamios*: *La verdad es que tampoco demostraron mucho interés cuando algunos de sus propios y más conocidos* ***exiliados*** *(en esa época se escribía «****exilados****») fueron regresando.*

eximente Como adjetivo que se usa también como sustantivo, tenía bien enseñados sus bajos a la Academia. Y había emitido dictamen: no era él, sino ella: **la eximente**. Si es adjetivo, se puede cambiar de ropa en un periquete según el sexo de quien la requiera de amores, ya que admitía y admite que es ambigua. Había que decir o escribir: «**El eximente** detalle de haber bebido demasiado». «**La eximente** circunstancia de llevar tres días sin comer». Ya no es así. Desde el 2001 ya no dice que **eximente** sea femenino. Dicen que es ambiguo. No sé si es que les han surgido dudas o que no ven claro los aparatos. En la primera acepción, como adjetivo que puede usarse como sustantivo, no dice nada de femenino ni de masculino. Silencio total. ¿Estarán investigando?
• Pablo Sebastián, *El Mundo*: *...el inefable José Augusto de Vega, el magistrado que inventó* ***el eximente*** *de los estigmas que salvó a Felipe González...*

expansionismo Si no ando otra vez con la cabecita embotada, es algo que practican los **expansionistas**. Han conseguido por fin **expandirse** o **expansionarse** hasta dentro de la Academia. Dentro ya estaban esos dos verbos y, además, los **expansivos**. Siga las negritas y no utilizará términos no admitidos. Y nada de expanderse, que no hay sitio para tanta «e».
• Cadena COPE: *Dice que, en esta temporada, la SER va a expanderse.*

externalidad Es la consecuencia —buena o mala— de algo ejecutado por otros, dicho sea resumiendo la definición que le han puesto. Externalizar, como «encargar alguna tarea para que sea realizada fuera de la propia empresa», no lo incluyó la Academia en su diccionario. De momento lo tiene externalizado en diccionarios de uso que sí registran externalización y externalizar. Éstos son neologismos que han sido puestos en la carretera de acceso al diccionario por los economistas, informadores especializados, y demás tropa experta en artificios contables, vulgo trampas. El *DRAE*, repito, sólo contiene por esos rumbos la palabra **externalidad** en su sentido económico para las consecuencias de «acciones ejecutadas por otras personas o entidades». Si tienes una deuda, cosa que le puede pasar hasta a un ministro, la sacas fuera de la contabilidad habitual, con lo que la externalizas y ya puedes empezar a fabricarte deudas nuevas. Yo, mismamente, tengo casi todo externalizado en la Moncloa. Los tengo bien ocupaditos.
• Jesús Cacho, Cadena COPE: *Lo que ocurre es que se ha externalizado la famosa deuda histórica de Televisión Española...*
• ElcoMfidencial: *Ya os contamos hace días que Pedro J. Ramírez había viajado a Barcelona, concretamente a las oficinas del Grupo Godó, para sondear la posibilidad de externalizar (perdón por el* palabro*) la publicación del* Magazine*, el colorín de* El Mundo.
No hay que perdonar. Basta con apuntar. ¡*Palabro* al bote!

facha Ha entrado en la Academia brazo en alto casi *forrenta* años después, que diría Forges, de su auge y predominio en media Europa. Sinónimo ya y diminutivo despectivo de **fascista**, para el *DRAE* este italianismo sólo significaba hasta ahora otras cuantas cosas, como «mamarracho», «aspecto o la figura» de alguien; **la facha**, vamos, y no nos referimos a aquellas gentes de los correajes que aclamaban a don Blas. Justo es decir que se han resistido todo lo que han podido para no admitir un **facha** en casa. Ni por Navidad.

• José María Marco, *El Mundo*: *En los primeros años 30, los comunistas llamaban fascista, o mejor aún,* ***facha****, a una gama de individuos cuyas posiciones oscilaban desde el socialismo hasta la derecha monárquica. / «Socialfascistas» eran los «renegados» socialdemócratas, y* ***facha*** *era Manuel Azaña, apegado a las libertades formales propias de la democracia burguesa. / Los antiguos* ***fachas*** *pasaron a ser los aliados de los comunistas en la lucha «antifascista».*

falopa Es otro de los nombres dados a la **cocaína**, de apellido, maldita. Y al que le da a la **falopa**, es un **falopero** por **falopearse**, claro. Todos estos palabros del lenguaje de los drogadictos los ha recogido la Academia de la mismísima calle. Pero ocurre que en la calle de al lado, como quien dice una manzana más abajo, se usan otros palabros parecidos que no están en su diccionario: *farlopa, farlopearse* y *farlopero*, términos que, como los admitidos, equivalen a **narcótico**, **drogarse** y **drogadicto**. Con uno u otro nombre, ya se sabe: la droga es **falopa** y corta la vida.

• Raúl del Pozo, *El Mundo*: *...y porque a uno de los peregrinos le han cogido con cuatro kilos de farlopa incrustados en el breviario.*

• Titular en *El Mundo*: *Ultraderechista y farlopero*.

fan No hay más que ver su talla, es un recorte que hicieron los anglos de **fanática** o **fanático** y que usan los *mirandas* podadores del lenguaje. Miranda Podadera, el gran gramático, te habría recomendado dejarse de recortes, amén de poner a disposición de los entusiastas aplaudidores palabras como **seguidor**, **hincha**, **aficionado**, **admirador**, o lo que toque según la ocasión. Ha sido admitido al auditorio en el

2001, cuando ya hace años de la muerte de Sinatra y de que el *Dúo Dinámico* se retirara y volviera cincuenta y cuatro veces. Que se sienten y no chillen tanto. Hombre.
• Jesús Hermida, *El Mundo*: *Lo hacía con artistas, coristas, con celebridades, con mujeres o familiares de sus conocidos, con funcionarias, con partenaires de mafiosos, con cantantes, con **fans**...*

fantasmada Llevábamos años y años llamando así los simples mortales del «te irás y no volverás» a eso de presumir sin motivos. Como un presidente de equipo de fútbol, que parece que hubiera metido él los goles, pongamos por caso vulgar y corriente. Vulgar, sobre todo. Lo que no tolera aún la Academia es fantasmear. Ni en castillo propio pintado a rayas rojas y blancas. Usted verá cómo se las arregla, señor fanfarrón.
• Gabriel Albiac, *El Mundo*: *Jodidamente jodido, el hijo que fantasmea con joder al padre.*
Me temo que la cosa está jodida. Por ahora.

faxear Ya está permitido por los aduaneros de la lengua. Puedes pasarte el día enviando documentos o poemas con el euro como objeto de deseo a través del **fax**, que viene claramente de facsímil, y ya estarás **faxeando**. El permiso me ha llegado por **fax**.
• Juan Cueto, *El País*: ***Faxear**, con ser un buen hallazgo, sólo resuelve problemas si traficas en un mundo profesional...*

felación Es cosa de españoles. Y españolas. Lo dice ya el diccionario. Hasta hace bien poco, nos obligaban a practicar el latín con aquello de la *felatio* o *fellatio*, que no están en el diccionario español, o había que practicar un «francés» para el que no todo el mundo anda dotado. Pero también hay otros a los que se les resisten los idiomas y nos llaman tranquilamente «mamones» o «mamonas». Don Raúl, innovador como siempre, lo dice de forma más fina: «*felatrices*».
• Raúl del Pozo, *El Mundo*: *En algunas culturas primitivas la **felación** era practicada a los sacerdotes por prostitutas sagradas. Los misioneros católicos les decían a los aborígenes que a la mujer que practicara un fellatio le crecía el bigote. / Eduardo Galeano, el de las venas abiertas, considera que el pretexto de que Irak tiene armas peligrosas es una falacia para tapar una felatio.*
• Titular en *El Mundo*: *La **felación** también es adulterio.*
No siempre. No conozco yo a solteras ni solteros adúlteros, por mucho examen oral que pasen en sus vidas.

ferry Lo ha puesto a flote la Academia y lo ha amarrado en cursiva al puerto del diccionario como sinónimo de **transbordador**. Lo que le llama la atención a este marinero en tierra del río Tajo es la definición que da a ambas naves: «Embarcación de transporte que enlaza dos puntos». ¿Dos puntos? ¿Y qué enlazan los trasatlánticos o los cruceros? ¿Dos comas? Pregunto.
• Amparo Mendo, *El País*: *Para disfrutar de la imagen tópica del puerto de Hong Kong, zarpe en el **Star Ferry**, que enlaza los muelles...*

fertilización Ha necesitado llegar al nuevo siglo para fecundar al *DRAE*. Ahora que esas antiguas intimidades ya se hacen hasta en vasitos de cristal o tubos de ensayo, *in vitro*, que dicen los cultos de la parroquia. Otros prefieren seguir haciendo y diciendo lo clásico: **fecundación**.

fideuá La paella en la que se sustituye el arroz por fideos, consolará un tanto a los postergados y supuestos *fideístas* que han sido eliminados del diccionario de un plumazo en la nueva edición. La Academia ha recogido el término y el antiguo Reino de Valencia vuelve a ofrendar nuevas glorias a España. Ya saben: en vez de arroz, fideos. Y con *tropezones*. Es gente que no falla. En marzo, sí.

fiscala Es una gran señora en toda la extensión de la palabra. O dos.

Primero, porque ha aguantado a las puertas de la Academia sin levantar casi la voz tiempo y tiempo hasta que han aprobado su nombre. Segundo, y por eso digo también que pueden ser dos, porque la han aceptado como «mujer que ejerce el cargo de fiscal» y como «mujer del fiscal». ¿Dos por el precio de una? No. Ni se compran ni se venden las fiscalas verdaderas. Por cierto: en mi anterior libro, *Escafurcios y palabros*, ante la llegada de la **jueza** al diccionario de 1992, apuntaba yo que se nos podría echar encima la **fiscala**. En el mal sentido de la *echada encima*: «Por el contrario, a la Academia no le parece bien que, siguiendo esta posibilidad, digamos *la fiscala*, *la forensa*, *la agenta*, *la sargenta* o *la estudianta*. Todavía no se les reconocen los servicios prestados».
A la **fiscala**, sí. Fue en octubre del 2001.

fiscalidad Mire usted qué risa floja nerviosa me entra. No figuraba en el *DRAE*, pero siempre figuró entre las principales malas intenciones de todo gobierno que se precie. Por fin el poder ha dado la cara y, supongo, ha usado de todas sus influencias para hacer normal *a nivel de Academia* lo que era normal *a nivel de declaración de la renta*. Han metido de lleno la **fiscalidad** en nuestras vidas. («¡Calla ya, Mariano: no enredes más, por Dios!», acaba de gritarme mi asesor fiscal, señor Alemany.)

flash Funciona ahora con letra cursiva en el diccionario. Curioso, oigan: en el anterior *DRAE*, el de 1992, estaba registrado *flas*, que ha desaparecido en el 2001. Se ve que el nuevo ***flash*** le ha echado a la calle de un empujón. Aquel *flas* hacía decir a algunos diccionarios de uso: «Es innecesario el uso del anglicismo ***flash***». ¿Volverá a atacar desde el Paseo del Prado el temible *flas*, ayudado por su *primo de Zumosol*, el famoso *Flas Gordon*? Seguiremos atentamente la jugada.
• Francisco Umbral, *El Mundo*: *Y un* **flash** *de albañiles atareadísimos levantando un chalet en un pispás.*
• María Jorda, *Cambio 16*: *Ricart, apodado «El Rubio», apareció el lunes, 12 de mayo, esposado y fuertemente custodiado entre una multitud de* **flashes**.
Un destello más y rematamos la foto: ***flash-back*** también lo han admitido en cursivas. El amigo Garci tiene mucha mano.
• Antonio Skármeta en su obra *La velocidad del amor*: *¿Es posible que ciertos embriones sean un* **flash back** *de experiencias posteriores y que en realidad yo ya supiera que había algo extradeportivo en mi admiración y en el escalofrío de mi cuerpo?*

flipar Ya está en letras de molde en el diccionario. Ya veo, respetable ca-

ballero, que está usted que lo **flipa**. Pero la vida de las palabras es así. A veces, oyes de pronto a tus hijos decir cosas que no sabes qué quieren decir. Y poco después resulta que se las han pegado a tus sobrinos. Y al hijo del vecino del quinto, que no ha salido tan rijoso como su padre, el señor Landa, pero que es también gustoso de ampliar las posibilidades de su lengua. Y mire por donde, en media generación, sus hijos, sus sobrinos y el pillín del hijo del vecino del quinto consiguen hacer entrar en el diccionario de la Academia un palabro al que usted no le concedía muchas posibilidades. Pues para que aprenda y se entusiasme, ahí que le dejo la máquina de **flipar** que, en sus tiempos, se limitaba a **entusiasmar**. Pero recuerde antes de darle a la manivela que el principal y primer sentido que la Academia registra para la palabra es «estar bajo los efectos de una droga» y que **fliparse** equivale a **drogarse.**

• Isaac Montero en *Pájaro en una tormenta*: *Lo único que me dijo Cebrián es que la niña* ***se flipaba*** *y que veía a otros yanquis en la Cervecería Alemana.*

• Pablo Lizcano, *El Mundo*: *...y parecería mucho más adulta de lo que es si sus frases no estuvieran salpicadas de términos como «mogollón» o «****flipar****».*

• Luis Antonio de Villena, *El Mundo*: ***Flipantes*** *o* ***flipados****, los chicos de más ventura —que llevan coche o moto—...*

foie-gras Y su hermano cuasi gemelo *foie gras*, el que no se peina con la raya en medio, han entrado juntitos. Ese **hígado engordado** al cambio, forma parte de nuestro vocabulario desde que éramos tiernos infantes, pero el diccionario no lo recogía, con lo que supuestamente se nos obligaba, si hubiésemos sido respetuosos, a comerlo con cursivas, cosa que entonces sabía mucho peor porque ninguna palabra admitida por el diccionario las llevaba y ha sido gran novedad en el nuevo siglo. ¿Hubo que *untarles* a los académicos? ¡Menuda tostada! El caso es que, como cuando andábamos antes de pendoneo en una *boîte*, ya estamos con aquello de una «o» y una «i» cogiditas del bracete se pronuncien «ua» y sigan siendo españolas de honor. Y la «e» final, muda, callada, como si no estuviera.

• Ignacio Medina en *Los ritos del lujo*: *Ningún alimento, ningún tótem culinario ha sido más profanado en las últimas décadas por el consumo masivo que el* **foie-gras**. / *No hay un solo restaurante con pretensiones cuya carta no esté impregnada de porciones de* **foie-gras**.

folk Recorte popular de ***folklore*** entra por fin con acompañamiento de pandereta. Su versión íntegra hace años que perdió la «k» cuando la Academia la transformó y registró con dos formas: **folclor** y **folclore**, que es lo que practican las **folclóricas** y los **folcloristas**, sin «k», como Joaquín Díaz o mis amigos Ángel Carril y María Luisa García. Como saben los que aprovecharon aquella mañanita de colegio viene del inglés «*folk lore*», «saber del pueblo»; el término lo lanzó en 1846 William John Toms (Ambrosio Merton). Uno de sus valedores en España fue el padre de Antonio y Manuel Machado, que firmaba sus trabajos con el revelador seudónimo Demófilo. Reconoce que, en tonteriitas culturales cortas soy muy apañadito. Pero de ahí no paso.

• Maruja Torres, *El País*: *Por no hablar de Chanel 19, que era lo que solía ponerme en situaciones de peligro: ligar, bombardeos, entrevistas con folklóricas y un amplio etcétera.*

• Maurilio de Miguel, *El Mundo*: *Ello teniendo en cuenta que se abre con Alberto y Emilia, dúo de antecedentes en el* ***folk*** *y la canción cristiana...*

En cuanto a los especialistas en el asunto, antes llamados folkloristas, ya hemos dicho que ahora lo legal es **folclorista.** Menos «k» y más vitamina C, don Fernando:

• Fernando Sánchez Dragó, *El Mundo*: *Se transformaría vertiginosamente en un erial para arqueólogos, para folkloristas, para avispados hombres de negocios japoneses y para* yuppies *occidentales u orientales.*

Rematemos: no veo registrado folklorismo ni folclorismo. Sírvase usted mismo, don Francisco:

• Francisco Umbral, *El Mundo*: *Pero finalmente se ha decidido por el folklorismo teológico, y así anda.*

footing Entró un domingo por la mañana en España al **trote** cochinero. Su propósito era quemar las grasas de tanto cocidazo y tantas judías con chorizo y morcilla. No ha necesitado acelerar la marcha. No se va. Se queda dentro del *DRAE* en cursiva y sudadera, que eso sí que es una palabra sin clase ni estilo. ¡Y cuánto cobarde **corriendo** entre tubos de escape! Será del susto que llevan en el cuerpo de ver que les persi-

guen dos «oes» juntas haciendo «u» con la boquita para asustarles.

• Noticia en *El Mundo*: *Paseos por el campo, partidos de tenis, y hasta un poco de* **footing** *que la feliz pareja sabe que hay que hacer para llegar a la catedral de Barcelona en buena forma física.*

• Martín Prieto, *El Mundo*: *...pero para mí que no fue el* **footing** *matinal, sino que la Hilaria acabó quebrándoselas con tanto puntapié.*

forfait Es otro de los muchos palabros que han ajustado un arreglo con la Academia para salir en la foto del diccionario, bien que en cursivas. Del lío de las vocales travestidas, ni les hablo. Lo que siempre fue un **abono** o una **iguala** te empujará ahora a llamarlo ***forfait***, o pasarás por paleto de boina cuando subas a llenarte la cara de nieve. Aunque esquíes mejor que los Fernández Ochoa.

• Noticia en *El Mundo*: **Forfait** *gratis en Navacerrada. La estación de esquí de Navacerrada estrena hoy la temporada sin cobrar* **forfait** *a los esquiadores...*

Pero el crudo frío del día siguiente trajo consigo la cruda realidad:

• Titular en *El Mundo*: *400 esquiadores pagaron el* **forfait** *que se anunció gratis.*

formateo Ha llegado al diccionario casi diez años después que el verbo **formatear**, que entró por las fronteras en 1992, aprovechando el coladero de Expo y Juegos Olímpicos. Pero únicamente reflejaba su significado de «dar formato o presentación a una tabla numérica o a un documento». Lo de los discos o disquetes informáticos se quedó fuera. Estarían **dando forma** a su definición en ese sentido, que ahora ha quedado clara, pero en segunda acepción: «Dar formato a un disco». Ya me puse al día. Hasta he conseguido *liderateat* la clasificación familiar de *liderateo*.

forofo Ya es como el **fan** al que visitamos antes: un **seguidor** o un **hincha** académicamente legal de vaya usted a saber quién, si es que no anda tan ocupado como yo.

• Soledad Gallego-Díaz, *El País*: *Los economistas son unos* ***forofos*** *de los escenarios, no porque les guste el teatro...*

fórum Ya es palabra española. Antes de eso, cuando algunos nos despistábamos y escribíamos ***fórum***, con esa tilde sobre la «e», no escribíamos ni en latín ni en castellano. Para ser latín, le sobraba la tilde. Para ser castellano, le faltaba el permiso de residencia, los *papeles,* que dicen los vaguitos de pensamiento. Y no me canso de repetir que los latinos tenían menos acentos ortográficos que los vascos, que ya es decir. Ahora, al ser aprobada, pasa a llevar la tilde con las normas habituales de la Academia. Por otra parte, no te olvides de que en el **foro** se puede hacer lo mismo. Mutis.

• Félix Ángel Carreras, *El Mundo*: *El* ***Fórum*** *creyó en sí mismo y eliminó al gran gigante en veinte minutos épicos que sirvieron para dejar al Madrid en 32 pírricos puntos en esa segunda mitad de la verdad.*

Y remato: **Foro** no lo tiene admitido la Academia como sinónimo de Madrid-capital. Pero a los madrileños, periodistas incluidos, se la *refanflinfla* la autoridad académica.

• Noticia en *El Mundo*: *Eclipse en el* <u>*Foro*</u>. *Los madrileños pudieron disfrutar anoche del último eclipse total de luna del siglo XX.*

fosfatina Estaba hecha la pobre por tantos años de guardar cola de pie y sin paraguas ni abrigo. Pedía, suplicaba que la ingresaran de una vez al *DRAE*. Estaba **hecha polvo**, era evidente, pero los académicos decían que no tanto como para que gritara con toda propiedad que estaba **hecha fosfatina**. Puede que un reconocimiento del doctor Laín Entralgo propiciara el internamiento. **Fosfatina** ocupa cama, por fin. Es curioso, pero ni tan siquiera figuraba con el que ahora es su primer significado, ajeno a los dolores y vendajes: «Mezcla de fosfato de cal, azúcar, fécula y otros ingredientes». Con lo que escuece eso.

free lance Es una inglesa que ha adquirido pasaporte español. O un inglés, que hay gustos para todo. En ambos casos, dicen los que entienden de razas y pelajes de la llamada *canallesca*, se trata de **periodistas por cuenta propia** o **reporteros libres**, que suena mejor que **periodistas de alquiler**. Aunque haberlos, haylos. Lea, lea. Y, al leer, no olvide que, con las nuevas «matemáticas gramaticales», dos «e» juntas suman «i»: «fri».
• Juan-Carlos de la Cal, *El Mundo*: *Su primera función es ofrecer la infraestructura necesaria para canalizar la labor de los* **free lance**, *los reporteros libres que trabajan a porcentaje...*

fuet El catalanísimo **fuet** ha llegado al diccionario de la Lengua Española. En ristras, claro. Me corten cuarto y mitad en lonchas finas. Por favor, señor Tarradellaaaaaas.

full time No he trabajado nunca. Y mira que he trabajado. A lo más que he llegado es al trabajo **en exclusiva**, porque nunca quise trabajar **a tiempo completo**. Eso no puede ser legal, me decía yo en mi cortedad e inocencia, porque ya pasaron los tiempos de la esclavitud evidente y uno necesita sus ratitos libres. Pues, con cursivas y tal por aquello de que la vocal española «i» se pronuncie aquí «ai», qué dolor, ya está en el diccionario. Pero te recomiendo que, si te piden eso del ***full time***, que tiene que ser peor que la **dedicación exclusiva**, recuerdes reclamar una subida. Que el que no llora, no mama, y el que no mama es un *gil*. No un Gil. Eso esa una dosis para elefantes.

• José María García: *Cuando se ganan 200 ó 300 millones, tienen que dedicarse* **full time** *a su profesión. / Cualquier profesional tiene que dedicarse* **full time** *a lo suyo*.
• Isabel Tocino, ministra de Medio Ambiente con el PP: *Y llevo un año dedicada* **full time** *al medio ambiente*.
¡Mentira cochina! Hágame el favor de descontar las horas diarias de peluquería y boutique, señora ministra.

fumata Sea **blanca** o sea **negra**, es un italianismo procedente directamente de la plaza vaticana, cabe la columnata de Bernini. Como no me dejan entrar, tengo que creer lo que me dicen los señores cardenales: que la **fumata** se forma con las papeletas que se queman tras las sucesivas votaciones para elegir un nuevo Papa. Hemos admitido la palabra, aunque no hay forma de que hagan Papa a ningún pundonoroso cardenal español. Para agnósticos desinformados y demás familia, aclaro el asunto. Los cardenales encerrados en el cónclave, los muy pillines, tienen su truco para que el humo salga negro cuando no hay mayoría suficiente y blanco cuando, por fin, hay nuevo sumo pontífice. La frase ha quedado acuñada para dar a entender que se ha resuelto satisfactoriamente cualquier elección o decisión. **Fumata blanca** si es que sí, y **fumata negra** si es que no. Y, encima, todos ustedes fumando. ¡Qué tufo!
• T. Roncero y J. Alcaide, *El Mundo*: *En España hay más gente pendiente de la* ***fumata blanca***.

fundamentalismo y **fundamentalista** Me dice un experto aprovechando que me ve metido en temas religiosos, que nos los colaron los anglos a través de Gibraltar o de la BBC, supongo, sin que la Academia se diera por aludida. Vuelva usted otro día, dijeron. Y

volvieron. Y volvieron. Y volvieron. Fundamentalmente, porque querían el pasaporte español que ya han conseguido. Pero no estará de más que sepas, Marianito, me siguió diciendo el experto en religiones pasadas de revoluciones, que **integrismo** e **integrista** quieren decir exactamente lo mismo y que nacieron en las Españas en el siglo XIX para designar a un partido político y a sus miembros, empeñados en lo mismo: en mantener a ultranza y al pie de la antigua letra los códigos de sus religiones. En incluso de imponerla a golpes de *Biblia*, breviario, misal o similar, dicho sea por el *Corán*. Con la aprobación de **fundamentalismo** y **fundamentalista** ahora tenemos una cosa para cada caso: para los católicos, el **integrismo** y sus derivados. Para los que quieran imponer el Corán al pie de «su letra», el **fundamentalismo** con los suyos. Pero, si se fijan en los ejemplos antiguos que he espigado, teníamos todos las cosas bastante confusas.

• Ramón Tamames, Cadena COPE: *El islamismo* ***integrista****, porque no debe decirse* ***fundamentalista****... / Además, no se debe decir* ***fundamentalista****, sino* ***integrista****.*

• Esperanza Aguirre, ministra de Educación con el PP: *Hay mucho* ***fundamentalismo****, hay mucho dogmatismo en esta sociedad.*

Aviso: algunos diccionarios de uso recomiendan usar **integrismo** para lo político e incorporar **fundamentalismo** para lo religioso.

• Luis Antonio de Villena, *El Mundo*: *Detesto cualquier* ***fundamentalismo****. Y, por supuesto, me parece repugnante el* ***integrismo*** *talibán...*

gag Con alguna que otra excepción, es algo que se echa de menos en bastantes de las llamadas «comedias de situación» de los canales de televisión de España. Los académicos han arrimado el hombro para quitarle las cursivas, ya que no para buscarle en castellano un sinónimo igual de corto y gracioso. Lo han definido como «efecto cómico rápido e inesperado». A mí tampoco me sale nada de mi chistera. Y mira que me gusta dar **golpes** de humor.
• Antonio Albert, *El País*: *Hilvanada a golpe de* ***gag*** *rancio, situaciones repetitivas... / La realización chapucerilla y la evidente improvisación en algunos* ***gags*** *conforman el principal lastre de estos especiales de humor.*
• Pedro J. Ramírez, *El Mundo*: *No sé si los propios autores eran conscientes de que estaban colocando la albarda de lo muy concreto sobre la albarda del* ***gag*** *genérico...*

gagá Así se dice que está el abuelillo o abuelilla que da más lata que un ministro novato y que **chochea** más que el número de manos que estrecha ese ministrillo en campaña. Nada que ver con un académico de la Española que, en uso perfecto de todas sus facultades mentales, ha presentado sus respetos al término **gagá** y le ha abierto la puerta del diccionario. Para que pase. De largo.

galerista Es el nombre que se han ganado los que poseen una **galería** de arte o la gestionan consiguiendo que los euros y dólares se transformen en arte, y viceversa. Menudo cuadro. Y también los hay grandes.
• Mario Vargas Llosa, *El País*: Mr. *Eves es un cincuentón alto, fuerte y feliz, calvito y sonrosado, un* ***galerista*** *que, curiosamente, más que vendiendo los cuadros de su galería, goza explicándolos.*
• Rafael Sierra, *El Mundo*: *Una parte del «dinero negro» que Hacienda no controla y al que los* ***galeristas*** *se refieren como «Dinero B» podría ser «blanqueado».*

gang Supongo que con amenazas y exhibiciones de sobaquera habitada, ha invadido en letra cursiva un solo renglón del diccionario: «Banda organizada de malhechores». Por algo se empieza. Son como una **pandilla**, un **clan** o una **mafia**, todos ellos con pinta de malo de película estadounidense, con su sombrero, su cigarrillo ladeado y, ya sabes, su bulto sospechoso en el sobaco. Y no digo más, porque tengo a algunos llamando a la puerta.

• Raúl del Pozo, *El Mundo*: *Que no hable, pero alguien tuvo que organizar aquel* **gang** *de* «brokers» *y* «barbouzes». / *Esta modalidad de* compensaciones *la practicaron todos los dirigentes de Interior, constituidos en una especia de* **gang**... / *¿Cómo iba a pensar que los socialistas estaban organizando un* **gang**, *un batallón de la muerte.*

gánster y **gansterismo** Sin «g» detrás de la «n», tienen tras de sí toda una historia de policías y ladrones, en la que a punto estuve de perder el rastro del asesino. Son las formas a la estadounidense admitidas en el 2001 por la Academia para lo que yo llamé en mi libro *Escafurcios y palabros* «Ingeniería Superior de Optimización Gratuita de Recursos Ajenos por Vías Traumática y Hematológica». Por aquel entonces, y hablamos sólo del año 2000, hace gobierno y medio, lo que figuraba en él era la forma con la «g» incrustada, **gángster**, un pistolero de Boston al que le habían clavado sobre el sombrero una tilde española sin que el tío se inmutara. Lo que no figuraba era el *gangsterismo*. Ya veremos por dónde van

los tiros en sucesivas ediciones. Añado un par de avisos ahora que no me oye el nieto de Al Capone: no se admite la *gangsterización*. Ni por la Academia ni por el gobierno de turno. Y para los que no sepan qué hacer con la boca cuando vengan de seis en seis, hay quien recomienda usar gánsters, pero tengo claro que habrá que hacer lo de siempre con las palabras españolas que acaban en «r»: añadir la sílaba -es y decir **gánsteres**. Enfundo y callo.

• Alfredo Bryce Echenique en *Un mundo para Julius*: *Sí, como en las películas de gangsters, su luna al medio separando al chófer de los demás... / ¿Cómo bandido? ¿Cuál es tu bandido? ¡Gáster, hombre! ¡Aprende!*

• Gabriel Albiac, *El Mundo*: *Nuestro siglo conoce bien esa gansterización general de todas las instancias del Estado. / Porque corregir el enorme abuso judicial equivaldría a confesar la verdad de una Italia gobernada por los gángsteres...*

Por cierto: hay que ser muy valiente y muy de Cuenca, como mi viejo conocido Raúl, para meterse a hacer el plural del plural entre metralletas y puros:

• Raúl del Pozo, *El Mundo*: *La muchedumbre en vez de ser dirigida por un conde-duque y un burgués, lo es por dos gángstereses que hacen esquinas en las plazas y se intercambian injurias.*

Tiempo más tarde, posiblemente a final de mes, vinieron las rebajas:

• Raúl del Pozo, *El Mundo*: *Pertenece a la otra Costa del Sol, lejos del* kitsch *y de los gángsteres...*

gap Es otra novedad del diccionario que demuestra que ya no hay ni Pirineos ni Cantábricos. **Gap** es el nombrecillo que dan los anglohablantes a lo que nosotros consideramos que es el **diferencial**, es decir: «un vacío o distancia excesiva entre dos términos que se contrastan». Y no están hablando de matrimonios. Aunque lo parezca.

• Francisco Umbral, *El Mundo*: *El* **gap** *generacional, que antes de producía hacia los veinte años, ahora se produce a los doce, pues el niño y la niña han adquirido en los vídeos una mirada crítica y prematura hacia sus padres. / Llegan estas fechas y el agujero negro entre padres y niños, el prematuro* **gap** *insalvable hay que*

taparlo convulsivamente con toda la ferralla coloreada que sale en la pantalla.

• Manuel Martín Ferrand, Cadena COPE: *Claro, ahí se produce un* ***gap****, que dicen los expertos. Si le estaba sacando a su dinero ciento veinte o ciento treinta mil...*

garrulo No estaba en el diccionario, pero estaba en la calle. En las calles. Así de **garrulos**. (Sírvanse hacer el huevo con los cinco dedos.) La Academia les ha abierto una entrada independiente, con ampliaciones en los marcos de las puertas para que no se les descompongan las boinas, con la siguiente definición: «Persona rústica, zafia». No ha habido quejas reseñables por su estridencia del titular de la plaza, el **gárrulo**, que tenía el piso en propiedad desde ni se sabe, para designar a los **habladores** y **charlatanes**. Pero no a los brutos.

• Fernando G. Delgado, *El País*: *Pero ya se sabe que la lengua es un instrumento de juego que, a lo* ***garrulo****, manejaba como nadie el actor Rodríguez.*

• Javier Capitán, Telecinco: *Esto demuestra que estamos en un país libre.* ***Garrulo****, pero libre.*

• Javier Lorenzo, *El Mundo*, hablando de los secuestradores y asesinos de ETA: *¿No lo ven? Son los mismos: gárrulos, obtusos, mentecatos.*

Para otra vez recuerda, querido Javier: **gárrulo** es lo mismo que **hablador** o **charlatán**. Pero sin pistola. Un *parlapuñaos*, diría el abuelo Porretas, interpretado por su señor padre.

• Cristina López Schlichting, *El Mundo*: *Ella, que habla por los codos, se hizo también* ***gárrula*** *en el escribir...*

gaseoducto No estaba, pero ya lo han instalado. **Gasoducto** ya pasaba por aquí. Ahora, hay dos tubos así de gordos. Muchos gases tienen estos señores. Me parece a mí.

• *La Mañana de la COPE*: *El* ***gaseoducto*** *hispano-africano será inaugurado...*

• Carmen Cano, Telecinco: *El* ***gaseoducto*** *ha sido inaugurado... / Este* ***gaseoducto*** *tendrá tres tramos...*

gasoil Es lo que han empezado a despachar en el 2001. Hasta entonces, sólo nos vendían **gasóleo** a los españoles y turistas adyacentes. Lo que no tienen en los académicos surtidores es *gas-oil*, con la raya en medio. Y date prisa, que seguro que suben el precio a las doce de esta noche.

gatillazo Lo siento, pero por fin se va a enterar toda España de lo tuyo. Se ha admitido una tercera acepción en el diccionario como «fracaso masculino en el coito». Hasta el chivatazo, el **gatillazo** sólo significaba para los académicos

disimulones: «Golpe que da el gatillo en las escopetas y otras armas de fuego, *especialmente cuando no sale el tiro*» (¿se van fijando?). También figuraba **dar gatillazo** como frase coloquial: «Malograrse la esperanza o concepto que se tenía de alguien o algo». Y no había más. Pero son suficientes pistas de por qué se llamaba **gatillazo**, y ahora legalmente, al momento en que el varón, el macho, apunta poquito y no dispara nada en el acto sexual. Espero que no me tilden de machista si afirmo que es cosa de hombres. Exclusivamente.

• Francisco Umbral, *El Mundo*: *...y con ese runrún macabro y subterráneo es que pega* fiasco *hasta el propio Stendahl, gran teorizador de* fiascos, *lo que nosotros llamamos* ***gatillazos.***

gay Empezó a dar la cara en USA pasando del armario a las playas y gimnasios, y ya tiene definición española: «Perteneciente o relativo a la homosexualidad» y «Hombre **homosexual**». Lo sabido, pero no publicado hasta ahora. Pero no olvidemos que esa palabra viene de la misma raíz que otra que lleva siglos repartiendo alegrías: **gayo**, del provenzal *gai*, «alegre».

• Francisco Umbral, *El Mundo*: *Usted podrá ser* **gay** *por libre en España si trae money*.

• Irene Hernández Velasco, *El Mundo*: *A principios del año pasado, la Oficina de Turismo de España en Los Ángeles editó la guía* España ***gay***. Siente la pasión. / *En este caso se volvió a elegir a profesionales especializados en turismo* ***gay***.

El observador habitual, estaba atento:

• Manuel Martín Ferrand, Cadena COPE: *Si la administración del país presenta a España como la patria de los* **gays**...

En memoria del **gayo**, recortado a **gay**, transcribo palabras de Antonio Machado, publicadas en 1912 en sus *Campos de Castilla*:

«Adoro la hermosura, y en la moderna estética
corté las viejas rosas del huerto de Ronsard;
más no amo los afeites de la actual cosmética,
ni soy un ave de esas del nuevo **gay**-*trinar.*
.....
Heme aquí ya, profesor
de lenguas vivas (ayer
maestro de **gay**-*saber,*
aprendiz de ruiseñor...»

geisha Algunos escriben equivocadamente *gheisa* con la «h» cambiada de lugar. Es una ciudadana japonesa que no es del todo cantante, pero canta; no es del todo música, pero se acompaña con instrumentos; la auténtica ***geisha*** no es en absoluto una *piculina* o *putiplista*, pero hace compañía a los hombres en una casa acondicionada que sale muy bonita en las películas. Para más detalles, véanse *Madame Butterfly* o *La luna de té en la casa de agosto*. O miren al diccionario. Allí les espera en cursiva y kimono.

• Francisco Umbral, *El Mundo*: *Sus gheisas apenas ocupan lugar en la cama. Cuidado con ellas, que las marabuntas también eran pequeñas, y ya ven.*

• Carlos García-Calvo, *El Mundo*: *¿Odaliscas? ¿***Geishas***?, ¿Huríes?...*

gilipuertas Ha conseguido entrar a lo bruto. Ha roto las puertas tontamente. El tío. Y el caso es que no les faltaba razón a los académicos para resistirse, porque no admitían pudibundos ni cursis. Su lugar ya llevaba años ocupándolo el **gilipollas**. Con todos los honores. Y sin parar de enredar con su tiza de diseño.

gillete y ***gillette*** Las registra en cursiva como «**hoja de afeitar desechable**». ¿Le apuro, caballero? ¿Con cuál de ellas? ¿Un poquito de loción? ¿O prefiere que le pase una «y griega» para que la ponga usted en su boquita de piñón en lugar de la «g» a la hora de leer el palabro convertido en palabra española? De paso, le servirá para el lingotazo que voy a servirle a base de ginebra.

gin Es el prefijo que suelen llevar las bebidas o cócteles elaborados con la **ginebra** como base: ***gin-fizz***, ***gin-tonic*** y demás *latigazos*. Las tres han pasado de semejante guisa al *DRAE*. Sin hielo ni nada.

• Raúl del Pozo, *El Mundo*: *Anteayer nos ofrecieron* **gin-fizz**, Bloody-Mary *y* Porto-Fliz. *Ymelda pidió una margarita.*

• Jesús Rodríguez, *El País*: *«Miedo a cambiar», opina Robert Vásquez, un abogado educado en el Reino Unido, mientras apura un* **gin-tonic** *bajo los retratos de Isabel II y el duque de Edimburgo en el vetusto Calpe-Club.*

• Luis Antonio de Villena, *El Mundo*: *La noche madrileña de las procesiones es una mezcla dulce de* **gin-tonic** *y religiosidad...*

ginger ale Así se llama a una bebida *con agujeros*, efervescente en lenguaje culto, que se hace con **jengibre**. Por eso, por no llevar gi-

nebra, la he puesto en distinta estantería que a las anteriores aprobadas, aunque su «g» también resulta ser una «y» en nuestras ibéricas bocas. Por el mismo dinero, una «a» que se convierte en «ei». Para los novatos, diré que se mezcla con otras bebidas al estilo de la soda o el agua de Seltz, por no haber ya prácticamente aquellos **sifones** de nuestra infancia, que pasaron a la historia y a los museos de la vida cotidiana.

glamour Es algo que ha conseguido poner libidinosillos a nuestros padres del lenguaje. Lean, si no, la definición que amorosamente han escrito al pasarlo en cursivas al *DRAE*: «Encanto sensual que fascina». El término legal francés, que pasó luego al inglés para invadir posteriormente todo el *Imperio*, es ***glamour***. Lo digo porque hay quien ahorra una letrita de nada y escribe ya «glamur». Tiene traducciones para elegir: **encanto**, **atractivo** o **hechizo**, entre otras. Todas valen, aunque es evidente que no tienen ***glamour***.
• Raúl del Pozo, *El Mundo*: *Y resumió su proyecto con la búsqueda del* **glamour,** *un galicismo sin desvirgar que ayer mismo vi escrito en varias crónicas de corazón y de moda y que dentro de nada oiremos en el Parlamento. /* ***Glamour*** *me parece una palabra cursi, reaccionaria, de nota, de boba.*
• Julián Marías, *Blanco y Negro*: *Ha habido largo tiempo en que el cine ha buscado la belleza, lo que se llamaba* **glamour**... */ Se ha pasado del* **glamour** *a la complacencia de la fealdad.* Lo que cuelga: así como ***glamour*** ha entrado en letra cursiva, la Academia va, se interna en la sala de discusiones y, por sorpresa, remata a puerta admitiendo en hermosa letra redonda y negrita para que resalte más **glamouroso** y **glamuroso**, pero no glamoroso, con sus correspondientes femeninos. ¿Caprichitos del mando ejerciente? Pues, no. A partir de este *DRAE*, el de las tropecientas primeras entradas en letra cursiva, la Academia avisa que sus derivados los escribirá siempre en letra redonda. Y sin canuto.
• Pepa Roma, *El País*: *Me recibe guapísima y glamorosa, empinada sobre altísimos zapatos de charol negro.*
• Carlos García-Calvo, *El Mundo*: *Impresionantes collares, uno de cuentas y otro de trompetillas doradas, hicieron que trajes de noche algo banales se volviesen* ***glamourosos***.

global Significaba para el diccionario, única y exclusivamente, «tomado en conjunto». Nada que ver por entonces con *la bolita del mundo*, que es el uso que le dan don Mario y muchos otros. Hasta que tuvieron que añadir esa acepción, «referente al planeta o globo terráqueo», pues que los **globalizadores** ya han impuesto al mundo

mundial su **globalización** a fuerza de **globalizar**. Todos han entrado por la fuerza del dinero en tropel. Con los neologismos pasa justo al revés que con los toreros nuevos: al principio, división de opiniones dudando entre el padre y la madre; aceptación parcial posterior y, al final, los buenos entran por la puerta grande. De la Academia. Y entraron. Porque era un clamor mundial **globalizado**.
• Mario Vargas Llosa, *El País*: *La economía sumergida era un fenómeno que, hasta el establecimiento de una economía* ***global***, *interdependiente, parecía exclusiva del subdesarrollo...*
• Mario Benedetti en *Andamios*: *Ahora está de moda la* ***globalización*** *de la economía, pero me resulta más excitante la* ***globalización*** *de la corrupción.*

gogó Así se llamó en los años sesenta del siglo XX a las mocitas pintureras y bailonas que, acompañando a grupos musicales, o en discotecas que llegaban a encerrarlas en jaulas doradas y elevadas, animaban al personal presente a mover los cuerpazos al compás de la música. Sin relación alguna aparente, y por la misma época, se decía que algo se producía o se daba **a gogó** en lugar de decir **con derroche** o de forma **muy abundante**. La Academia lo ha traducido por «sin límite», pero se ha dejado a las bailarinas en el vestuario. O *desvestuario*. Y todavía hay quien usa el antiguo palabro. Ahora, legalmente.

• Ildefonso Olmedo, *El Mundo*: *Especialmente capacitado para el baile —abundan los rumores sobre su trabajo como gogó en discotecas—...*

• Francisco Umbral, *El Mundo*: *Una trola hecha de patriotismos cambiantes, heroísmos a contrata y petróleo* ***a gogó***.

gordinflas Espero que no me estén oyendo mis amigos de infancia Pepe y Luis, no les caía en gracia a los **orondos** académicos a pesar de su evidente ídem. Ni a los **gorditos** ni a los delgados, porque se resistían a aprobarlo. Y no es de ahora: a mí me lo llamaban cariñosamente cuando era parvulito. Sí estaban en el *DRAE* **gordiflón**, poco utilizado, y el **gordinflón**. Han tenido que llegar las nuevas promociones de inmortales, espigados como mi casi paisano José Luis Sampedro, para que el **gordinflas** tomara cuerpo y dejara de ser un «asqueroso y grasiento gordo». Dónde va a parar. La báscula, digo.

gospel Es el nombre de la música que cantan en sus oficios religiosos las comunidades negras de Estados Unidos. Y, de ahí, al disco, al cine y a la televisión. Ahora, al diccionario, con su tipo de letra especial. Como su música.

• Titular en *El Mundo*: *Música de cantautores, jazz y* **gospel**.

• Maurilio de Miguel y Rosa M. Tristán, *El Mundo*: *Por los dominios de la canción de autor latinoamericana, el jazz y el* **gospel** *se orienta a la oferta musical de esta noche en Madrid.*

gouache No estaba aceptada y ha terminado entrando en cursivas después de los vaivenes. Es uno de esos términos que parecen afectados por los movimientos de un péndulo. **Guache**, según la edición de 1992, sí se podía utilizar como sinónimo de **aguada**, la técnica pictórica. Hasta esa edición, **guache** sólo se aplicaba en Colombia y Venezuela a una «persona ruin y canalla». Pues, señoras y señores míos, los jefes han vuelto de su acuerdo, han borrado la pintura al **guache** y la han dejado de nuevo en manos exclusivas de los ruines americanos. A cambio, nos regalan el ***gouache*** original de la *France*. Yo nunca he tenido problemas. Yo es que me pinto solo. Pero al ***gouache***, ni en pintura.

• Jaime Peñafiel, *El Mundo*: *Prueba de ello es el cuadro, un delicioso guache, firmado por Cayetana, que me regaló hace más de veinte años y que tengo colgado en el despacho.*

gourmet No confundir con su vecino el *gourmand*, al que no han admitido aún en la sociedad académica. Es un señor que no anda jugando con las cosas de comer ni con las de beber, ni necesita ponerse hasta arriba de manjares o vinos porque es un entendido en ambas cosas y las disfruta con mesura. Ahora, además, disfruta de permiso académico para pasear las Españas en cursivas. Mejor que en calzón corto, que no le queda elegante con esa curvita de la felicidad. Y para los que le confundan con el glotón *gourmand*, aclaro: ese es un **tragón** o **comilón** que se zampa todo lo que pilla, sin preocuparse por la calidad de lo que engulle. Lo mismo se traga un bocadillo de fabada que un cordero relleno de huevos duros. Le importa la cantidad, más que la calidad. Será por eso que no le tragan.

• Ignacio Medina en *Los ritos del lujo*: *Espero que ningún* **gourmet** *de*

salón y principios tan sólidos como inmutables...
• Paz Ivison en *Los vinos: uso y protocolo*: *El noble de paladar* **gourmet**, *a la hora del aperitivo...*

grandes superficies Se vino en llamar así a los **híper**, **súper** y demás **grandes almacenes**. No repararon antes aquellos creadores de lenguaje popular en los estadios de fútbol ni en la maravillosa Fuente Grande de Ocaña o la llamada Plazuela de Aranjuez, orgullo de los ribereños. Y no digamos nada de los Nuevos Ministerios de Madrid, pongo por caso de cemento al por mayor. Pues si usted mira ahora —o dentro de un rato, hombre— la palabra «grande», verá que se le ha añadido una entradilla para admitirlo. En Grande. Repito. Y prepare la tarjeta.
• Titular en *El Mundo*: *Detenidos ocho especialistas en robos de* ***grandes superficies***.
Suplico aclaración: ¿cómo se puede ser ladrón de **grandes superficies**. ¿Alguien puede llevarse a casa un Nou Camp enterito? Después, la noticia corregía la preposición errada:
• Noticia en *El Mundo*: *...robos y hurtos perpetrados en* ***grandes superficies comerciales***.

grapo Fue un triste palabro formado, como es sabido por los muchos que lo sabemos, con las iniciales de «**Grupos de Resistencia Antifascista Primero de Octubre**». Bajo ese nombre nació una extraña banda terrorista, el GRAPO, integrado por **los grapo** y **las grapo**, ya que el término se usa de forma invariable tanto en el masculino como en el femenino. Ahora sin cursivas ni comillas porque, desgraciadamente, al no haber desaparecido dicha organización terrorista, su nombre ha llegado vivo al siglo XXI. No así algunas de sus víctimas.
• Titulares en *El Mundo*: *Garzón relaciona a Corcuera, Vera y Roldán en el secuestro de un* ***grapo***. / *Interior sospecha que Silva Sande organizó los atentados de los* ***GRAPO***.

gratén Es la forma prosódica en castellano del término francés <u>*gratin*</u>. Dos galicismos que no estaban admitidos hasta ahora y que, sin embargo, habían producido el verbo **gratinar**, que sí figuraba ya en el *DRAE*, tras pasar por la cocina académica. Aclaro, porque siempre queda alguien que no sabe algo, y para que no haya quemaduras tontas: la cosa consiste, como es sabido, en **tostar** o **dorar** mediante calor y por encima cualquier alimento. También se usa figuradamente para hablar de esa parte *superior* y *dorada*, pero en la sociedad, que sería lo que siempre atribuye Francisco Umbral a don José María de Areilza, que acuño la frase «*le <u>gratin gratiné</u>*», si recuerdo bien, que esto no son horas de andar con el francés. Ni con francesas. Casi.
• Francisco Umbral en *Leyenda del César visionario*: *La gente bien, le <u>gratin gratiné</u>, como se llamaban a sí mismos, acudió en seguida e hizo fiesta de la muerte, como tantas veces en la historia, que la muerte siempre ha tenido mucha popularidad entre las clases altas.*
• Carlos García-Calvo, *El Mundo*: *Lo que le gusta son las fiestas protagonizadas por el <u>gratin</u> internacional.*

green Que lo mismo sirve en inglés para decir **verde** que para decir **césped**, lo cogieron por eso los practicantes del golf para designar al terrenito que rodea al agujero donde hay que meterla —la bola, ya digo— y que tiene una hierbecita muy corta, pero que muy corta, para que la cosa sea más fácil en el correr. De las bolas, sí. Por el ***green***, sí. Y que no se me olvide lo principal con tanto doble sentido picaruelo a la par que inocente: ya está en el diccionario tal cual lo ven escrito, en cursivas. Aunque lo de que las dos «e» sumen «i» y la hierba nos resulte *grin*, haya que pasarlo con agua.
• Noticia en *El País*: *...el galés Ian Woosnam, a quien un golpe de suerte en el sexto hoyo (un* putt *de nueve metros desde fuera del* **green**) *le salvó el día.*
• Julio Miravalls, *El Mundo*: *¿Dónde está Javier Clemente? Tal vez perdido por los* **greens** *de Chantilly, jugando una partida de golf a puerta cerrada.*

guachimán Es uno de los muchos curiosos palabros con que me topé en una maravillosa inmersión de varios meses en Perú. La familia Calvi-Del Risco me puso al día. En barrios de buen nivel de vida, como Miraflores o Surco, ante muchos edificios encontrabas instalado en una simple silla o en una pequeña cabina a un **vigilante**. Muchos de ellos eran policías o militares jubilados, que se ocupaban de evitar robos o asaltos. El **guachimán**, del inglés *watchman*, **vigilante**, hace años que se busca la vida en muchos otros países de Hispanoamérica. Ahora encontró garita en el diccionario común.
• Mario Vargas Llosa en *Lituma en los Andes*: *Un gordo que venía e Huasilancha y era* ***guachimán*** *del almacén comenzó a enflaquecer y a decir que se sentía raro... / El* ***guachimán*** *se llamaba Juan Apaza.*

guaperas Llevaba su vida por libre, al margen del diccionario. No sé si es **guapito**, **guapetón** o no, porque tampoco entiendo de hombres, pero ya se admite que se le llame así —**guaperas**— al **guapo presumido**, como matiza el diccionario. ¿Nada para mí en el zurrón, jefes?
• Carlos Boyero, *El Mundo*: *Por ello, alucino ante la posibilidad de que ese* ***guaperas*** *con adicción a las relajantes y gozosas mamadas pueda ser desalojado a toda prisa de la Casa Blanca.*

guardabosques No lo admitía la Academia para señalar con el dedo a un mocetón, sino a varios. Por el contrario, sí admitía en solitario **guardacostas** para un solo guardián. Más lógicos, también figuraban ya exclusivamente en plural los **guardaespaldas** y **guardagujas**. El uso ha logrado que recapaciten y que no se dé lugar a discusiones por tan poca cosa. Ahora se puede llamar al mozo de los prismáticos, el hacha y el telefonillo **guardabosque** y **guardabosques**. Ahí está. Si me dejan verlo los árboles.
• Graham Greene, traducido por Maite Cirugeda y Ana María de la Fuente, en *La última palabra*: *El* ***guardabosque*** *había jurado pillarlo y no estaba dispuesto a correr ningún riesgo.*

guardapolvos Les parecían a los académicos muchos polvos para tan pocos guardas. Sólo admitían **guardapolvo** para la prenda que previene de futuros lodos. Creo recordar que también existen otros polvos, pero el nombre de la prenda para resguardarse de ellos ya es otro.

guateado y **guatear** Han pasado al diccionario. A veces viene bien en los caserones para no andar tiritando cuando falla la calefacción. Se han protegido con **guata**.

guay No significaba en los anteriores diccionarios cosas como *cojopendo* o *maravilludo*. La edición del siglo XXI le da el sentido de «muy bueno». Justo el que le da la jerga juvenil de finales del siglo anterior. **Guay**, por lo legal, sólo era una arcaica interjección que quería decir lo mismito que «ay». En viejos textos y poemas se usaba en la forma «**tener guayes**», que el diccionario aclara que equivale a «padecer grandes achaques o contratiempos de fortuna». Eso no es **guay**, dirá el joven. Ahora, la misma palabra tiene dos entradas distintas y está aprobada con ambos sentidos. **Guay** del Uruguay. Bueno, y del Paraguay. ¡**Guay** de los meticulosos!
• Félix de Azúa, *El País*: *Y es que el edificio está hecho para gustar, para caer simpático, para animar el cotarro, promover un buen rollo y hacer que todo parezca tan* chuli *y tan* ***guay*** *como el perro de Koons...*
• Víctor de la Serna, *El Mundo*: *¿O ya existe el vocablo en nuestro rico y creativo lenguaje callejero, y la traducción verdadera es* ***guay****?*
Ahora, sí, querido don Víctor. Y para que nadie me tilde de vago, veamos algunos ejemplos del ya perdido significado de un **guay**, como equivalente de un ay:
• Benito Pérez Galdós en *El grande oriente*, de sus *Episodios Nacionales*: *¡****Guay*** *de nosotros si no les ayudamos...! ¡****Guay*** *de nosotros si nos dormimos mientras ellos velan...! ¡****Guay, guay****...!*

guiri Se le llama tiempo ha al **extranjero**, mayormente si es rubio y maneja dólares. Ese uso ha entrado ahora como nueva acepción de un término bien antiguo: un acortamiento de «guiristino», deformación popular de «**cristino**», o seguidor de la regente María Cristina, última esposa de Fernando VII y madre de Isabel II. Los vascos carlistas los consideraban **extranjeros**. Más claro aún nos lo dejan los testimonios maravillosos de don Benito Pérez Galdós en sus *Episodios Nacionales*.
• Benito Pérez Galdós en *Un faccioso más y algunos frailes menos*: *Puso el grito en el cielo la señora, y al ruido alarmóse tanto don Felicísimo, que se aventuró a salir de su nicho preguntando si había entrado en la casa un tropel de* ***cristinos***.
¿Y cómo se consideraba a los **cristinos** en Navarra y el País Vasco? Luego, de **cristinos** a guiristinos, para terminar en **guiris**. Don Benito termina de aclarar ese transformación de los **cristinos** en **guiris**:
• En el episodio *Zumalacárregui*, el personaje llamado Saloma dice: *...y me fui a Zaragoza donde hablé con un chicarrón de Infantería de la Guardia Real, ya sabe, los primeros que vinieron hace dos años a sofocar la faición, lo cual que no la sofocaron [...]. A los de la Guardia se les llamó entonces* ***guiris*** *porque llevaban tres letras, G. R. I., en la gorra y en la cartuchera, y* ***guiris*** *se les llama todavía*.
Ahora sí que está claro. Gracias al minucioso y genial Pérez Galdós. A partir de ahí, del XIX, viene el uso en los siglos siguientes.
• Javier Lorenzo, *El Mundo*: *El primero es Santiago Urrialde, reportero apócrifo y ex de Navarro, que ahora es enviado al extranjero para practicar ese deporte tan español de cachondearse del* ***guiri***.
Dada la moda surgida en los años noventa de escribir los términos vascos con su grafía propia cuando el resto del texto va en castellano, el **guiri** lo encontramos escrito «giri», con lo que habrá quien lo pronuncie «jiri», confundido por la prensa.
• Titular en *El País*: *Los giris no se enteran mucho de la fiesta, pero se divierten*.

gulag Es el nombre ruso de los **campos de concentración**. Como si fuesen grandes hoteles de montaña para preparar el partido del domingo. El término **gulag** fue lanzado a la popularidad en occidente por el escritor ruso Soltsenitzyn. Desde el éxito editorial de su tocho, que muchos dicen haber leído completo, se convirtió en sinónimo de **campo de trabajos forzados**. Hay quien lo escribe entrecomillado o en cursivas o no, según le pille el día, supongo. Ya no es necesario. El término alcanzó el **campo de concentración** de las palabras, o *DRAE*.
• José María Marco, *El Mundo*: *Jean François Revel analizó en* El conocimiento inútil *el dispositivo que permite poner a salvo la buena conciencia izquierdista, después de conocido el totalitarismo, el* ***gulag*** *y las docenas de millones de muertos que resultaron de aquella utopía*.

gurú Pero no «guru». Lo admite la Academia como nombre de todo presunto guía espiritual, predicador tirando a profeta de lo que sea, desde que los *Beatles*, en su camino de huida de las drogas, pusieron de moda en occidente este término oriental. Como a primeros de siglo se puso de moda llamarlos **popes**. ¿Pastores de borreguitos mentales? Más o menos. Algunas veces. De vez en cuando. No siempre. Vale, mi guía: reconozco que puedo haberme pasado. Allá cada cual.
• Rosa Montero, *El País*: *...Tolstoi, el gran anciano, un octogenario erguido y feroz, plenamente seguro de su lugar en el mundo, primero como aristócrata y terrateniente, y ahora, además, como guru de fama internacional. / Hasta que decidió crear una nueva religión, el tolstoísmo, y convertirse en el guru de la buena nueva*.
• Luis Herrero, Cadena COPE: *Y, entonces, salieron los grandes* ***gurús*** *y dijeron: porque se daba la victoria por hecha*.

hachemí y **hachemita** Los registra en el nuevo siglo el *DRAE*. A ver cómo se creen estos señores que llamábamos casi todos a los miembros de esa dinastía árabe de los reyes de Jordania. Al rey Hussein no le llegó a tiempo el reconocimiento. Con lo mal visto que está ahora llamarles *moros*.

haiga Fue un neologismo de posguerra que ya es oficial justo en la posguerra. Pero en la de la guerra de Afganistán. Aunque, si reflexionamos, siempre es *preguerra* de nuevo. Se atribuyó a los estraperlistas de los años cuarenta que alcanzaban el primer millón y se compraban un «automóvil grande y ostentoso», que es como lo ha reconocido la Academia. El nombre se atribuyó a su poca cultura y a que siempre querían comprar «el mejor que *haiga*». Siempre ha habido algún rico inculto. Alguno.
• Manuel Ruiz de Lopera: *Le doy la caja, el Banco Hispano, el Central, todo lo que* ***haiga***.
De ahí a comprarse el auto, un solo paso.
• Juan Marsé en *Si te dicen que caí*: *El* ***haiga*** *grande y perfumado como un cuarto de baño era un* Buick *negro*.

hall Te lo ponían en la propaganda del pisito. Los puristas decían que no podía tener ***hall*** un piso que se pagaba en pesetas y a plazos. Aseguraban dichos puristas que lo que tenías en tu nueva casita nada más abrir la puerta era un **vestíbulo**, una **entrada** o un **recibimiento**. Todo eso le llamaban a metro y medio cuadrado. Lo de ahora, lo admitido por fin por la Academia, sí que es todo un ***hall***. Y no está alicatado hasta el techo. Pero está en cursiva por aquello de pronunciarse «jol». Chúpate esa nueva «h» *jonda*.
• José Luis Balbín, Cadena COPE: *Yo creo que la melancolía es el* ***hall*** *del humor; el* ***vestíbulo*** *del humor*.
Precioso. Y con dos vestíbulos por el precio de uno.

handicap Término usado en el argot de las carreras de caballos, tiene su público. Como los Rappeles y los Apeles de los años noventa, que ya es bastante cruz. Como la Academia veía tan difícil como yo a estas alturas de la temporada hípica que el personal se acostumbre a decir **compensación**, ha incluido ese término en

cursiva por aquello de que hay que aspirar la «h» a falta de mejores efluvios. Para el golf, tres cuartos y cuatro quintos de lo mismo. La Academia lo ha añadido a la lista oficial para ese uso y también para los restantes, aunque ahí ya contamos en el magno almacén del *DRAE* con un género de primera calidad: **obstáculo**, **impedimento**, **rémora**, **desventaja**, **dificultad** o **inferioridad**. ¿Hay quien dé más? «El Corte Inglés», dijo mi vecina por la ventana del patio. Por cierto, nada de acento ortográfico:

• *El Mundo*: *El* hándicap *del conde de Lecquio no sólo está en el campo, sino en la vida misma.*

• Leopoldo Alas, *El Mundo*: *El Borbón Alfonso XIII, figura clave en el proceso, tuvo dos grandes* handicaps...

hardware Llegó con los ordenadores a la Academia. Al tiempo que se metían en la tarea de informatizar la Gran Casa de las Palabras, tuvieron que definir aquellas utilísimas herramientas. El ***hardware*** ha quedado en cursiva con la siguiente definición: «Conjunto de los componentes que integran la parte material de una computadora». Como su hermano el ***software***, se ha hecho inevitable. Abra las *windows* de su mente. Ponga un Bill Gates en su vida.

hippie y ***hippy*** Fueron palabros que echaron a volar desde San Francisco, en los Estados Unidos, allá por los años sesenta, y se quedaron revoloteando con sus melenas, sus ideas pacifistas, su vida en comuna, sus flores, su amor al amor y su «haz el amor y no la guerra». Y sus finas «hierbas». Estaban hasta en la sopa. Están en el diccionario en esas dos formas. En cursivas, como ven, no por su mala cabeza, sino por aquella de la «h» que no es muda sino aspirada, porque su española y antigua mudez se la ha alquilado a la «e» final del ***hippie***.

• Francisco Umbral, *El Mundo*: *Los* **hippies** *ya descubrieron esto en los años setenta. / Pero en Broadway hicieron* Hair, *comercializaron el mundo* **hippy**...

• Fernando Sánchez Dragó, *El Mundo*: *Cuando llegué a Hong Kong por segunda vez, era yo un* **hippie** *curtido y melenudo...*

Hay veces en que don Fernando, harto de tanta «h» y tanta «p», tira por la calle de en medio y lo escribe como lo pronuncia:

• Fernando Sánchez Dragó, *El Mundo*: *...pero habían sido los* jipis *(y yo, permítanme que lo recuerde, entre ellos)...*

Los **jipis** son «sombreros de jipijapa». Lo dice el *DRAE*. Yo no tengo lengua para tanta floritura los sabadetes.

hispanoparlante No lo era nadie para los académicos de la Española, por muy parlanchín que sea el que **parle** en español. Sólo daban su plácet al **hispanohablante**, pero lo han terminado por admitir a *regañamuelas*. Las reticencias venían precisamente de ahí: del hecho de que «parlar» viene a significar «hablar mucho y sin sustancia». Uno, francamente, procura no ser de esos. Y, menos, gratis, que siempre ha sido uno muy profesional.

hobby Ya trabaja gratis en el diccionario. Aburrido de esperar, pensaba irse a practicar su **pasatiempo** favorito en Londres, pero le llegó a tiempo el permiso de residencia. Un chollo. Viene, te limpia el jardín, se queda con los niños mientras estudia y hasta te deja hecha la comida. Es rico por su casa y no te cobra nada. Lo hace por **afición**,

por *hobby*, como dice ahora el diccionario. No se me olviden de quitarle a la «h» su mudez de tímida y darle aspiraciones. Hay otro suelto por ahí, pero ni mi amigo José Luis Perales ha conseguido saber nada de su vida. A ver si usted lo sabe: ¿Y cómo es él? ¿A qué dedica el tiempo libre?

• Maruja Torres, *El País*: *Su nueva afición de colorear fotos de películas es algo más que un* **hobby**.

Por cierto, el plural, antes de que el palabro llegara a nuestro diccionario, siempre me dijeron que no era *hobbys*, sino *hobbies*. Pero la Academia piensa que es mejor ***hobbis***.

• Vicente Verdú en su ensayo *El planeta americano*: *La educación especializada, los cursos de reciclaje, el disfrute de amigos con los mismos* ***hobbies****, no requieren transporte ni reunirse cara a cara.*

hockey Seguiremos aspirando haches mientras los pulmones aguanten. Es un anglicismo por dos motivos: primero, porque los ingleses cuando no estaban pirateando mares o continentes se aburrían y se ponían a inventar juegos con una bolita o un balón. Y le ponían su nombre y todo. En segundo lugar, sigue siendo un anglicismo porque no hay forma de traducir eso de dar a la bolita con un palo llamado *stick*. Hemos podido llamar **balompié** al *foot ball* y **balonvolea** al *voley ball*. Así que lo tuvieron que meter en el diccionario tal cual, con su uniforme de palabra inglesa. Y es que al «hochey», como pronuncian algunos, no hay forma de meterle mano. Es un estrecho.

• Titular en *El País*: *Las campeonas de* **hockey** *piden ayuda para seguir en la élite.*

• Titular en *El Mundo*: *Guays,* **hockey** *y modistas.*

holding Es la madre empresarial que parió y controla a un montón de empresas. Reconoce el *DRAE* con ese nombre a la «sociedad financiera que posee o controla la mayoría de las acciones de un grupo de empresas». Más o menos, eso era lo que me había parecido entender a «los Mario Condes de turno» (Arzalluz *dixit*).

• Francisco Umbral, *El Mundo*. *Ya no hay generaciones: el 98, el 10, el 14, el 27, el 36. Ahora sólo hay* **holdings** *editoriales, a ser posible «participados» por Europa.*

Aquí, cualquiera te monta un ***holding*** en una esquina. Aunque sea con las limosnas de la misa de doce.

• Roberto Montoya, *El Mundo*: *Este año, por primera vez en mucho tiempo, no se tuvo que echar mano del Óbolo de San Pedro, uno de los tres* **holding** *que gestionan las arcas del Vaticano.*

• Víctor de la Serna, *El Mundo*: *...no habrá visto colmada su última gran operación financiera: la fusión del* **holding** *Benjamin et Edmond de Rothschild...*

homofobia Es admitida ahora —lo que no quiere decir aplaudida— por la Academia junto a **homofóbico**. Así es como se suele llamar a la «aversión obsesiva a las personas homosexuales». Sean varones o hembras. Lo digo para que eso del *homo* no te confunda.

• Titulares en *El Mundo*: *Campaña municipal contra la* ***homofobia****. Vitoria, territorio libre de* ***homofobia****.*

• Editorial en *El Mundo*: *La declaración de territorio libre de* ***homofobia*** *figura ya en numerosos centros y empresas públicos.*

hooligan Es un **hincha violento**, pero nacido en la Gran Bretaña. Teníamos ya aquí a nuestros propios brutos y, ahora, nos han invadido el diccionario los anglos. La cosa no ha sido bien recibida por todos. «Habría que proteger la cabaña nacional», dijo la ministra de Agresiones Deportivas. Y puso boquita de piñón —en forma de «u»— para pronunciar dos españolísimas oes juntas. Para eso les pagamos el sueldo.

• Carmen Rigalt, *El Mundo*: *A este paso, Espartaco Santoni acabará trayendo a los* **hooligans** *a Marbella.*

• Antonio Muñoz Molina, *El País*: *Cuando por fin el premio Nobel pu-*

blicó su tan esperado artículo, sus **hooligans** *y costaleros reventaban de gozo...*

hostia Lo alababan los académicos como nombre del «pan ácimo sin levadura» con el que comulgan los católicos. Lo toleraban más o menos bien cuando, en tono coloquial, lo usamos como sinónimo de **golpe** o **puñetazo**. Hacían la vista gorda si lo expulsábamos como «exclamación para mostrar sorpresa o asombro». Pero no se les veía muy predispuestos a tolerarlo como sinónimo de **alta velocidad** («**a toda hostia**») ni aun montados en el AVE. Tampoco pasaban los educados académicos por aquello de «**ser la hostia**» cuando se es **el colmo**. De bueno o de malo. Querían dejarnos en regulares. O desfilando junto a la cabra con los legionarios. Pero hubo revuelta de los mal hablados y, ahora, todas esas versiones cantan a lo faccioso el *Ya hemos pasao*. La gran velocidad y el colmo de los colmos —con nuevas acepciones— ya andan también a **hostias** en el diccionario. Pero no pueden hostiar. Hasta ahí podíamos llegar.

• Raúl del Pozo, *El Mundo*: *...o por lo menos hostiar a alguien como este modesto testigo.*

• Antonio Gala, *El Mundo*: *Se nos va la vida recurriendo a torpes y lejanas distracciones para no aburrirnos, saliendo aprisa de nosotros, y provocando, en combustibles irreemplazables, la esterilización del Planeta. Total: que somos la* ***hostia****.*

ignorar No lo admitía la Academia como sinónimo de «no hacer caso» o de «hacer caso omiso». Significaba exclusivamente **no saber**, estar in albis con tendencia a un cero patatero en el examen. O un *cerombo,* mala nota aún más grave por irremediable que amenazaba con ponernos nuestro profesor don Fernando Beltrán, que luego nos borraba a sus espaldas mi amigo Eugenio Rodríguez Oltra. Según el DRAE, no se **ignoraba** al cobrador de los plazos de la lavadora. Se sabía muy bien de quién se trataba, pero se hacía uno el **desentendido**. Hasta que los académicos se han rendido a la evidencia del uso introduciendo una segunda acepción en **ignorar** como «no hacer caso de algo o de alguien». Sobre todo, del cobrador. De los cobradores. ¡Qué plaga, qué manía!

- Titular en *ABC*: *La prensa británica **ignora** el galardón.*
- Titular en *El País*: *Putin **ignora** a la enviada de la ONU por sus críticas a la actuación rusa en Chechenia.*

ikastola Es una de las muchas palabras vascas que van entrando en el lenguaje de la calle y, ahora, en el diccionario. Por si usted no ve telediarios, así llaman a la **escuela** en la que todo se aprende en eusquera y nada en castellano o español.

ikurriña Entró desplegada y multiplicada por miles. Venía en el mismo lote del Estatuto de Autonomía. Ya se puede izar bandera vasca en el diccionario de la lengua española.

imbatido, «no batido» o «que no ha recibido ningún gol», ha llegado por fin al diccionario tras muchas temporadas manteniendo su puerta clausurada. Ha perdido mucho brillo en el trance, porque el uso ha sido constante. Hay mucho portero que aguanta hasta partidos completos sin llorar camino de la red. Se dice **imbatido** del que «*de momento* no ha encajado goles», del «deportista que *hasta el momento* no ha perdido ningún encuentro», o del equipo al que *por ahora* le ocurre lo mismo. Pongo las cursivas para que no hagan lo que algunos cronistas: llamarle **imbatible**, que ya estaba antes en el DRAE, pero que viene a significar «que *nunca* podría ser batido». Ni con batidora ni a mano.

• Telemadrid: *El Real Oviedo ganaba todos los partidos en su campo y se mostraba* ***imbatible***. Pero terminó perdiendo. Luego no era **imbatible**. Como yo, oigan. Igualito, pero con camisola azul.

implante Admitido ahora, es algo que ya te lo metían por los ojos para taparte la calvicie en dos periquetes y cinco cheques para no seguir enseñando la «bombilla» o el «cartón», que dicen los castizos. O por la boca, como al lobo de Caperucita «para comerte mejor». En tanto que se aprobó el término, la gente tuvo que recurrir a la **implantación**, al **injerto** o al **trasplante**. Hasta el 2001, el diccionario estaba igualito que el anuncio que les copio:
• *Método capilar de la doctora Cisneros: CRECIMIENTO CAPILAR SIN* ***IMPLANTES***.
Igual que el diccionario, ya digo, pero en alopécico perdido.

impuesto Ha añadido una acepción: **impuesto revolucionario**, que sustituye con demasiada frecuencia en algunos casos a las palabras **extorsión** y **chantaje**. Justo cuando se trata del «sistema montado por una organización terrorista para financiarse mediante extorsión y amenazas». Una vez más, el ciudadano de a pie pierde la batalla del lenguaje, porque **revolucionario** nació como palabra noble. Lástima.

• Titular en *El Mundo*: *Los albanokosovares pagan* ***impuestos revolucionarios***.
• *Telenoticias* en Telemadrid: *Esto les permitía blanquear el dinero del* ***impuesto revolucionario***.

in mente Es un latinismo convertido ya en españolito. Se hace realidad el afán que llevaba en la ídem. Aviso para los que se han calado demasiado el sombrero: se usa cuando se quiere decir que se tiene algo **en la mente**, que no es cosa que le pase a todo el mundo y a todas horas. Nada de traducirlo por en mente, sin ese «la» de por medio. Que pasen algunos usuarios:
• Pilar Urbano en *Yo entré en el CESID*: *El banquero tenía* ***in mente*** *a otro juez: Miguel Moreiras*.
Ahora, los *traductores*:
• Mario Vargas Llosa, *El País*: *Sin ir más lejos, el ejemplo de Augusto Pinochet fue el modelo que los militares peruanos tenían en mente para dar el golpe de 1992...*
• Peter Preston, *El Mundo*: *No obstante, mi interlocutor tenía otra guerra en mente*.

in vitro Locución admitida ahora como española, es el sistema que usan algunos modernamente para fertilizar o fecundar en algunos casos. También se puede decir, sin necesidad del latinajo con pasaporte, que lo hacen **en tubo de ensayo**. No sé qué gusto le sacarán a eso. Oiga.
• Fernando Sánchez Dragó, *El Mundo*: *...y ahora, por decisión del Estado, más o menos financiada con dinero del contribuyente, pare multillizos la abuela del Centenario con fecundación* ***in vitro***.
• José Luis de la Serna, *El Mundo*: *Los especialistas creen que una de las razones del fracaso de la técnica de la fecundación* ***in vitro*** *en mujeres mayores...*

infraseguro, **infrasónico**, **infrasonido** Así como **infrautilizar**, **infravaloración** y hasta nuestras **infraviviendas**, estaban **infravaloradas** por la Academia. Todas **infravaloradas** menos ésta, que era la única aprobada. Demasiados *infras* llamando a la puerta. No pudieron resistir la estampida que llegó en manada hasta la letra «I». Y se han quedado. Como nadie es perfecto, que lo vi yo en el cine de

verano de Infiesta, se dejaron fuera al infrasonoro. Por no gritar a tiempo.

inicialar No les sonará a muchos. Si miran en el diccionario justo encimita de **inicializar** que ya está más de moda, verán este verbo que parece su primo hermano, pero que no tiene nada que ver con los inicios sino con las iniciales. **Inicialar** lo usan en Cuba y Puerto Rico para el caso de que una persona firme un documento exclusivamente con las iniciales de su nombre y apellidos. MdlB.

inicializar No es lo mismito que **iniciar**, porque tiene enchufe. Y electrones. **Iniciar** es sencillamente «comenzar, empezar». **Inicializar**, adoptado por los ordenadores mecánicos y personales de la Academia, se define como «establecer los valores iniciales para la ejecución de un programa». **Inicializar**, como se ve, es una exclusiva de los expertos en informática. Que me tienen rodeado. Por cierto.

iniciático Está empezando, a pesar de que ya tiene unos añitos y las nieves del tiempo *platiaron* su sien. Ya tiene definición lo «perteneciente o relativo a una experiencia decisiva o a la iniciación de un rito, un culto, una sociedad secreta, etc.». Todavía recuerdo yo mi primer e **iniciático** «etc.»

• Carlos Boyero, *El Mundo*: *El casual histrión, que era y es inteligente, comprendió en su camino* ***iniciático*** *que la cosa podía ir en serio...*
• Javier Villán, *El Mundo*: *Con su compañero de resistencia, precisamente, Paolo Grassi, compartió la aventura* ***iniciática*** *y fecunda del Piccolo.*

inobjetable Chocó durante un tiempo frontalmente con los académicos objetores. Le dijeron: «Menos presumir, y a la cola». Como todos. Ahora, tras la cura de humildad, no tenía objeto seguir haciéndole sufrir.

input Lo escribe en cursivas el *DRAE*, pero le da definición como si fuera normalito; Como a todos. Esperen a que me cale las gafas de ver palabros económico-informáticos, no sea que me pierda. En el terreno económico, los tíos van y llaman ***input*** a un «elemento de la producción, como un terreno, un trabajo o una materia prima». Con toda su cara. En lo informático, le barnizan la carita para que parezca otro y ya significa «conjunto de datos que se introducen en un sistema informático». Con un par. Y para poder hacer *ménages* de esos, y porque no hay dos sin tres los días en que no los hay, el ***input*** también quiere decir «dato, información». Cosas veredes que te asombrarán por no haber aprovechado los estudios en la Escuela Oficial de Idiotas. En inglés.
• Felipe Sahagún, *El Mundo*: *Comprendimos que sin un* **input** *político no se podía progresar...*
Por cierto, se acabó aquella regla que decía que «antes de B y P hay que poner M y no N».

instrumentalización Ha venido a complementar a **instrumentalizar**, su verbo padre —o madre, que últimamente hay cosas que no andan claras por las zonas bajas—, que ha entrado con ella de la mano. Las colaron con su insistencia *politizantes* e *informateros* que necesitan siempre más madera de la que hay en el almacén. Porque es que no paran de hacer cositas nuevas, a las que luego hay que cristianar. Recuerda que ya figuraba **instrumentar**, que es más corto, pero no sirve para decir lo mismo. No siempre se cumple lo que dijo Gracián: lo breve, si breve, tres veces breve. O algo así, que no voy a despertar a estas horas a un culto. **Instrumentalizar** se emplea para «utilizar algo o a alguien como instrumento para conseguir un fin», en tanto que **instrumentar** se remite a «constituir, organizar» o a andar utilizando o tocando los instrumentos. Musicales, dijo el clásico de la radiodifusión.

insularidad Que no se enteren, por Dios, ni en Baleares ni en Canarias, ha aparecido en letras de molde en el *DRAE* en pleno siglo XXI. No sé qué es lo que tendrían antes estos señores y señoras. Aparte de maravilloso clima, preciosos paisajes, maravillosas playas y calas, buenas comidas y amables paisanos. Que es mucho aparte. Y lo reparten con el que llega los que ya tienen tan flamante como tardía **insularidad**.

interactividad Acompaña ya al **interactivo**, al que funciona por **interacción** que junto con **interaccionar** eran términos que ya hacían chapuzas por su cuenta, pero en comandita como indica su raíz. Se ha descolgado del pelotón interactuar. Llegó fuera de control. ¿Por este siglo?

• Lucía Etxebarria en *La letra futura: ...con capacidad para conocer y opinar sobre los problemas y la vida de los individuos con los que interactúa...*

Ya entrará. Como han entrado más de dos docenas y media de términos empezados con el prefijo «inter-» que vamos a ir relacionando lo más sucintamente posible para que luego lo comenten ustedes con las amistades cultas y la cosa no quede ínter nos. Muchas de ellas las dábamos por admitidas casi todos. Vamos con la primera que aprovechó la puerta abierta por la familia **interactiva**.

interanual Sirve para comparar lo conseguido el pasado año con lo del actual. A veces, no hay cambios en el índice: volvió a posar tontamente en una playita la Obregón.

interbancario Es lo que hacen entre varios bancos, o que lo comprende. Yo nunca lo he comprendido. Hablo del incomprensible hecho de que me presten sólo cuando ya tengo.

intercambiador Ya nos venía haciendo falta. Desde que el ayuntamiento inauguró el primero para que, en una misma instalación, dejáramos de disfrutar del autobús para pasar a disfrutar del tren o el metro. Cuando se dejan.

intercomunitario Vino a quitarle el pan al **interregional**, cuando éste ni tan siquiera había llegado al *DRAE*. De la España de las regiones a la España de las comunidades autónomas en un periquete de siglos. Han entrado juntos el presunto jubilado y el novato. Es que vamos como locos y les pillamos con el pie cambiado a los señores académicos.

interconectado Así queda el verbo **interconectar** mediante una **interconexión** que alguien se sacó de la manga de las tontunas innecesarias y se la ha colocado con todo el lote al diccionario. Si yo **conecto**, ¿no es eso lo mismito que si **interconecto**? ¿No es lo mismo una **interconexión** que una **conexión**? Sí, padre. Y no es que lo diga yo; es que lo dice el mismísimo diccionario al que tanto debo, después de haber pagado su módico precio: «**Interconectar: conectar**».

interdepartamental No tiene mucho que explicar. Como «afecta a varios departamentos», que trabajen ellos, que son de nómina. No te digo.

interdependiente Tan claramente relacionado con la **interdependencia** que ya figura en el diccionario para hablar de la **dependencia recíproca** ha terminado por ser admitido. Perdió su independencia.

• Mario Vargas Llosa, *El País*: *La economía sumergida era un fenómeno que, hasta el establecimiento de una economía global* ***interdependiente****, parecía exclusiva del subdesarrollo...*

interdisciplinar Lo da ahora la Academia como adjetivo sinónimo de **interdisciplinario.** Ni se te ocurra usarlo como verbo y ponerte en el centro de la calle interdisciplinando a los indisciplinados conductores. Si ellos no te atropellan antes, te aplicará las disciplinas un guardia. O un académico.

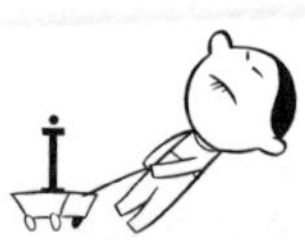

interétnico Ya se puede llamar legalmente al nuevo diccionario de la Academia. La inclusión de miles de maravillosos o espantosos americanismos es claro «que afecta a personas de etnias distintas», como reza su definición. En español. En muchos españoles.

interferencial Seguimos metidos en asuntos *inter...nos* mientras no haya interferencias. Se aplica a lo «perteneciente o relativo a la interferencia». Aplicado. Y si vienen más, la solución está a la vista.

interferómetro Es el maravilloso cacharro que la Academia ha rescatado, supongo, del arsenal del famoso doctor Franz de Copenhague. Es un invento tan tonto, que lo mismo sirve para producir interferencias que para medirlas. Paradito está más mono. Desenchufa, Juanillo y empieza con la paella.

interferón Es una «glicoproteína sintetizada». Palabra. Pero no les leo el prospecto completo, porque viene en letra chiquita y la lupa se la presté ayer al buscador oficial de programadores inteligentes de televisión. Allá él con su tiempo.

intergubernamental Es lo que afecta siempre a varios gobiernos. A nosotros nos afecta siempre lo de todos. ¿Seremos también **intergubernamentales** o sólo *intergubernamentados*?

interiorismo Tenía que estar dentro por el ímprobo trabajo que se han tomado los **interioristas** en **interiorizar** nuestros hogares. La tienda ya está abierta para todos. Pasen al interior, dice Óscar Pichel Francisco, que sabe un par de ratos de eso.

intermediación Entró en el mismo lote con **intermediado**, **intermediador** e **intermediar**. Y a uno le viene a la memoria, porque hace sólo un ratito, lo de **interconectar**. Si **medio** entre dos, habré **mediado** y seré un gran **mediador** si he conseguido que no se soben los morritos. Sin necesidad de usar el omnipresente prefijo «inter-». Ya tarda en irse.

interpersonal No hay más que verle la facha, siempre se desarrolla entre varias personas. Tal que matrimonios, divorcios y demás accidentes sociales de los sociables humanos.

interpretariado Llaman así en Chile a la **traducción simultánea**. Yo me enteré por el amigo Lucho Vaccaro y a la Academia también le llegó algún chivatazo. Simultáneamente.

interprofesional Empiezo a cansarme de este *inter*namiento. Recibió su permiso de circulación para referirse a algo «que afecta o se refiere a varias profesiones en su relación mutua». Lo que no le ha cabido al *DRAE*, por ahora, es el <u>multiprofesional</u>. ¿Hay más «inter» por ahí? Que pase el siguiente.

interprovincial Servirá de poco, La señora realidad, que es bien tozuda la tía, le ha quitado bastante tarea. Ha quedado en tierra de nadie, entre lo **intercomunitario** y lo **interregional**, que ya está ahí aporreando la puerta.

interracial Ya tiene el pase de la Academia. Si es que no había más que asomarse a la calle, al metro o al telediario. Viva la diferencia y viva el mestizaje. Si le apetece.

interregional Puede volver a ser útil en la Europa de las regiones. Recuerden los que puedan lo que era la desaparecida España de las regiones con sus respectiva provincias: Murcia, dos: Albacete y Murcia.

intersubjetividad e **intersubjetivo** Ya están ahí para, primero, que intentes pronunciarlas sin atascarte y soltar el *escafurcio*. Segundo, para que lo uses en tu «comunicación intelectual o afectiva entre dos o más sujetos». Eso es lo que no me gusta: que por comunicarme afectivamente con una moza, vayan y me llamen «sujeto». Gratis.

interterritorial Puede ser bien útil a los vaguitos. Su llegada al diccionario en el 2001 puede aliviarles la siempre «funesta manía de pensar» si tienen que usar **intercomunitario**, **interprovincial** o **interregional**. Esta novata vale para todo. Incluso para cerrar —¡por fin!— el territorio del prefijo «inter-». Y no sería justo, por aquello de las prisas, no obsequiarles con alguna curiosidad en el sentido contrario: las desaparecidas. Por ejemplo, voló al limbo «interroto», del verbo **interromper**, que sigue como sinónimo de **interrumpir**. Por último, un viejo y curioso, pero que muy curiosón término eliminado: «interusurio»: «Interés que se debe a la mujer por el retraso en la restitución de su dote. Dícese comúnmente Interusurio dotal». Ya no hay interés.

intimidatorio Miro fijamente a los ojos de los señores académicos de la Real. Pareciera que no había quien les **intimidara**, ni tan siquiera les **intimara**, verbos que ya son viejos en la legalidad. Pero el **intimidatorio** ha nacido para mandar. A mí no me mire usted. Y a usted, que no se le ocurra confundir **intimidar** —«causar o infundir miedo»— con **intimar**, que equivale a «decirle algo a al-

guien con fuerza para que te obedezca». Pero no hay por qué asustarle para eso. Siempre se «**intimida a**» alguien, en tanto que, **intimar**, se «**intima con**» alguien cuando se usa **intimar**, que se me olvidaba, para hablar de «entrar en intimidad» con alguna persona (pero ésa es otra y, además rubia, dice la literatura).

• Horacio Verbitsky, *El Mundo*: *El gobierno del presidente Menem le pidió a los marinos que hicieran callar a ese loco que mandaba cartas notariales, pedía audiencias para hablar de lo que nadie quiere hablar e intimaba que si sus superiores asumían la responsabilidad de lo actuado él diría la verdad.*

También hay gente que da su buen uso a cada uno de los términos. Quede constancia:

• Luis Sepúlveda, *El País*: *A partir de ese Hamlet se advirtió en Gassman esa capacidad de* ***intimar*** *y al mismo tiempo* ***intimidar*** *al espectador.*

IPC Impronunciable si no es deletreándolo «i, pe, ce», ha pasado al diccionario tal y como la ven, presumiendo de sus mayúsculas, que es cosa que muy pocos pueden decir. Está formado —qué le voy a contar, si le tiene loquito con sus ascensos mensuales— por las iniciales de «Índice de Precios al Consumo». Hasta yo he aprendido que ese **IPC** es lo que viene a sumar una especie de cesta de la compra ideal a la que se le toma el pulso mensualmente para comprobar sus oscilaciones. O sea: cuánto sube. Para qué nos vamos a hacer ilusiones.

• Titular en *El Mundo*: *Aznar declara la guerra al* ***IPC***.

• Álvaro Tizón, *El Mundo*: *AB Asesores Bursátiles prevé un repunte de los precios y apuesta por un* ***IPC*** *del 2,7% en 1998.*

islamista Ha inquietado al diccionario ya en el siglo XXI. Hasta ese momento, parece que el **islamista** no había asustado lo suficiente a la llamada civilización occidental como para estar registrado. Pero hubo un 11 de septiembre. Ya estaba en el diccionario **islámico**, que no es lo mismo que **islamista**, como tampoco es lo mismo que **árabe**. Hay pueblos de religión islámica

que no son **árabes.** Y viceversa. La Academia deja bien claritas cuáles son las diferencias entre **islámico** e **islamista.** Lo **islámico** es, simplemente, «lo perteneciente o relativo al islam», y sólo se debe llamar **islamista** al partidario del fundamentalismo musulmán. Las diferencias son guerreras. A veces.

• Luis Goytisolo, *El País*: *¿Cómo evitar el llamado choque de culturas cuando el creyente, no ya* ***islamista****, sino simplemente* ***islámico****, habituado a unas leyes acordes con su fe, se tropieza en occidente con conductas tan ajenas a su bagaje cultural y, lo que es peor, con el hecho de que lo que en su tierra es norma aquí es delito.*

Los dos términos hacen dudar a veces a la hora de elegirlos. Por ejemplo: elecciones en Turquía el primer domingo de octubre del 2002. Un pequeño abanico de titulares demuestra la alternancia en el uso. Sobre todo, si los **islamistas** no son *furibundos* sino *moderados*:

• Titulares en *ABC*: *Los* ***islamistas*** *barren en las lecciones en Turquía y obtienen la mayoría absoluta. El Movimiento islamista moderado Partido de la Justicia y el Desarrollo... / Vuelco en Turquía: el* ***islamismo*** *al poder.*

• Titulares en *El País*: *El Partido* ***islámico*** *gana por mayoría absoluta en Turquía. / Con un 35% de los votos, los islamistas moderados del Partido de la Justicia y el Desarrollo (AKP) arrasaron a los partidos tradicionales...*

• Antonio Jiménez, *España a las siete*, RNE: *Victoria de un partido* ***islámico*** *en las elecciones turcas. / El partido* ***islamista*** *moderado AKP... / El líder del partido* ***islamista*** *moderado está inhabilitado por once años.*

Podríamos añadir que todos los **islamistas** son **islámicos**, pero no siempre es cierto lo contrario.

IVA Nos asusta con sus mayúsculas y por ser nombre del impuesto, *impuesto* por supuesto, como todos los impuestos que responden a su nombre como un solo hombre. Con *valor*, lo han *añadido* al diccionario. Ahora tú, con tu maravillosa mente metódica, espigas las mayúsculas, pones la cosa en orden y ya tienes otra cuenta que pagar: «Impuesto sobre el Valor Añadido». **IVA** para sus amigos académicos. Por cierto, tendría que aparecer en minúsculas en el *DRAE* puesto que se puede leer y no hace falta deletrearla.

jaca Ya no es un **jaco** capón. La **jaca** ya no es un jamelgo sin *pilila*. Puedo afirmar y afirmo tal cosa sin dirigir ni una mirada a su *entrepata*. Es una de las novedades sexológicas del diccionario en el 2001. Anteriormente, bajo el nombre de **jaca** se podía ocultar, el muy travestido, un «caballo de alzada inferior a siete cuartas», no sé si medidas por el manazas de servicio. También respondía al nombre de **jaca** la mismísima **yegua**. Pero es que, puestos a liarla, nos encontrábamos con que la dichosa **jaca** podía ser también un «caballo castrado de poca o mediana alzada». «Con lo que duele eso», dijo un vecino. Pues, apiadándose del dolor de los equinos, *Imperioso* incluido, la Academia ha eliminado de las definiciones al pobre caballo castrado. La **jaca** ya no es **jaco** sin atributos. Pero galopa y corta el viento cuando pasa por el puerto *caminí-to* de Aranjuez. Siempre.

jacuzzi La bañera esa donde te meten burbujitas y flujos de agua caliente para relajación o excitación del usuario, la probaron los académicos con un Gil y Gil dentro. Y funcionó. Aprobada. En picardías e higienes varias. Y en cursivas por aquello de que la «j» se nos ha vuelto «ye», pero no ye-yé.
• Pedro J. Ramírez, *El Mundo*: *Ponme de chupa de dómine si te conviene, pero no vuelvas a decir ni que nosotros te atribuimos un falso* **jacuzzi** *ni que nos negamos a publicar tu desmentido.*
• Santiago Segura, entrevistado en *El Mundo* por Carmen Rigalt: *Estoy harto de vivir en Carabanchel, que es un barrio entrañable pero donde no hay pisos estupendos ni baños con* **jacuzzis**.

jai En el particular vocabulario *umbraliano* viene a ser **mujer**. La sacó del caló. Del *Tocho cheli* de su amigo Ramoncín. Véase la muestra. Morena.
• Francisco Umbral, *El Mundo*: *...y la cabeza de la* ***jai*** *es que no sabes dónde ponerla a la hora del flete. / Lo que uno le reprocharía a Clinton, digo, es lo mal que las elige, a las* ***jais*** *me refiero.*
Aviso: **jai** no es válido para las pelotas. Vascas. El frontón Jai Alai no ha encontrado solar libre en el *DRAE*.

jaima Llaman los árabes a lo que aquí era sólo una **tienda de cam-**

paña. Pero sin desierto ni té ni dátiles. Ahora también tenemos **jaimas**. El desierto animado avanza. Como el bosque de Macbeth.
• Alejandro V. García, *El País*: *...el príncipe Abdellazih decidió acampar en el parque de Invierno de Granada para contemplar sierra Nevada, como Boabdil a mediados del siglo* XV. *El ayuntamiento agasajó al visitante en sus* ***jaimas*** *provistas de aparatos de televisión y de aire acondicionado.*

jaimitada Equivalía a **travesura** o **gamberrada** desde que yo era así de bajito. Ya entonces se contaban chistes *verdes* «de Jaimito», imaginario personaje entre ingenuo y rijoso. Los señores académicos ya no son como niños, pero lo han aprobado *in memoriam*. Y a **Jaimito**, también. Ahora que ya peina canas. Como yo me imaginaba, el niño era un poco esquizoide y tiene otra personalidad oculta, que a la Academia no le ha pasado inadvertida. **Jaimito** también quiere decir, como voz americana «árbol silvestre». Verde. Claro.

jazz No conseguía entrar en el diccionario. Y eso que casi nunca desafinó. Para la Academia, esas palabras de los anglos eran antes músicas celestiales. Incluso, hace años y miles de elepés que lo sustituyó por su traducción fonética «yaz». Con su pan se lo comían, porque el aficionado no lo usaba y el lego castizo terminaba pronunciando a la española «jaz». La Academia ha cambiado radicalmente de criterio con el siglo XXI y las cursivas trufan el *DRAE* de anglicismos. A veces no se acierta a la primera. Y es que casi todo el mundo le daba marcha al ***jazz*** y huía del yaz, que ha sido eliminado del diccionario en operación simultánea. Pero no de boquilla, porque nuestras boquillas tendrán que seguir pronunciando «yaz». Véanse las muestras, empezando por el obituario del gran violinista Stéphane Grappelli el 2 de diciembre de 1997, sin un solo yaz:
• Xabier Rekalde, *El Mundo*: *Este artista entrañable había nacido en París en el mismo momento en que el* **jazz** *estaba naciendo en América. / El que acaba de morir es uno de los jazzistas que mejor transmitía su vitalidad desde una tarima.*
• Titular en *El Mundo*: *El* **jazz** *es cosa de mujeres.*
Aclaro, por si hay desconcierto: jazzista y jazzístico no acompañan a la música en el reconocimiento.
• R. Cardo, *El Mundo*: *...un punto de turbación y sentimiento que acerca la sofisticación jazzística a su raíz bluesera.*

jet Otra jotita casi ye-yé ha entrado en la zona *vip* del aeropuerto y se ha hecho colocar dos butacones que más parecen tronos. En uno, con los alerones colgando, se ha instalado el avión llamado **reactor**. En el otro, gentes variopintas con ropas caras y con una extraña dicción en su piquito, como de boquita semiabierta. Es la misma gente a la que en tiempos de *Blanco y Negro* y *Época* se llamaba «gran mundo» o «alta sociedad», y que se supone que ya no viaja en tílburi o carretela, sino en su propio **reactor** o ***jet***. Aquí, como somos de segunda división, se lo aplicamos a las *gunillas* y *gunillos* que van en un *cuatro-latas* y que salen en los *colorines* porque han salido en otros *colorines*, y eso hace que todos los *colorines* estén muy atentos por si se suenan la nariz para sacarlos en su *colorín* a doble página. Pero sin reactor. Aquí no reacciona nadie de medio pelo.
• Jaime Peñafiel, *El Mundo*: *...con un* **jet** *prestado por el rey Hussein de Jordania, la comitiva aterrizó en el aeropuerto de Salónica.*
• Ildefonso Olmedo, *El Mundo*: *El embajador del golf mundial cambiará su viejo* ***reactor*** *por el nuevo* **jet** *para volar a todo tren a miles de pies de altura.*
Llenemos ahora el ***jet*** de gente de la ***jet***, versión recortada de ***jet set***, que también ha incluido el *DRAE* en su nueva edición un poco más abajo. Pero sin guión intermedio.
• Jaime Peñafiel, *El Mundo*: *Es uno de los solteros más codiciados de la jet española. / La jet-set, tan critica-*

da por Cayetana, boicoteó la fiesta.
• Mario Benedetti en su novela *Andamios*: *Las zancadillas administrativas, el mundo compulsivo del deporte, los entresijos bancarios, ciertas campañas insidiosas de los* mass media, *el empalago de la jet-set...*

jeta Es como solemos llamar todos, incluso en su propia **jeta**, a todos aquellos que se nos cuelan en las colas, se van sin pagar de los bares y, para colmo, intentan robarte la novia sin promesa formal de pasar por la vicaría. Ni los académicos los querían cerca. Pero los han admitido, bien que en una séptima acepción, como sinónimo de **caradura**. Gajes de la curiosidad. Que terminas con un **jeta** pegado a tu **jeta**.
• Carmen Rigalt, *El Mundo*: *Lo han muchas estrellas internacionales y algunos* ***jetas*** *domésticos, como Espartaco Santoni, que aprovechó la fama de sus partenaires para embolsarse unos duros.*

jinetera Rebautizada así por aquello del cabalgar, llaman en zonas hispanohablantes especialmente en Cuba, a ciertas **prostitutas**. Eso, en general; porque, particularmente, algunos se enamoran y las llaman Noemí, Dulce-María, o lo que a cada caso convenga, claro.
• Alfonso Rojo, *El Mundo*: *Al filo de la madrugada, inopinadamente, aparece en los aledaños de la catedral un furgón policial, y las* ***jineteras*** *—las pocas que se atreven a desafiar la orden de suspender toda actividad sexual mientras dure la visita del papa— se desperdigan como gallinas asustadas. / ...dos de los fenómenos más llamativos y dolorosos que tiene Cuba: las* ***jineteras*** *y los balseros.*

jiñar Siempre ha sido, dicho por la basto y sin permiso oficial, lo mismo que **defecar**, **evacuar**, **hacer de vientre**, **exonerar el intestino** y demás finuras malolientes. Desde el nuevo siglo, **jiñamos** con el papel en la mano. El de la legalización académica.

jo Estaba registrado por la Academia, exclusivamente, como una «exclamación para parar a las caballerías». Algo parecido al viejo «**¡So**, que te ato!». Ahora, visto que las personas parece ser que también tenemos nuestros derechos, se reconocen otros usos del **jo** en nueva acepción y hasta con una entrada independiente para personas. Porque, como ya no hay caballeros ni casi caballos, salvo *Imperioso* y los de los Domecq, el **jo** se utiliza mucho más como apócope de «joder». Pero siempre en plan exclamativo y nunca en tono rijoso, que es que están ustedes siempre pensando en lo mismo. **Jo**, qué tropa. Y no me refiero a la tropa académica que supo darle una larga cambiada al señor conde de Romanones cuando se empeñó en ponerse con ellos a la par.

jobar Que no me aprueban, decía el palabro. Pero le llegaron rumores de que admitían a su hermano pequeño, el llamado **jo**, y se empezó a excitar y calentar con la esperanza. Un motivo fundado, porque también han dado paso a este eufemismo procedente de **jorobar**, eufemismo a su vez de **joder**. O sea: que siempre paramos en lo mismo. Es que no sé en qué estamos pensando, oiga. En *eufemismar* a todas horas.

joda No tenía más puesto de trabajo en el diccionario de la Academia que su lugar en el verbo **joder**, y ustedes disculpen por la orgía que tengo montada. Al abrirse de orejas el *DRAE* del nuevo siglo a las variantes de los países hispanos, enriquecimiento que nunca agradeceremos bastante, la **joda** ha ganado varios significados, más o menos jodidos, según los países visitados: **broma**, **diversión**, **molestia**, **contrariedad**, **daño** y **perjuicio**. También podemos, si el bolsillo lo permite, **ir de joda**, que es como llaman por allá a «ir de juerga», se ídem o no se ídem durante el curso de la **joda**.

jodarria No es hacerlo con una zarria. Este palabro malsonante que nos llega con el siglo XXI procede de El Salvador y Honduras, dice la Academia, y significa allá «acción reiterada de molestar a alguien». Llega de la manita con la **jodedera**, que tampoco tiene afición al sexo, sino a «joder la marrana» o así. Su definición es, por eso, exacta a la anterior.

jodedor No estaba registrado por la Academia. Ni tan siquiera como «voz malsonante», que es como registra «**joder**». «Habrá que actuar en silencio», dijo el bocazas. Pero se terminaron enterando y el palabro ha llegado al diccionario. Aviso: no llega por andar metido en faena sicalíptica, sino como término cubano sinónimo de **jodión**, también nuevo en esta plaza. Viene acompañado del **jodón**, también popular más allá del Atlántico. El significado de todas ellas no es el que aparentan y se supone, sino el de «que molesta o fastidia mucho». Ya son ganas de joder. Esto del doble sentido de las palabras es muy corriente. Pero no de forma matemática. Y aviso: jodidamente lo tiene jodidamente difícil. Si no ha pasado con esta orgía de los cultos, ya me dirán cuándo.

jodienda Ya tiene enmienda. Y doble. Por un lado, la Academia le ha reconocido el sentido de todo lo que llevamos haciendo aquí desde no sé que hora. Mentalmente.

«Realización del coito». Pero la **jodienda**, en sus ratos libres que son bastantes, para qué nos vamos a tirar pegotes, también tiene un segundo trabajito: «Molestia, incomodidad, complicación». No me den a elegir, que me conozco. Enseguida me complico la vida.

jogging Y empezamos por fin un ejercicio distinto y de recuperación física. Es hermano de padre y madre del ***footing*** por parte de trote cochinero. Algo que hacen los domingueros con su **chándal** y su barriguita para hacer hambre a la hora del asado del mediodía. Las cursivas le sirven de zapatillas para andar por la vida española. Y la jota ni se baila; es otra y griega disfrazada.

• José M. Bustamante, *El Mundo*: *Faltó, sin embargo, una estampa habitual: Clinton haciendo* **jogging**.

• Ana Barón, *El Mundo*: *Aficionado a los maratones y al* **jogging** *desde muy joven, comenzó a engordar...*

jolín Este y su plural hermano, **jolines**, son viejos minitacos pudibundos. Construidos con papel de fumar como sus primos **jopé**, **jope** y jopelines, ha recibido pasaporte legal de la Academia. Son las curiosidades de la vida. Hasta ahora, los que velan por nuestro lenguaje, si queríamos manifestar asombro, admiración, sorpresa, extrañeza y demás emociones, nos obligaban a decir «**joder**», que ya tenía todas las bendiciones académicas. Para los que gustan de trabajar a reglamento, aclaro: jopelines es la única que se ha quedado fuera. ¡Carape, mecachis!

jondo Con esa jota que representa a la hache fuertemente aspirada de **hondo**, es la variante popular con que se nombró siempre al cante flamenco o cante **hondo**, que es la forma en que lo recogía exclusivamente el *DRAE* hasta el 2001. Sin aspiraciones. Y no es de ahora: recordemos que en 1931 Federico García Lorca publicó su *Poema del cante **jondo***. Setenta añitos, por lo menos, sin aspirar. Y sin meterse en jonduras, que no entró.

• Francisco Umbral, *El Mundo*: *...que siempre es un político, Felipe o el otro, Aznar o el otro, y hace su cante, su* ***jondo****, por la televisión o*

*los papeles. / O el señor Cascos (que se mejore, señor ministro) que es el **jondo** duro, a lo Manolo Caracol.*
• Javier Villán, *El Mundo*: *El apellido Chacón trae evocaciones **jondas** y toreras...*

julandrón Término que el gran Raúl del Pozo rescató de sus noches de mal vivir o más bien de «todo vivir» junto a jula y julay, ha llegado al diccionario oficial. El jula y el julay se han quedado fuera jurando en caló o similares. La Academia define al **julandrón** como «hombre homosexual»; luego no hay julandronas. Algunos diccionarios de uso también lo utilizan para designar a los **incautos** o **tontos**, como aquellos de Carabaña a los que se engaña con una caña, pero no sé muy bien cómo. Preguntaré en Carabaña antes de darme al trago.

júnior Es un muchachito que protagoniza un curioso caso semántico. El diccionario académico adoptó hace muchos años el término para designar al jovencito que, como novicio religioso, aún depende de sus superiores. Pero nada más hasta ahora. En equipos deportivos, nos bastaba con decir **juvenil**. En lo familiar, aquí tenemos por costumbre hablar, por poner un buen ejemplo de grandes profesionales, de Matías Prats, **padre**, y Matías Prats, **hijo**. Y es que lo de ***junior***, cuando el padre es de Villa del Río, Córdoba, y el hijo ha cumplido los cuarenta no me lo perdonarían ellos mismos. A sus órdenes, maestro. Pero si ellos están dispuestos, no hay más que hablar. El diccionario ha añadido una entrada independiente para estos casos con el ***junior*** en cursiva. Y, por supuesto, sin tilde. Ésa, para el frailecico obediente.
• Manuel Martín Ferrand, Cadena COPE: *Si lleváramos un solo apellido, habría que distinguir a Peláez **sénior** de Peláez **junior**.*
• Francesc Vallas, *El País*: *Atrás quedaban un año de postulante, dos de novicio, cinco de juniorado y cinco más desde que profesara.*
Además del no admitido *juniorado*, y como hay gustos para todo, he llegado a escuchar un horroroso femenino, juniora, que no está admitido, ya que la palabra es invariable en género. Y en cuestión de plurales, la Academia propone **júniores** y **juniores**:
• Noelia Román, *El País*: *Los llamados júniors de oro...*
• Editorial en *El Mundo*: *Como los mayores, los **júniores** han llegado hasta la final de su competición, ésta de ámbito mundial.*

kafkiano Lleva una vida que asusta por lo **absurdo**, **ilógico** y **angustioso**. Así dejó la cosa el checo Kafka. El suspense estuvo viviendo años a las puertas de la Academia. Una espera no muy **kafkiana**. Más bien normalita y generalizada.
• Carlos Boyero, *El Mundo*: *...resulta **kafkiano** intentar comprender los delirantes criterios del Festival de Berlín al seleccionar esta cosa vocacionalmente marciana, aquejada de una audaz ausencia del sentido del ridículo, sin pies ni cabeza...*

kaki o **kaqui** Los señores pueden elegir. Nombre, porque el postre que les voy a servir será el mismo. Como si les da por pedirme **caqui**, que ya lo tenían visto en su viejo diccionario. Sobre gustos ya hay mucho escrito.

kamikaze Curiosamente, ha vuelto ileso de la muerte. El inicial **piloto suicida** que lleva tal nombre en japonés, se lanzó en picado sobre la Academia y, tras cuatro reverencias a la entrada bombas en ristre, consiguió revivir como un españolito legal con el nombre de <u>camicace</u>. Capaz de sacrificar su vida por la patria en una misión suicida, como pueda ser escucharse la discografía completa de la coreana Kimera, no ha aguantado mucho, sin embargo, esta vida de *Tómbolas* y *Posmovidas*. Ha vuelto a su ser y la Academia lo registra en negritas con su nombre de pila, o de los que usen los nipones para nominar (versión primigenia): **kamikaze**. El <u>camicace</u> huyó como un cobarde.
• Titular en *El Mundo*: *Un **kamikaze** mata a 11 israelíes en un café...*
• Jorge Edwards en *El origen del mundo*: *Y enseguida, convencida, seguro, de que se encontraba en el mejor de los mundos posibles, levantó los brazos, lanzó un ¡sí! de alegría, de victoria, parecido al de los **kamikazes** en el momento de subirse a sus aviones suicidas.*

karaoke Ha alcanzado la gloria del diccionario a pesar de tanta «kk». El omnipresente y canoro japonesito, ya puestos y embalados, se podría haber españolizado como <u>caraoque</u>, pero no. Para los despistados marcianos aficionados a estas extrañas lecturas que les brindo, aclaro que son locales donde se pueden seguir y canturrear las canciones de moda, mediante el texto que las subtitula en una pantalla. Esto es: coser y cantar siguiendo la música grabada previamente. Siempre que se sepa leer y se esté bien de canto. Yo, por lo menos, mejor que de frente, que no tengo ni dos dedos.

• Fernando Savater, *El País*: *Mientras en el programa* ***Karaoke****, de ETB-1, se enseña a los niños a cantar una coplilla en euskera...*

• Manuel Sanabria, *El País*: *Los jóvenes han encontrado una nueva causa en el* ***karaoke*** *(alrededor de quinientos sólo en Hanoi)...*

karateca, Con esa «c» sustituyendo a la segunda «k» de karateka, ha llegado sin dar ni tan siquiera un «¡Orient!». En otro golpe de mano, los señores académicos podían haber dado puerta a la otra «k» y haberlo dejado ya en «carateca». Pero como ya estaba admitido con su «k» el nombre del deporte, **kárate**, casi no ha habido que dar ni golpe.

karma Es término añadido a la lista de los *tropemiles* principales de las Españas. Según los hinduistas, es la creencia de que si haces las cosas bien en esta vida, eso influirá en tus próximas reencarnaciones. Que no serás, pongo por caso, un Antonio David Flores en la cuarta reencarnación.

• Fernando Sánchez Dragó, *El Mundo*: *...de soltera, Pilar del Río y, hoy, legítima consorte del escritor. ¡Qué suerte tiene algunos! A eso, en oriente, le llaman «buen* ***karma****».*

katiuska Te dejaba de toda la vida que te pusieras las botas. Y, sin embargo, en una muestra de insensibilidad poco frecuente, la Academia no nos dejaba llamar legalmente **katiuskas** a las útiles botas altas de goma. Con el agua que ha caído. Es que ni tan siquiera como señal de respeto a la música que le puso a ese nombre ruso aquel gran cascarrabias y mayor músico que fue el maestro Sorozábal. Y es que era para enfadarse, por ejemplo, que en la posguerra las bandas de música tuvieran que pedir permiso al señor gobernador civil para poder interpretar **Katiuska**. Por tener nombre de roja, claro. Lo de la Academia, supongo, habrá sido por otra causa. Que nos quiten lo cantado.

• Cristina Frade, *El Mundo*: *Como si de una operación de ayuda a los refugiados se tratara, una empresa ha enviado un cargamento de* ***katiuskas****.*

Algunos tiran por la calle central del poblado y se ponen las botas a la castellana.

• Luis Landero en *Juegos de la edad tardía*: *Llevaba botas catiuscas, impermeable blanco...*

kendo No ha tenido que cambiar ni tan siquiera de traje o armadura. Los golpazos con espada de bambú se dan con el mismo nombre en japonés y en español. Todo un arte marcial. Pero no es el más grande.

ketchup Pero no así catsup, ha pasado la cata de la Academia que ha

puesto el frasco en cursiva. Algunos seguiremos tomando **salsa de tomate**. Hasta que nos hartemos. Mi ración semanal de ***ketchup*** la alquilo a buen precio a los *Tarantinos* del cine sangriento mundial. Con su machacón *Aserejé* incluido. Barato.

• Antonio Skármeta en su no novela *La velocidad del amor*: *Conozco a mi hija y sé que lo arrojará a usted más temprano que tarde desangrado cual un vulgar cartón de* ***ketchup****.*

• Álex de la Iglesia, *El País*: *Alguien dejó la puerta abierta y los de seguridad confundieron el* ***ketchup*** *de las paredes con sangre.*

kibutz Ha pasado con su forma original al diccionario, como parece lógico por ser de difícil traslación al castellano con ese final en «-tz» que le da aspecto de palabra eusquérica. Y, además, porque no es fácil sustituirla por una sola palabra, ya que no es sólo una **explotación**, un **asentamiento** o una simple **colonia**. La creación israelí queda así matizada por la Academia: «En Israel, colonia agrícola de producción y consumo comunitarios». Al final, la clave. Y más al final, esperemos, la paz.

kilo Lo convirtió en sinónimo de **millón** el torero Manuel Benítez, *El Cordobés*, en una época en que mil billetes de mil pesaban aproximadamente mil gramos. Si no llegaba el **kilo** a sus manos, no se ponía el vestido de torear. Después vinieron los billetes de cinco mil, los de diez mil, las tarjetas de crédito, por no hablar del euro, y el **millón** se quedó en unos gramitos de nada. Pero el neologismo se quedó para los restos en el lenguaje diario. De lo que no cuesta, se llena la cesta. Y el diccionario. La Academia le ha concedido una entrada independiente con ese significado millonario. Por dinero. Dos orejas y rabo para Manuel Benítez.

kilohertz Hace su entrada en letra cursiva en las letras españolas. Otra vez un final en «-tz». Posiblemente sea un caprichito de ingenieros y electricistas vascos. Digo yo. Porque te fijas en el renglón de arriba y ves que suelta chispas negritas el **kilohercio**, que ya estaba allí y que es exactamente lo mismo: mil hercios. O eso, o que les sobra sitio a estos señores desde que tienen ordenador central.

kilometraje Ha sido situado en el punto de salida. Hasta hace nada, tenía yo escrito algo así como lo siguiente: «**Kilometraje** aproximado entre Madrid y Betanzos, cero patatero. No está registrado ni siquiera el término. Viene a ser lo mismo la **distancia en kilómetros**, pero tampoco me la sé de memoria y no se la voy a preguntar a Paco Buyo o a Mónica Fernández Aceytuno a estas horas. La mediré cuando vuelva. Porque vuelvo, seguro». Y he vuelto; pero para escribirlo en redondas como corresponde. Llegó a la meta.

kimono Ya se había cambiado de ropa en el *DRAE* hasta convertirse en **quimono**. Cambiaron «ki-» por «qui-» y ya está. Lo demás, era igual de mono. Ahora también admiten el original. Dos por el precio de uno. Empezaron las rebajas.

kirsch Lo recibieron poco antes de las Navidades del 2001 en la Academia. Un regalito lo admite cualquiera, oiga; no es cosa denunciable. Si a usted no le gusta en cursivas, se lo sirvo al natural: **Aguardiente de cerezas**. Salud.

kit Es el nombre que dan los que hablan en inglés, y sus imitadores, que somos casi todos, a un **lote**, un **paquete** de cosas que te venden juntas porque juntas hay que usarlas. Será por machismo pero, puestos a elegir, yo prefería lo del **paquete** y el **lote**. Me parecía entender mejor de qué iba la cosa. Ahora puedes usar legalmente el **kit**. Nadie te meterá un paquete.

• Carmen Rigalt, *El Mundo*: *Esto del **kit** es un neologismo anglosajón, pero todo el mundo conoce su significado. Un **kit** viene a ser como un **lote**.*

• Alicia García Flores, *El País*: *El **kit** se compone de la caja de aluminio que contiene el calentador químico, la lata de alimento —unidas ambas por una estructura de plástico— y un pequeño estuche con un mantel individual, una servilleta, unos cubiertos desechables, especias y palillos.*

kitsch No se bebe como el ***kirsch***. ***Kitsch*** no entra por el gaznate como el ***kirsch***, sino por los ojazos. ***Kitsch*** tiene más años que la polca, se distingue por su mal gusto y, encima, es presumido. Pues hay gente que lo compra, mire. Por ejemplo, la Academia, que lo ha incluido como venía, en cursiva, y no se ha cortado un pelo al definir su adquisición: «Dicho de un objeto artístico: pretencioso, pasado de moda y considerado de mal gusto». Talmente como un Postigo de los que salen por la tele. Eso es tirar el dinero de los contribuyentes. Hombre. Y ruego a los usuarios que, ya que se empeñan, le pongan las letritas por su orden y recuerden que la «t» va antes de la «s». Hombre. Otra vez, mujer.

• *El País*: *La obra de Gregorio Prieto entremezcla sin pudor delicada intuición e inmoderado exceso, un certero olfato poético y el kistch más desbocado.*

Aprendan ortografía alemana de los maestros, jóvenes:

• Enrique Domínguez Uceta, *El Mundo*: *Sin ambición y sin debate estético, Madrid camina hacia atrás al imponer lo* **kitsch** *sin ironía.*

También puede ocurrir que no se tengan dudas al colocar por su orden la «s» y la «t». Si se suprime la «s», el dudar se va a acabar:

• Elvira Lindo, *El País*: *Se nota que es tan atractivo para el periodista el ambiente español, los colores Almodóvar, esos toques tan kitch de los crucifijos como broma y adorno.*

kivi Está por delante del **kiwi**. Pero es por la cosa del orden alfabético. Las dos formas estaban en el diccionario, pero aclaro que las dos sólo designaban a un pedazo de «ave apterigiforme» que tienen en Nueva Zelanda. Ahora les han añadido en segunda acepción el rico postre frutal, tan verdecito por dentro. Y aviso a los maleducados que hablan con la boca llena: se leen exactamente igual. Un sabio me dijo que la «w» contenida en palabras del diccionario español se pronuncia como la «v». Desde que me enteré, maestro, ya nunca voy al *guater*.

kung-fu No ha entrado en dos patadas en el *DRAE*. Andábamos todavía con la televisión en blanco y negro, años sesenta del pasado siglo, cuando Kung-fu, el *Pequeño Saltamontes,* y su ciego maestro de mamporros, al que puso gran voz española el maestro Teófilo Martínez, paralizaban las noches de España. Quizá por su delicadeza filosófica oriental, previa a la coz de diseño, ha tardado en entrar bastante más que su compañero de patadas, el **kárate** o **karate**. Por mí, que se vayan pegando entre ellos. Entre reverencia y reverencia, claro.

leasing No me lo tienen que pagar al contado. Prueben primero a ver si las circunvoluciones de su cerebro español no se resisten a eso de pronunciar «i» donde sus ojones hispanos leen «ea». Ni siquiera es necesario que lo compren si no les gusta la cara que se le ha quedado. Es un «alquiler o arrendamiento **con opción de compra**». No sé si lo habrá adquirido así la Academia para su diccionario. Lo iremos usando y que ellos vayan pagando las cuotas. Yo creo que se lo terminarán quedando. Al fin y al cabo, es como comprar a plazos, pero sin soltar ni un duro de entrada. De salida, tampoco. Como lo de la OTAN.

• Sección «Consejos legales», *El Mundo*: *Los contratos de* **leasing**, *también llamados de arrendamiento financiero, tienen por objeto la cesión del uso de bienes muebles (desde un coche hasta una fotocopiadora) e inmuebles, a cambio de una contraprestación consistente en el abono periódico de unas cuotas. Una vez finalizado el periodo de cesión, el usuario del bien podrá devolverlo o quedárselo en propiedad...*

leche Aquella antigua **leche** era algo que sólo podía mamarse de hembra de mamífero o extraerse de algunas plantas. La Academia, velando por nuestra salud, no permitía que «**seamos la leche**», que nos demos «**una leche**», o que viajásemos «**a toda leche**». Lo que sí tenían de siempre en la Academia era **mala leche**. Lo digo yo, no lo dice Umbral. Y no es que me ponga yo en plan conde de Romanones, sino que aclaro que esa acepción sí estaba consentida. Estaban tan inflexibles que no te dejaban ni desahogarte diciendo: «**¡Ay, qué leche!**» Pero en la edición del 2001 puedes ver que ha cabido casi todo: el **golpazo**, el **guantazo**, el **semen**, la **velocidad** y casi, casi, hasta el tocino. Leche de amplio espectro. Dijo el técnico.

• Pedro Calvo Hernando, *El Mundo*: *...pero muy propia de quien obra de buena fe, sin peloteos ni* ***malas leches****, sin odios ni filias...*

• Javier Lázaro, Telemadrid: *Pero esto es arriesgado, porque algunos se han dado unas* ***leches****...*

Lo que no veo yo a estas horas de la noche es la acepción de **leche** como «suerte». Habrá que bebérsela, José Ramón.

• José Ramón de la Morena, Cadena SER: *También es* <u>*mala leche*</u>

que te metan el gol en el último minuto... / Mala leche que hayas dado en el larguero...

legal Lo escribía yo en cursiva cuando me refería a un tío e incluso cuando hablaba de una tía, dicho sea con perdón. Y es que había dos acepciones que el diccionario de la Academia no registraba: lo de «**es un tío legal**», que tanto se oye sustituyendo a **leal**, y en el uso que los terroristas de ETA y sus propagandistas han conseguido que usen los ingenuos medios de comunicación: «comando legal» o «miembro legal», en lugar de **no fichado** por la policía. En cuanto a la gente que va de frente, la Academia ha añadido una cuarta acepción como «leal o formal en su comportamiento». Pero no hay reconocimiento para los terroristas. A no ser en rueda.
• Informativos Telecinco: *Se trata de un grupo legal.*
• Mariano Rajoy, ministro de Interior con el PP: *Eran miembros legales, no fichados, de ETA.*
Entonces, ¿por qué los detienen?

leitmotiv Tiene que ir en cursivas. Por extranjero. Así lo han admitido en el *DRAE*. Es el **hilo conductor** o **tema principal** y *repetitivo* de una obra. O así. O así. O así. O así.
• Ian Gibson, *El País*: *El* **leitmotiv** *de una dolorosa separación vuelve una y otra vez, reincidente.*
• Noticia en *El País*: *El* ***hilo conductor*** *de* América *es el asesinato de JFK, pero únicamente como* **leitmotiv**, *como espejo en el que mirarse...*
También hay quien confunde ese **leitmotiv** —hilo conductor repetitivo— con un simple **motivo**, que ni hila no se repite el tío.
• Telecinco: *Si él fue novio tuyo, ¿cuál es el* **leitmotiv** *para hacerte esto?*
Para terminar, leve tirón de orejas para quienes tocan de oído y escriben el *palabro* «a voleo»:
• *El Mundo*: *Una elegancia estricta, a veces minimalista, fue el leit-motif de los tres primeros desfiles de Cibeles ayer.*

lendakari Es la forma en que han traducido los técnicos de la Academia al castellano el término *lehendakari*. No creo que se le oculte a casi nadie que ese es el nombre en eusquera —palabra que en eusquera se escribe *euskera*— del presidente de la Comunidad Vasca, o *Euzkadi*. Pongamos algunos ejemplos, pero tampoco demasiados, que ya lo vemos bastante en la prensa.
• Bernardo Atxaga, *El Mundo*: *Al comienzo de la Segunda Guerra Mundial, cuando el ejército alemán bombardeó Dunkerque y atacó Bélgica, empezó a circular entre los belgas —lo cuenta el lehendakari Aguirre en sus memorias— el rumor de que los paracaidistas nazis...*

• Noticia en *El Mundo*: *Un mes después, el lehendakari José Antonio Ardanza afirmó: «La decisión sobre el traslado del* Guernica *será básicamente política».*

leñe Es un *minitaco* pudibundo, cuasi monjil o *light*, que la Academia se ha resistido a admitir hasta ahora. Quizá por cursi. A lo que parece, muy raciales ellos, preferían soltar un «¡Ay, qué **leche**!». Ahora, muy democráticamente, ya vemos que han aceptado las dos: la **leche** en taco y la **leñe** en finolis.

licúa Como vimos en **adecúa**, nos ha hecho quedar mal a los que, muy modositos, creíamos a rodillas juntillas en una norma gramatical que decía: «Todos los verbos terminados en "-cuar" y "-guar" tienen diptongo en el infinitivo y lo conservan en todas sus formas. Se conjugan como **averiguar**». En conse-

cuencia, comentaba yo con mi compañero de pupitre, Iñaki Gabilondo, nada se **licúa**, como nada se averigúa, ni aunque intervengan Poirot, Holmes y Colombo. Ya nunca podrá uno asegurar —como solía— ante Dios y ante la Historia que la sangre de san Genaro en Nápoles y la de san Pantaleón en Madrid nunca se **licúan**, pese a lo que año tras año por las mismas fechas aseguran frailes, periodistas, fieles no difuntos y militares sin graduación. No se trata de que yo no sea creyente, sino de que el verbo estaba evidentemente mal acentuado. Pues se acabó, que diría María Jiménez. Mi lector Jonathan Bustos Contell, nada más salir el nuevo *DRAE*, me pasó el chivatazo antes de que yo reparara en el asunto en mi lectura compulsiva de diccionarios. La norma ha saltado por los aires. Ahora, la Academia admite que los verbos «adecuar» y «licuar» se conjuguen a gusto del conjugador: como «**averiguar**» o como «**actuar**». «¿Se acabó la norma, jefe?», me preguntó mi fontanero, ojo avizor siempre a buscar resquicios legales, sobre todo a la hora de facturar. Pues, no, mire. Se ha quedado en norma intermitente. Ya sólo funciona para el verbo «evacuar». La Academia **adecua** y **adecúa**, **licua** y **licúa**, pero no evacúa. Ni con salvado. Se ve que no tenían ganas de seguir discutiendo con los múltiples usuarios del antiguo error. Pues que sepan que eso de no discutir, engorda mucho. Hale.

• Federico Jiménez Losantos, Cadena COPE: *Los mismos que se* ***licúan*** *con lo de las Malvinas...*

• José Ramón de la Morena, Cadena SER: *Con un litro de suero y sodio, parece que te los* ***licúa*** *en la sangre...*

lifting Viene del inglés *to lift* («alzar» o «elevar») es un **estiramiento de pieles** para **elevar** morritos, papadas, culitos o tetazas que se hacen algunas y algunos de los que se dedican al *artisteo*, al *revisteo* o al *julioigleseo*. Ya les han admitido el nombre del truco en cursiva. Otros, como hacía mi abuelita mucho antes que Adolfo Domínguez, se conforman y dicen que la arruga es bella. ¡Menuda plancha!

• Leopoldo Alas, *El Mundo*: *¿A quién puede sorprender a estas alturas que Julio Iglesias se haga el enésimo* **lifting**, *si lleva años pareciendo un lustroso muñeco de cera?*

• Raúl del Pozo, *El Mundo*: Telva, *en su número de octubre, publica un reportaje sobre las nuevas sofisticaciones del* **lifting**. / *...explican las nuevas técnicas del pecho, nariz, prótesis de mama, elevación, rinoplastia y el* **lifting** *de muslos.*

light Como sabes, equivale a **bajo en calorías**. Lo meten en la lista oficial, ahora que yo he dejado de usarlo. Porque, para tomar fabada ***light***, cocido ***light*** y callos ***light***, prefiero ayunar y pasar hambre hasta que se me junte con las ganas de comer. Entonces será ella. Ese día, se va a enterar de lo que es comer esa «i» con aspecto de poca cosa y que, en la práctica de su nueva vida como vocal de las Españas, se hace valer como si fueran dos: una «a» seguida de una «i»: «laigt».

• Titulares en *El País*: *Tabaco* **light** *a la fuerza. Las principales marcas reducen nicotina y alquitrán.*

• Manuel Torre Iglesias, TVE: *Estamos a vueltas con los alimentos* **light** *y, luego, nos forramos con los bocadillos.*

limusina Es la única forma de viajar en plan amor y lujo que está admitida. *Limousine*, *limousina* *limusín* y *limusine* no son de recibo ni de factura por ahora, ni parece ya que lo vayan a ser. Anda y vete en el utilitario como todos, que esto no es *jolivú*. Ya lo dijo la difunta Lola Flores.

• Manuel Puig en *El beso de la mujer araña*: *Él la lleva a casa en una* limusín *bárbara... / Él prefiere soslayar las comodidades de una* limousine *oficial y llevar a Leni en su veloz coupé blanco.*

• Mario Vargas Llosa en *Los cuadernos de don Rigoberto*: *Una* limousine *menos espectacular pero más refinada que la de New York...*

• Jaime de Armiñán, *El Mundo*: *Apenas sin reaccionar, como el más paleto de los ilustres paletos, un largo coche negro —al que dicen* limusine*— nos deja en el hotel.*
• Vicente Verdú en su ensayo *El planeta americano*: *Descomunales hoteles de hasta 5.050 habitaciones como el* Gran Hotel de Las Vegas, *aeropuertos inabarcables,* ***limusinas*** *de seis metros con tres ejes de ruedas...*
Y sacaron la cabeza por una de las doce ventanillas de esta especie de automóvil-vagón, para avisar: las gentes o vacas nacidas en Limoges no son limusinas, sino **lemosinas** o **limosinas**. Aunque viajen en **limusina**.
• *El País*: *Menos mal que tiene 45 vacas* *limusinas*.

litrona Fue el aumentativo que le propinó el personal de ingestión gregaria, multitudinaria y bastante ordinaria a la botella de cerveza de **un litro**. **Litrona** ha tenido que ser reconocida por la Academia por ser lo que es: la ocupante del altar ante el que ofician semanalmente en el rito de empinar el codo las masas juveniles que se inician en la bebida. Bautizo sin agua. Trompa sin elefante. Historias para no dormir.
• Francisco Umbral, *El Mundo*: *...en un sistema de consumo chatarrero y en un Estado del Bienestar con coca,* ***litrona****, pico, ludopatía y medicamentazo.*
• Mario Benedetti en *Andamios*: *No es necesaria mucha guita (ellos dicen pasta) para reunirse todas las tardes frente a un bar, en la calle, y zamparse* ***litronas*** *de cerveza.*
Y el que no se zampa la **litrona** puede que sea porque ya lleva en el cuerpo un **botellón** de litro y medio.

living Es un **cuarto de estar** pasado por *London*. Lo pone ahora la Academia a disposición de todas las empresas inmobiliarias, por el módico peaje de escribirlo en letra cursiva. Como el espacio y los metros cuadrados son bienes escasos, no se permite estirarlo hasta llegar a la versión íntegra, «*living room*». No sé si la cosa lleva implícito un aumento en el precio final y si algo de eso les va a llegar a los albañiles españoles, marroquíes, peruanos o rumanos que pueblan nuestros andamiajes. Ya me gustaría. Y en dólares, por aquello del idioma.
• Alfredo Bryce Echenique en *Un mundo para Julius*: *Los saludó feliz y juntos atravesaron el inmenso* ***living****, saliendo al patio encantado siglo XX por el enorme vidrio abierto que era la puerta del* **living** *al patio de la lagunita.*
Algunos llevan la cosa hasta tales extremos, que parece que escribieran para británicos. Cuando lo escriben en puro castellano, tienen que traducirlo como si temieran que no se les entendiera. Curioso:
• *El País*: *Por un lado verifico que los libros ya no forman parte de la materia prima decorativa de las habitaciones elegantes, en especial del nuevo* ***cuarto de estar****, es decir, del* living room.

lobby Lo escribe y acepta así el diccionario. Para entendernos, cuando el sinuoso ***lobby*** está constituido en España, viene a ser un **grupo de presión** o una **camarilla** la mar de influyente. Hay quien llama *lobbista* al artista de la pista que tiene *mano* en las *alturas*.
• José Luis Gutiérrez, Cadena COPE: *En Estados Unidos esto no plantea ningún problema: se le da el dinero a un* lobbista *y ya está.*
Otros andan desde hace tiempo buscando verbo para esa actividad.
• Mario Vargas Llosa en *Contra viento y marea*: *...sino, más bien, del famoso* lobbying *—acción tan extraña a nuestra idiosincracia* (sic) *que ni siquiera tenemos una palabra exacta para traducirla.*
Otros se conforman con «hacer ***lobby***». Los que siempre andamos fuera del pastel y sus guindas, a veces, nos enfadamos y lo llamamos **tráfico de influencias**. Aviso: al trabajito fino que desarrolla el tal ***lobby*** le cuadra de maravilla un verbo españolísimo que pongo a disposición del personal presente y ausente: **cabildear**: «Gestionar con habilidad y maña para ganar voluntades en un cuerpo colegiado o

corporación». De vez en cuando, muy de vez en cuando, se ve o se oye usar, afortunadamente, este término:

• Federico Jiménez Losantos, Cadena COPE: *Pero han hecho un* ***cabildeo*** *importante en el Congreso norteamericano...*

Y si alguien quiere saber cómo llaman a esto en las Españas americanas, ahí va un ejemplo:

• Mario Benedetti en *Andamios*: *Es así que las mafias parlamentarias, que también las hay y que suelen ser más legales que cualesquiera otras, a veces pasan a llamarse bancadas o* **lobbies**. En cualquier caso es, más o menos, un **tráfico de intereses**, oiga, pero que esté regulado como lo de Estados Unidos. «¡Que viene el ***lobby***!», dicen algunos. Como si se hubiera ido alguna vez. Y aunque la Academia no quiera verles la carita, mi barrio está lleno de *lobistas*.

localizable Y parece mentira, estaba tan **ilocalizable** como este su contrario. Para gentes como nosotros, con cabecita estrecha y lógica como un casco urbano tirado a cordel como el de Aranjuez, lo suyo hubiese sido que llevase **localizable** toda su vida de Dios. El otro es el que tenía que ser *un perdido*. Pues han entrado juntos en el *DRAE*. ¿Quién buscó y encontró a quién y lo llevó de la manita hasta la Academia? Conteste ahora o después de la publicidad. Si lo sabe.

locutar Es algo que nunca hice, quizá por timidez, en mis casi cincuenta años de profesión como locutor. Y no voy a empezar ahora. Ni aunque me prometan otro Ondas bajo cuerda. Pero la cosa está ahí, en el diccionario de la Española, procedente de El Salvador. Buen provecho.

• J. J. Santos, Cadena COPE: *En esas pausas* ***locutando*** *el partido, le preguntábamos a Bilardo...*

logística ¡¡¡Firmes!!! Era un término exclusivamente militar que intentaba adaptarse a la vida civil. A veces, con abuso que provocaba enfados por escrito. Profesor, continúe usted, que yo soy un flojo, aunque también estuve a las amables órdenes, bien que marciales, del comandante Caro en la calle de Prim.

• Antonio Burgos, *El Mundo*: *Me rejuvenece bastante que el telediario esté a toda hora dale que te pego con la* ***logística****, la tabarra de la* ***logística*** *del pescado y la* ***logística*** *de la gasolina.[...] Yo era el guripa de la Brigada Obrera y Topográfica que cada mañana le iba por café a mi comandante, y luego, hacia las 12, por el chusco. Me encargaba de la* ***logística*** *de un chusco de Intendencia glorioso de crujiente... / Llevar pescado fresco a la plaza o gasóleo a las gasolineras no es* ***logística****. Eso ha sido toda la vida de Dios* ***distribución****. La* ***logística*** *es, según el* DRAE, *la «parte del arte militar que atiende al movimiento y avituallamiento de las tropas en campaña».*

Así fue en principio, recluta Burgos; pero la Academia ya había añadido otra acepción que figuraba en la edición de 1992 para la «lógica que emplea el método y el simbolismo de las matemáticas. En cuanto a la **distribución**, **avituallamiento** y demás chuscos o cafelitos, una tercera acepción en el nuevo *DRAE* se lo traga todo: «Conjunto de medios y métodos necesarios para llevar a cabo la organización de una empresa, o de un servicio, especialmente de distribución». Por ejemplo, de chuscos untados de gasolina. O similares. Todo vale ya, mientras no diga lo contrario la autoridad. Civil y académica, por supuesto. Gajes de la democracia.

lolita Lo ha admitido la Academia para llamar no sólo a las **Dolores**

jovencitas. Este es un ingreso absolutamente literario. Gracias sean dadas al famoso escritor y también destacado estudioso de lepidópteros mariposones, señor Navokob y a su famosa novela del mismo nombre llevada después al cine. Se ha dado por ello en llamar **lolitas** a todas las **ninfas**, **mocitas púberes**, aunque no canéforas, que en sus primeros albores de sexualidad soliviantan al macho talludito, vulgo *carrozón*, cuyos gustos en la novela quedan claros al contarnos que la **ninfa** de doce años se le había convertido en nada en una anciana de catorce. Me explico, ¿no?

• Raúl del Pozo, *El Mundo*: *...maderos que extorsionan a busconas felatrices y a* ***lolitas*** *becarias. / Tal vez ahora hay más* ***lolitas*** *que doncellas...*

• Francisco Umbral, *El Mundo*: ***Lolitas*** *y mentiras. / ¿De qué sirve que Clinton mienta respecto de la* ***lolita*** *becaria que parecería ser su último ligue? / Luego está la Lewinsky, que va de* ***lolita*** *becaria y choricilla.*

• Juan Bonilla, *El Mundo*: *Alguien que la conocía declara después: «En aquella época Joyce era la* ***lolita*** *de todas las* ***lolitas***».

look Léase «luk» en español puro de oliva virgen. Es la **imagen**, el **aspecto particular o personal** o el **estilo** que tiene uno. Incluso, dos. El malo es el de las mañanitas, nada más salir de la cama. El bueno, no lo sé. A mí no me queda. La Academia nos lo mete por los ojos en cursiva, por aquello de la nueva *magia potagia* gramatical que hace que si escribimos la letra «o» repetida haya que pronunciar «u», y añade una precisión a lo de la **imagen** o el **aspecto**: «especialmente si responde a un propósito de distinción». Por ejemplo, lo que han inventado para distinguirse unos de otros legiones y batallones de mocitos del siglo XXI: peinarse la cabellera mediante electrochoque para conseguir con sus pelos de punta el masivo ***look*** de espanto que ningún estilista se habría atrevido a vaticinar. Dicho queda, señor Llongueras. Ruphert, te necesitan.

• Julio César Iglesias, *El País*: *...Santy Cañizares, Cañete para los amigos, muy metido en su* **look** *de Gran Gastby.*

• Pedro Narváez, *Blanco y Negro*: *Los hombres pueden imitar a los modelos, pero también a los personajes del cine, por ejemplo, el* **look** *de una determinada película...*

A todos ellos dedico un párrafo de mi amigo Manuel:

• Manuel Lorenzo en *La España hortera*: *Todo se había convertido en* **look** *en España, todo el mundo hablaba del* **look**. *El* **look** *y la madre que lo parió. Casi como el sistema de castas en la India era esto del* **look**.

LP Así, en simples consonantes mayúsculas, lo ha incluido la Academia en la lista de los listos. Para llevar y usar. También vimos antes que habían admitido a su deletreo ligado y atildado: **elepé**. El padre de las criaturas, el *long-play*, por el contrario, sigue en la *street*. No son los primeros hijos descastados que se fugan al extranjero.

• Pilar Urbano en *Yo entré en el CESID*: *Y así se hace, de modo visible, en un magnetofón Uher y en una cinta long-play*.

• Mario Benedetti en *Andamios*: *Hay rencores de larga duración, rencores long-play*.

lucir No era para el diccionario lo mismo que «vestir» o «llevar». A no ser que encontraras un modisto *modelno* que te hiciera las prendas especiales a pilas y con bombillitas, no se entendía correcto lo de «**lucir la camiseta**» de tal equipo, o «**lucir el número 9**». Podían acusar a los usuarios de ser gente lucida, pero poco lúcida. Sólo admitían una forma pronominal con senti-

do algo parecido. En el nuevo *DRAE* se ha añadido una quinta acepción: «Llevar a la vista, exhibir lo que alguien se ha puesto, normalmente como adorno». Pues luciré el vestido. De luces.

ludópata Ha llegado a la Academia, no sé si buscando maquinitas. Estaba predestinado a eternizarse. El pobre que padece la «adicción patológica a los juegos electrónicos o de azar» vive rodeado por tentaciones y empujado al vicio; y con el Estado cobrando con cinismo su parte de impuestos, lo que aleja la solución. Se para en todos los bares con maquinita tragaperras y en los despachos de loterías y quinielas. Cuando está cansado, se va a un bingo y se sienta unas cuantas horas. Luego, se duerme de pie en el casino. ¿Hasta cuando?

lumpen Éste, y el padre que lo engendró, el **lumpemproletariado** —y ojo a esas dos emes— son dos de los pocos germanismos que llegan a la *biblia* académica. Habrá quien diga «A buenas horas, mangas lentas». Querrán incluso convencernos de que no son necesarios porque ya pasaron los tiempos del *lumpen-proletariat*. Pero miren; haberlo, haylo. Eso, sí, el antiguo palabro ya no sigue a la intemperie como sus representados, empalmando catarros con pulmonías.

• Manuel Aznar Soler, *El País*: *Marx, al describir en* El 18 brumario de Luis Bonaparte *el lumpenproletariado que componía la sociedad del 10 de diciembre, creada por Napoleón III en 1894...*

• Luis Antonio de Villena, *El Mundo*: *Viviendo con esos mendigos urbanos, que son el auténtico* ***lumpen*** *de nuestra comunidad...*

Aviso a los señores académicos: vayan anotando las creaciones de don Fernando:

• Fernando López Agudín, *El Mundo*: *Nada sería más perjudicial para la lucha antiterrorista que un* ***lumpemproletariado****, definición sicológica que engloba a los presos comunes, reconvertido en lumpempatriotero... / Sería escalofriante que algún insensato volviera a pensar que también el* ***lumpem*** *tiene que «ir a por ellos»... / El riesgo de los lumpempatriotas no es nada desdeñable dado el clima emocional suscitado. / Porque si el* ***lumpemproletariado*** *se viste de lumpempatriota no es la democracia quien avanza.*

Como se ve, don Fernando no gasta dinero en comillas, pero cambia en el rastro la «n» por la «m», para ser consecuente con la norma que dice: «antes de b y p, siempre m y nunca n».

lunch Lleva una «u» aparentemente normalita, pero que tiene que mutarse en nuestras boquitas, pintadas o no, en una «o», con lo que ya tenemos otro nuevo tipo de vocal española. **Lunch** es una **comida ligera**, o **merienda ligera**, o **cena ligera**. Depende de la hora; pero siempre ligera, que sale más barata. El diccionario la admite así, en letra cursiva, pero no para hablar de un tentempié de trapillo o para el *bocata mortadela* con calimocho a pie de andamio. La precisión académica reza: «Comida ligera que se sirve a los invitados en una celebración». Prefiero un típico *lonche* peruano en casa de los Calvi-Del Risco.

• Carlos Fresneda, *El Mundo*. *«El increíble hundimiento de la comida», titulaba recientemente el* New York Times, *denunciando la caída en picado del* **lunch**.

• Crónica en *El Mundo*: *El broche final de la presentación se clausuró con un* **lunch**...

lycra Algunos escriben *licra*, pero sólo lo admitió la Academia en la primera forma. ***Lycra*** fue el nombre de la primera marca que comercializó ese «tejido sintético elástico utilizado generalmente en la confección de prendas de vestir». Prendas como los trajes de bañarse para los no desnudistas. Cierra la letra «L». Con esa «y», bien podrá.

• Carlos García-Calvo, *El Mundo*: *La* **lycra** *naranja, pistacho y verde lima, sirvieron para tapar escasamente el cuerpo de las modelos...*

madalena Quería ser como su abuela, la de Proust, admitida por la humanidad culta en pleno. Lloraba como una auténtica **magdalena** por no ser admitida a la hora del té con pastas. En las tenidas semanales de los jueves, los señores inmortales desechaban ostentosamente las ofertas de **madalenas** a precio de saldo y exigían para mojar las **magdalenas** de reglamento, con su «g» y su papelico rizado. Pero el ahorro se impone y ya la admiten como sinónimo. Que aproveche.

• Pedro Salinas en su traducción de *En busca del tiempo perdido*, de Marcel Proust: *Mandó mi madre por uno de esos bollos, cortos y abultados, que llaman* ***magdalenas****, que parece que tienen por molde una valva de concha de peregrino.*

La famosísima **magdalena** que despertó la memoria de Proust. Tú verás si aprovechas el permiso y la ofendes sin «g».

madero Se bautizó al miembro de la Policía Nacional cuando dejaron de ser *los grises*. Y es que les pusieron uniforme de color marrón-madera. Entre el hampa y la juventud, el término se puso de moda. Toda España, según parece, corrió delante de ellos en sus años mozos. Yo es que nunca conseguí adelantarles. Sin prisas y hasta con pausas, la Academia lo refleja ya en la quinta acepción. Pero no veo yo a la familia Marx, a ninguna de las familias Marx, chillando «¡Más **maderos**!».

• Maruja Torres, *El País*: *...recordaba con nostalgia las manifestaciones del 76, cuando él y sus colegas gritaban «¡Caña al* ***madero****!».*

• Ricardo Aguilera, *El Mundo*: *Los textos hablan de* ***maderos*** *con cara de perro, de la legalización del cannabis...*

magnetofón No ha tenido grabado su nombre hasta el 2001. Pero el uso era generalizado. Se lo digo yo, que he destrozado varios, aunque no con la boca. La Academia se ha resistido al recorte y prefería **magnetófono**. Eso, sí: después del esfuerzo, se sentaron a descansar y no ahondaron en la tarea aprobando microfón o telefón. Y dejaron el **saxofón** porque ya estaba, aunque también puede llamarse **saxófono**. Del salchichón no hablo, porque nada tiene que ver con la voz y porque, si lo tuviera, ya saben eso de que «soplar y sorber no puede ser». ¡Adentro con él!

• Luis Herrero, Cadena COPE: *No tenemos voz de Roldán, porque ya saben que en el juicio no se puede entrar con* ***magnetofón****, o* ***magnetófono****, o como se diga...*

• Pilar Urbano en *Yo entré en el CESID: ...y así se hace, de modo visible, con un gran* ***magnetofón*** *Uher.*

Cierre en plural: **magnetofones** solemos usarlo como plural de **magnetofón**; **magnetófonos** es el legal de **magnetófono**.

• Manuel Vázquez Montalbán entrevistado por Elena Pita en *El Mundo*: *Entiende mucho de* ***magnetofones****, los encabezamientos de sus cartas son perfectamente comerciales...*

mágnum Por su tamaño **grande**, **máximo**, **magno**, se ha admitido como adjetivo para la «botella para vino o champaña para litro y medio de capacidad». ¿Y el cava? Me temo que algún catalán les tirará de la oreja. Supongo que también nos dejarán los señores expertos llamar así al pedazo de botellón de espumoso que descorcha el ganador de cada carrera, y con el que pone perdidos a los que le rodean. Y es que, con un par de copas de nada, hay gente que sale hablando en latín.

• Antonio Campos, *El Mundo*: *Un botellón de champán tamaño* ***mágnum*** *que después de agitado, descorchado ya, suelta a borbotones de espuma todo su contenido.*

magrebí Es el gentilicio que se usa desde los años ochenta del siglo XX para los naturales del Magreb, o noroeste de África. Otros usaban y siguen usando mogrebíes y Mogreb. El diccionario de la Academia no registraba ninguna de las formas hasta ahora. No sé si es estaban esperando a que el personal terminara de ponerse de acuerdo. Al final, sólo han admitido **magrebí**. Para el plural, nunca magrebís; siempre **magrebíes**, como se recomienda para los gentilicios de países árabes.

• Felipe Sahagún, *El Mundo*: *El PSOE pasó a aplicar una política global en la región* ***magrebí*** *que ha sido asumida por el PP.*

• Juan Ramón Lucas, Telecinco: *En unos momentos podremos ver el testimonio impresionante de dos inmigrantes* ***magrebíes*** *que han sido secuestrados y agredidos en El Ejido, Almería.*

maillot Llamado también mallot, y ya verán algún mal ejemplo, es primo en romance de la famosa *maglia* y de la **malla** española. Con el nuevo diccionario ya es tan español como francés. Bueno, un poco menos, porque acaba de llegar al tomazo. Pero ya llevaba años en el habla cotidiana veraniega de los españoles. Y en los torsos. Bahamontes, Ocaña, Perico Delgado, Induráin y demás aficionados al pedaleo. Por dinero.

• Marina Ruiz, *El Mundo*: *Mallot: a un fabricante francés con idéntico apellido se deben las primeras mallas del teatro.*

• Carlos Arribas, *El País*: *La que cuida a su lado los frutales de su casa y a los perros, Paipa —en recuerdo del Mundial de Colombia en el que ganó el* ***maillot*** *arcoiris por delante de Induráin... / El italiano Iván Gotti, ganador del último Giro, fue efímero* ***maillot*** *amarillo en 1995.*

Y, así, sucesivamente. En fila de a uno, cual serpiente multicolor, todos los compañeros y amigos de la radio. Y hasta los enemigos. Los organizadores de la Vuelta a España, conscientes del grave problema que provocan en las bocas lo del **maillot** y la *maglia*, bautizaron en su edición de 1999 como «jersey oro» el tradicional **maillot** amarillo. Con el tiempo y una caña veremos el resultado.

maître No se olviden de ponerle el paraguas a la «i» y de pronunciar como una «e» el conjunto vocálico. Llegó a España acompañado de un *chef* amigo suyo. Hicieron fortuna y mucho negocio gastronómico. Los académicos no lo usaban hasta ahora mismo. La han reflejado en letra cursiva. Se ve que

los pobres, con tan cortas dietas, comían sólo de bocata y no con tanto lujo, tanto gorro y tanta *nouvelle cuisine* de esa.
• Francisco Umbral, *El Mundo*: *Hoy los columnistas nos creemos muy importantes. Vázquez Montalbán, Manuel Vicent y Vicente Verdú están de* <u>*maitres*</u> *en diversos colmados.*
• Mario Vargas Llosa en *Los cuadernos de don Rigoberto*: *Las entradas están adquiridas, las mesas reservadas y* **maîtres** *y porteros sobornados para asegurar los mejores sitios, mesas y atención.*

majara Tenía vetada la entrada en la Academia. No parecía buen local para locuelos un lugar donde las cabecitas deben mantenerse organizadas y nada revueltas. Y espero que no *amuebladas* como les gustaría verlas a los de Muebles El Bosque. Hasta ahora no dejaban entrar ni a un **majara**. Sin embargo, sí estaban allí dentro todos los **majaretas**, que para mí que andan casi igual de locuelos que ellos. Cuestión de gustos, digo yo. Y de tempos y prioridades.
• Ernesto Ekaizer, *El País*: *...por qué no creer que en el caso de Conde conseguiría, echando toda la carne en el asador, frenar en seco a cualquier* ***majara*** *de la Audiencia Nacional.*
• Raúl del Pozo, *El Mundo*: *Ahora han cambiado las cosas, pero en los primeros momentos, al que se atrevía a criticar los bombardeos, le trataban como a un* ***majara****.*

majorette De Vallecas las he visto yo desfilar en las fiestas patronales. Posiblemente, también las haya en Vitigudino. Hasta la honda Castilla llegó la novedad de pronunciar la «j» como si fuese una «y». También la Academia ha tenido que adoptar ese nombre. Y todo porque nadie ha encontrado nombre español a ese grupo de mocitas minifalderas que tanto y tan bien se manejan con el bastón en la mano. Os dejo pensando en el asunto y yo me apeo en marcha por aquello de las cuestiones embarazosas. Claro.
• Raúl del Pozo, *El Mundo*: *Dentro de nada veremos las nalgas de las* **majorettes**, *los políticos besando a cerdos con peste y a los niños con mocos...*
• Juan Carlos Laviana, *El Mundo*: *Esta cancioncita al ritmo de una marcha interpretada por el grupo de* **majorettes** *de Móstoles...*

malinterpretar Llevaba una difícil vida porque nació al revés, que no es lo mismo que nacer de pie. Por fin la han aprobado. Ya nadie podrá **interpretar mal** su aprobación en el registro oficial. Del Reino.

mambo Aquel baile de origen cubano ha estado moviendo el esqueleto y sus grasas anexas fuera de la legalidad hasta el mismísimo siglo XXI. Sería por el lumbago de los académicos, porque hace más de treinta años que yo entrevistaba en la SER a Dámaso Pérez Prado, rey del **mambo**, cuando el hombre ya casi había olvidado el ***Mambo*** *número 8* y *se andaba* ya por el *Mambo número 326*. ¿Quiere ayudarme a contar los años de tardanza? Uno, dos, tres, cuatro, cinco... ¡Maaaaaambo!

mánager Ha venido y todos sabemos cómo ha sido: traído por un <u>*manager*</u> británico. Etimológicamente es el «hombre de edad, el hombre experimentado», siempre hombre anglo, lo empezó a *esdrujulear* aquí la mitad de la nómina ejerciente, que escribe y habla. La moda no sé si empezó en el boxeo o en el mundo del espectáculo y se

extendió a un montón de actividades. Todos por el raro altruismo de llevarse su tanto por ciento. A ver si consigues que se te lleve un par de puntos menos de porcentaje si le llamas **representante**, **gerente**, **apoderado** o **marchante**.
• Joseba Elola, *El País*: *Su manager dice que trabaja duro y que, por encima de todo, es fiel. / Eso, un día al año, se lamenta su* manager.
• Jaime Peñafiel, *El Mundo*: *Con Alfredo Fraile, más que manager su amigo, y cuatro músicos recorría ciudades y pueblos... / Lo que nunca fue recogido por las páginas de las revistas, fueron aquellas actuaciones de la mano de un manager, el primero que tendría, llamado Enrique Herreros...*

mapear Me dije yo en su momento que tiene que ser, si mis preclaras entendederas no me engañan, lo mismo que **levantar mapas**, pero con un ahorro del 50 por 100 en la cantidad de letras. Pero no venía en el diccionario oficial. Ahora que ha aparecido, compruebo que he terminado acertando al 50 por 100. Y, encima, como plato de segunda mesa. Y es que la primera acepción que le da el nuevo diccionario a **mapear** es: «Localizar y representar gráficamente la distribución de las partes de un todo, como los genes en los cromosomas». Como para sabérselo de mocito.
• Malén Aznárez, *El País*: *El topógrafo Carlos González Luque se ha quedado un poco más arriba* ***mapeando*** *la zona.*

marcha Hace tiempo que lo usamos para hablar de **diversión**, **juega** y **alegría** o cosas similares. Y no se puede decir que haya marchado muy despacio. Esa acepción ya figura en octavo lugar de la palabra **marcha** en el diccionario como «ánimo de diversión». ¡Animo! Que la noche es joven. Porque no se ven las arrugas.
• Juan Francés, *El País*: *Francisco Gálvez, jubilado de 66 años, vestido con un clásico abrigo verde, estaba ayer de* ***marcha*** *por Malasaña.*
• Joseba Elola, *El País*: *Trabajar, vivir y salir por aquí es demasiado. Ves las mismas caras todos los días, todo el mundo te conoce y te aburres. Viviendo fuera, venir aquí de* ***marcha*** *es un aliciente.*

maremágnum Lo han escrito en el diccionario justo debajo de **mare mágnum**. Esta versión, con parada intermedia en Ibiza o así, era la única admitida. Ahora son sinónimos. Aprovecha. Ahora no te puedes equivocar ni con recomendación de tu tío el ministro. Y no cambia al pasar al plural. ¿Qué pasa? ¿Te parece poco? Pues haber estado más atento, porque justo encima tienes desde hace tiempo **maremagno**, que añade una «s» en el plural: **maremagnos**. Todos significan lo mismo: «muchedumbre confusa de personas y cosas». Como yo suelo decir, eso parece la definición de un ministerio.
• Rosa Montero, *El País*: *Ahí está Castro, engolfado en sí mismo y hundido en un* ***maremágnum*** *de palabras ególatras.*
• Pedro Voltes en su obra *La guerra de sucesión*: *El equipo de administradores españoles recogería el pensamiento de Bergeyck sobre la necesidad de racionalizar, actualizar y unificar el* ***maremágnum*** *de impuestos que existía... / ...en todo el campo catalán había un* ***maremágnum*** *de guerrillas, cuya acción daba al crepúsculo de la guerra un acento sanguinario.*
• Jaime Campmany, *ABC*: *El* ***maremágnum*** *de Telefónica lo han desenredado por su cuenta...*
• Suplemento *Metrópoli* de *El Mundo*: *En medio del mare magnum de estilos que se estilan...*
Bien por la separación, pero mal por la falta de acento en **mágnum**. Me dicen.

marginalidad Ha padecido, precisamente, de eso mismo, de **estar al margen** hasta este nuevo siglo que espero que se me haga larguito. Ahora que me voy integrando. ¿Me permite que siga otro rato a su lado, joven?

maría Conocida también en confianza despectiva por **maruja**, ha sido mantenida *virgen* por los pulcros académicos hasta que le han añadido a mi querida María la quinta acepción: «despectivo y coloquial: **Maruja**». Han sido discretos. No le han propinado una definición más amplia mencionando el cotilleo de revistas. También le arrimaron una *galleta*. Pero doy fe, dejo constancia y les doy aviso de que **maría** todavía no significa para nuestro diccionario oficial y caballero:
1. Asignatura complementaria, por lo que no se te caía el pelo ni el curso si te suspendían. Antiguos ejemplos: Religión y Gimnasia.
2. Marihuana.
Dos significados de aquí te espero. A ver si llegan. A usted la vemos de nuevo dentro de diez minutos, doña María.
• Karmentxu Marín, *El País*: *Arzak, quien dijo estar trabajando «para que la cocina sea una asignatura del bachillerato, pero básica, no una **maría**».*

marketing Vive sin vivir en sí. Parece haberse encomendado a *San Acá y San Allá* que, como decía la señora Rufina, «son los santos que van y vienen». En el *DRAE* de 1992 figuraba en hermosa letra redonda y negrita de veraneo senegalés. En el nuevo la *degradan* a figurar en cursivas. ¿Pero no habíamos quedado en que las que «se pronuncian casi igual que el original» pasaban hasta la cocina? ¿Será una cuestión de puro ***marketing*** para venderla mejor? Espero al contestador automático. Si lo hay. Por cierto: que no se me olvide recordarles que *<u>márketing</u>* es mala pronunciación. Es un esdrújulo innecesario. Otro aviso: los que se sientan incómodos con el palabro aprobado, pueden comprar mitad de cuarto de **mercadotecnia** y de **mercadeo** que quieren decir más o menos lo mismo. En las Américas hispanas sí se usa el **mercadeo**, pero los publicitarios y economistas impusieron a los académicos metropolitanos este su particular ***marketing***.
• Isaac Montero en *Pájaro en una tormenta*: *En el maletín figuraba una tarjeta a nombre de Ricardo Nájera Castro, director de <u>márketing</u> de una inmobiliaria internacional...*
• Juan Palomo, *El Cultural* de *El Mundo*: *Los genios del <u>márketing</u> editorial se han sacado del sombrero un sorteo a Río de Janeiro con todos los gastos pagados.*

maromo Dicen por fin en la Academia, es un «**individuo**, **tío**, **fulano**». No le llaman además «interfecto» porque es gente culta y le han visto que todavía respira, a pesar de los mandobles que le meten. Pero se nota en el tono despectivo que el **maromo** es ese señorito al que todos miramos de medio lado, o por encima del hombro los que somos altitos. Como le miraban los académicos, que llevaban años y años sin querer trato con ningún **maromo**. Ni tan siquiera con los maridos de las maromas o cuerdas gordotas, bien conocidos con ese nombre en zonas rurales. Y anden con cuidado en el uso del palabro aceptado, porque lleva una segunda acepción que conviene saber y hasta *entender*: «**Novio** o **amante masculino**». A estas horas va uno a cambiar de costumbres. A estos siglos.

marrón Aunque no sea glasé, ya lo admiten en su dieta los académicos. No, no es «la gallina» la solución de este acertijo. Significo y hago notar que el diccionario ha incorporado esa frase coloquial de los hampones, rateros y demás fauna antisocial. **Comerse el marrón** ya es oficialmente «cargar con la culpa de un delito, se haya cometido o no». Por cierto: siempre en masculino.
• Bermúdez en *Vídeos de primera*, TVE: *En cualquier caso, no seré yo quien me <u>coma la marrón</u>. Se <u>come la marrón</u> Mónica Pont.*
• Aurora Pavón, *El Mundo*: *Y los dirigentes del PSOE y del PP, de vuelta a Madrid, a tragarse el **marrón** disidente del Parlamento vasco.*
Y si se me conceden dos renglones

más, aprovecho y recuerdo que he leído a algunos expertos que entienden de esto, no sé si también de *lo otro*, que **marrón** convienen aplicarlo a las cosas, en tanto que **castaño** se reserva para el cuerpo humano de las personas humanas, como dicen tan tontamente personalmente algunos humanos. Hay quien parece que lo sabe, pero anda entre dos aguas a la hora de aplicar los colorines.
• Jesús Rodríguez, *El País*: *El iris de sus ojos es **marrón** («del color del río ese de Madrid») rodeado por un aro azul. Su padre tenía un ojo azul y otro **castaño**.*

maruja A la que hemos conocido hace diez minutos como **maría**, es como llaman también algunos despectivamente a las mujeres de profesión «sus labores» y propensas al cotilleo sobre la vida de los famosos. Se habla de su comportamiento **marujil**. Es decir: se la acusa de **marujear** o dedicar sus horas libres al **marujeo**. Todo un amplio vocabulario para una evidente falta de respeto. Pero la insistencia hace leyes. **Maruja**, **marujear**, **marujeo** y **marujil** han pasado al diccionario. A lo mejor despellejan ahora a los inmortales. Los mondan tirando de las arruguitas.
• Francisco Umbral, *El Mundo*: *Con esta riada nacional, como con cualquier tipo de accidentes y catástrofes naturales o «imprevisibles», el gentío saca mucho **marujeo** negro... La cultura nunca estorba, como dice la alcaldesa de Olot, o debiera decirlo, dado el carácter marujero de la dama.*
• Fabio McNamara entrevistado por Carlos Moral en *El Mundo*: *Desde la típica* drag-queen *hasta el típico niño que le gusta el* bakalao, *pasando por la **maruja** atacada, que lo puede emplear como terapia.*

mass media Lo que algunos llaman mezclando lenguas pero sin excitarse **los media**, que también está admitido, lo han estampado en cursiva como otra forma más cortita para hablar del **conjunto de los medios de comunicación**. Son también llamados coloquialmente **medios masivos** o **de masas**. Y como siempre hay gente con prisas, sobre todo los informadores a los que a veces hay dificultades para seguir en su carrera de frases por minuto, también hay quien dice **los medios**. A torear, valientes.
• Manuel Jiménez de Parga, *ABC*: *Nadie ha de negar la importancia de* **los media** *en el acontecer diario.*
• Antonio Tabucchi, *El País*: *Últimamente impera en los Nobel Virtual, que consiste en alguien que «es pensado» por los* **mass media** *como probable Nobel.*

máster ...tengas y los luzcas. Si has hecho un solo **curso especializado** o un **curso de maestría**, lo tendrás crudo. Con menos de seis no te admiten en ningún curro. Y menos si el tal **máster** es uno de esos cursillos de chicha y nabo que anuncian en la prensa. A menos que sea de rica chicha peruana. Si has ganado el Torneo de Maestros, que también lo llaman *masters* los anglos, no tendrás que esperar. Y se cobra en dólares. Y todo esto para decir que la Academia lo admite en su diccionario en redonditas y —elemental querido Sherlock, que es que no te enteras por más que te lo repita Watson— le ha puesto su tilde reglamentaria de palabra llana terminada en consonante que no es ni «n» ni «s». Gracias, maestros.
• Pepa Roma, *El País*: *...ni siquiera de todos los hombres, sino de un club restringido y elitista cuyos miembros se reconocen entre sí por los masters que han hecho... / Pero todo ese caudal de jóvenes tenaces, con masters increíbles...*
Un ejemplo más: hubo quien se adelantó a la Academia en algún año y acertó cual profeta:
• Pilar Cernuda, *Blanco y Negro*: *...no necesitamos un **máster** de nada para saber por dónde andamos y con quién andamos.*

masturbador No lo registraba hasta ahora el diccionario. No iba a hacer una excepción con él, ya que tampoco admitía **onanista** ni

pajillero. Al presunto experto Salvador Dalí le daba igual. Se hizo de su paja un cuadro llamado *El gran **masturbador***. Ahora llegan al *DRAE* mano a mano, o como se pueda decir la cosa, el **masturbador** y el **onanista**; pero ya veremos que para la Academia no hay pajilleros y sí —únicamente— **pajilleras**. ¿Han investigado a fondo o lo dicen a humo de pajas?

matrimonialistas Se llama así a los abogados que te separan de la supuesta santa o el supuesto santo en un quítame allá ese millón. A mí que me registren, que ellos ya están registrados. A ver, si no, cómo íbamos a llamar a esos especialistas capaces de reflejar en un documento claro y conciso lo de «devuélveme el rosario de mi madre y quédate con todo lo demás». Lo suyo sería llamarles *divorcialistas*. Por listos.

mea culpa Es un latinismo pasado ahora al diccionario como muchos otros. Empezó por usarse para rezar el *Yo pecador* y terminó por pasar al lenguaje laico para entonar la palinodia, que es como dicen los finos y cultos a lo de reconocer las propias culpas. Lola Alonso y José María Fernández todavía recuerdan que nos lo preguntaron en el examen de ingreso en la Escuela de Periodismo. Suspendieron a los que decían: «¡Que yo no he sido, oiga».

• Juan Cueto, *El País*: *Estos últimos días he recortado y archivado los **mea culpa**: Hollywood se pide perdón a sí mismo por la caza de brujas...*

• M. G. Izquierdo, *El Mundo*: *«Yo, a su edad, aún no había debutado en primera», dice Butragueño al saber que un centenar de periodistas se congregó en un hotel madrileño para escuchar el **mea culpa** del joven Raúl.*

mecanicista Se llamaba así, a espaldas del diccionario, al señor que se rige por el **mecanicismo**. Era lógico que entrara a acompañar a este término que sí estaba registrado y viene a querer decir que todo en este mundo se puede explicar por leyes mecánicas. O sea, que un revolcón compartido no es sino una consecuencia de la ley de la gravedad. Aunque, si no, y como dicen los castizos, habrían caído el uno sobre el otro por su propio peso. A ver si te sirve como excusa para el próximo ratito de infidelidad temporal.

• Manuel Hidalgo, *El Mundo*: *La película tiene en su contra a varios de sus intérpretes, los picos de ciertos diálogos y el **mecanicismo** dentro de sus secuencias esenciales...*

merengue Ya no hay que escribirlo en cursiva si se refiere uno a un jugador, seguidor, directivo o socio del Real Madrid, cuya camiseta recuerda la blancura de dicho pastel. Lo han admitido en la quinta acepción del término. Les ha costado a los señores académicos. Para que no les tildaran de partidismo, ya vimos antes que también han aprobado simultáneamente lo de **colchonero** para los seguidores del Atlético de Madrid. Curioso.: no han tragado ni madridista ni atlético o atletista para semejantes menesteres de apoyo a la cultura partidista de los patadones. Será que no tienen afición.

• Carmen Rigalt, *El Mundo*: *En los despachos del Bernabeu, donde reina el ordeno y mando de Lorenzo Sanz, el ex futbolista **merengue** tropezó con respuestas esquivas que terminaron por conducirle hasta la dimisión.*

• L. F. D., *El País*: *El jugador del fútbol del Real Madrid Manuel Sanchís recogerá el premio por ser el jugador **merengue** con más partidos disputados durante 1997.*

millardo No llegó a tiempo al diccionario de 1992, pero la Academia lo metió en la recámara para la siguiente hornada del 2001. Ha dado nombre español a lo que los anglos llaman *billion*: mil millones. Ha pasado el examen del Comité Lento y Permanente de Ojeo, Cala y Cata de la Academia. Para que no se arme usted un lío con sus dineros y no piense que tiene un **billón** cuando la cosa no pasa

de mil millones. Sobre todo a la hora de declararlo a Hacienda. Que ya conozco yo su probidad con el fisco.

minimalismo Se ha dado en llamar así a un estilo artístico de lo más ahorrador, porque intenta expresar lo máximo con el mínimo de elementos. **Minimalistas** —he deducido yo solito— es el nombre que se da a sus practicantes. Si se tienen prisas, hay gente que sólo dice minimal. Otros, seguramente gentes iletradas, les llamarán vagos. Aprobados.

• Carlos García-Calvo, *El Mundo*: *Una elegancia estricta, a veces* ***minimalista****, fue…*

• Sol Alameda entrevista a Óscar Tusquets, *El País*: *Y toda la discusión sobre posmodernismo, deconstructivismo,* ***minimalismo*** *es de piel. / Hoy, cualquiera que haga un edificio minimal, porque eso es lo que se lleva, lo fotografía sin muebles...*

miss Ha tenido en España varios intentos de traducción. La Academia lo ha dejado por imposible. En la multitud de concursos ha habido títulos por conseguir que han ido desde el de **señorita** hasta el de **maja**. Goya habría protestado como yo por el trato recibido por las damas. La Academia las ha dejado a su libre albedrío de participar. Eso sí: reserva el título de ***miss*** exclusivamente para la «ganadora de un concurso de belleza». Aunque haya trampas.

• Francisco Umbral, *El Mundo*: *Mi admirada y querida Lucía Echevarría,* **miss** *Nadal, es criatura tempestuosa...*

• Noticia de *El Mundo*: *...y la actriz de Hostal Royal Manzanares —que fue* **miss** *Costa Brava y finalista del concurso de* **miss** *España—…*

míster Ha sustituido al *mister*. No hay más misterio. Ya podrá aplicárselo usted no sólo a los anglos que se presentan a un concurso de belleza, sino a señores como Arsenio Iglesias, que en cuanto abre la boca y dice «pues, sí, coño, sí», se nota que es de Arteixo, La Coruña, Galicia, España. Aunque, bien mirado, me parece a mí que ya es pasarse. Con llamarle **entrenador**, ya bastaba. Por cierto: ¿Es machismo que el **míster** se escriba en redondas, mientras que la cursi *miss* se queda en cursivas?

• Julián García Candau, *El Mundo*: *A los entrenadores se les llama mister porque en principio eran ingleses y apenas se les entendía.*

• Alfredo Bryce Echenique en *Tantas veces Pedro*: *¿Por qué entonces andas como un huevón llamándole mister a todo el mundo? / Fue así como el hombre que le decía mister a todos los que creía extranjeros aprendió su primera frase completa en inglés.*

Más despistado en esto de las patadas parece mi antiguo conocido de su época canora, don Ricardo, que confunde al entrenador con un árbitro que pasaba por allí con el pito en la boca:

• Ricardo Cantalapiedra, *El País*: *Aquí, aunque somos muy raciales, al árbitro le seguimos llamando mister.* No creo, Ricardo, no creo. **Míster** significa sencillamente «señor», y al árbitro se le llaman otras cosas bastante peores. Incluso, cuando dan motivos para ello.

módem Antes ***modem***, es un anglicismo informático aprobado ya por la Academia tras ponerle la tilde sin preguntarle opinión a los ingenieros. Para los que tienen miedo de que eso del ordenador dé calambrillos, aclaro que lo de **módem** está formado por las primeras sílabas respectivas de «*mo-*

dulator» y «*demodulator*». En total: un cacharrito que le pones a tu ordenador y que convierte lo digital en analógico para poder intercambiar información con otras personas a través de la línea del teléfono. Como lo que hacíamos de chiquitos con los cromos, pero en electrónico. Puestos a buscarle nombre cristiano, tampoco hace falta ser muy allá para poder llamarle **enlace**, **empalme**, **intercomunicador** o **intercambiador**. Eso, de la primera tacada. Ahora te toca a ti intentarlo. No hay premio a la vista porque todos los usuarios, Academia incluida, ya decimos **módem**.

• Javier San Juan, *El Mundo*: *El **módem** (contracción de las palabras MOdulador-DEModulador) es el artefacto que se encarga de convertir las señales digitales del ordenador en señales analógicas que puedan ser enviadas a través de la línea telefónica.*

mogollón No era en el catálogo oficial lo mismo que **barullo** o **aglomeración**. Tampoco se recogía el sentido de **mucho**, como bastantes vienen usando. Según los antiguos diccionarios, sólo significaba, primero, «holgazán, vago y —sobre todo— gorrón». También, «colarse sin entrada» o «de gorra». Pero el tozudo hecho de que un **mogollón** de personas lo digan un **mogollón** de veces al día ha hecho recapacitar a la Academia. Mire usted la nueva tercera acepción y apláudase por haber triunfado al leer: **gran cantidad**. Usted, el primero, don Francisco, que ya tiene costumbre.

• Francisco Umbral, *El Mundo*: *No me importaría pagar en nicotina y alquitrán la cercanía de cualquiera de estas mujeres, una de ellas, no todas en **mogollón**, claro. / ...me escribe para invitarme a almorzar y charlar del **mogollón** de la Plaza de Oriente.*

• Manuel Martín Ferrand, Cadena COPE: *Esas puertas del aeropuerto no están numeradas, con lo cual se produce allí un pequeño **mogollón**.*

Con tan ilustres patrocinadores, la Academia tuvo que darle gusto al corrimiento semántico. Y mi tarta para la guinda. O al revés, que a veces pierdo la noción de la realidad. Les traslado un par de buenos ejemplos de un gran escritor:

• Benito Pérez Galdós en *Trafalgar*, el primero de sus *Episodios Nacionales*: *Napoleón debiera confiar el mando de la escuadra a un español: a ti, por ejemplo, Alonsito, dándote tres o cuatro grados **de mogollón**, que a fe bien merecidos los tienes.*

• En *Mendizábal*: *Te he quitado treinta y seis mil frailes y diecisiete mil monjas; te doy cuatro mil millones, seis mil, para que empieces a formar un conglomerado social, fuerte y poderoso... **De mogollón** lo hago... No me queda tiempo para más. Luego, Dios dirá.*

molar **Molar**, lo que se dice **molar**, sólo podía decirse de las muelas. O de las molas, que no son generales ni coroneles, y que no tienen estrellas ni puntas porque son unas muy particulares montañas macizas y redondeadas. Si te **mola** esto que digo, si te *gusta*, bien; si no te **mola**, si no te *gusta*, las reclamaciones al maestro palabrero, que no quería ser **molón** y se dejaba llevar por la molicie. **Molar** y **molón** les gustaron por fin a los académicos y les han abierto entrada aparte como «gustar». No pudieron resistirse. Pero me parece que todavía no les **mola** <u>mazo</u>. Por mucho que chille Camilito Sesto.

• Manuel Hidalgo, *El Mundo*. *Una máscara facial anatómica y transparente, cabe pensar que hecha de una especie de gelatina plastificada, vacile **molón** que no le ayudó a marcar puntos... / Sigo por otras donde priman la desnudez y el vacío y también me **molan**. Me gustan tanto...*

• Raúl del Pozo, *El Mundo*: *Setién, un obispo **molón**, no propone algo radicalmente distinto al PNV...*

mono Ha admitido una novena acepción como «en el lenguaje de la droga, síndrome de abstinencia». Ya ven. Ni una broma.

• Ángel del Río, *El Mundo*: *Roncan los limosneros; tosen los vagabundos y hay noches que el* ***mono*** *pone alaridos en las gargantas de algunos toxicómanos. / Hemos asistido al espectáculo diario de esos toxicómanos que forman polígonos irregulares sobre las esquinas atenazados por el* ***mono****, con el cuerpo convertido en un temblor absoluto.*
• Federico Arnás, TVE: *Y, después de tantos años toreando, ¿estos primeros meses no has pasado* ***mono****?*

morgue Así llaman los franceses a lo que en España siempre se llamó **depósito** (de cadáveres, aunque no se diga) y después, en tono culto, el **tanatorio.** La Academia ha trabajado por el sistema antiguo y no ha metido el **tanatorio** en la definición al pasarlo al diccionario español como **depósito de cadáveres.**
• Vicente Salaner, *El Mundo*: *¿Habrá que recordar que hace un par de años Badalona era un erial, el pabellón era como una* ***morgue*** *desierta, y se pronunciaban ya responsos...*

motero Ha entrado por puerta independiente en el diccionario. Un casco montado en un ruido. El **motero**, hasta el siglo XXI ya tenía su pupitre para el que «vende o hace mote», que no es en este caso lo de llamarlo *Dumbo* al amigo orejón. Es una forma típica chilena de cocinar el maíz llamado así: mote. En España se suele usar, exclusivamente, para designar a las y los valientes que se suben en una moto y la ponen en marcha y circulan a no sé cuántos por hora. Y si lo han venido haciendo sin el preceptivo permiso de circulación de la Academia, figúrense ahora. (Por cierto: los hay más brutos, que se montan en *amoto*; pero habrá que llamarles *amoteros*.)
• Chano Montelongo, *El Mundo*: *1.000* ***moteros*** *por las calles de la capital. / Madrid se vistió ayer de cuero. Casi un millar de* ***moteros*** *se dieron ayer cita en la explanada del estadio Santiago Bernabeu. / Tres* ***moteras*** *del Moto Club de Alcobendas, enfundadas en sus «chupas» de cuero rojas y negras...*

motocross Ha pasado la prueba. Ni la Academia ni yo queríamos más ruidos por los alrededores, ni que nos deterioraran el parqué. Parecía que dejándoles sueltos en medio del campo terminarían por cansarse y echar pie a tierra. Pero nos hemos rendido. La Academia ha metido el palabro en cursiva en el diccionario y yo me he venido a vivir al centro de la ciudad. Por cambiar de humos.

mousse Aparecida de semejante guisa, me obliga a decir algunas cositas de ella. Para empezar, que es una ambigua. Y que no me proteste ni me venga con amenazas diciendo que ella tiene muchos huevos. Las reclamaciones al maestro *palabrero*. Así califican de entrada él y sus cofrades a este manjar: «preparado con claras de huevo que dan consistencia esponjosa a los ingredientes dulces y salados que lo componen». A los enamorados de los matices nos ha encantado eso de la consistencia esponjosa. El señor Arzak no lo habría mejorado. Y, le guste o no le guste, cómase la «o» y diga «mus». Aunque lleve treinta y una y pares.

móvil Acumula dos novedades, dos cambios en el nuevo diccionario. Gracias a ello ha conseguido tener razón el 99,99 por 100 de la población española que parece rascarse la oreja a todas horas y en todos los lugares, y que dio en llamar así, **móvil**, a un aparatejo bien vago. Hay que moverle. La definición de **móvil** que nos daba el padre *DRAE* era: «Que por sí puede moverse». Luego, el inerte cacharro no era tal **móvil.** Era un **portátil**, **celular** o **inalámbrico**. Así lo hicimos notar unos pocos.
• Manuel Martín Ferrand, Cadena COPE: *Yo no lo llamaré* ***móvil*** *mientras no le vea las patas y el motor.*
• Eduardo Mendicutti, *El Mundo*: *Odio los teléfonos* ***móviles, portátiles, celulares*** *o como demonios haya que llamarlos...*

• Luis Herrero, Cadena COPE: *Y entonces sonó el teléfono* ***móvil****, o* ***portátil****, que es como me tiene dicho don Víctor que hay que llamarle.*
Pero como no era cosa de pasarse el resto de la vida discutiendo por una cosita de nada que cabe en una mano, la Academia —para empezar— ha cambiado la definición y ahora dice: «Que puede moverse o se mueve por sí mismo». Con ese «que puede moverse» sin decir «por sí mismo» hasta el final de la oración, sin aclarar si un **móvil** necesita *obligatoriamente* un porteador, la cosa ya queda a gusto del consumidor. Cada uno decidirá si ha comprado o no un **móvil**. Pero, para rematar la jugada y que el balón no salga rozando la escuadra, al final te remite a «telefonía, teléfono». Así que todo parece indicar que el **móvil** ya es **móvil**. ¡Vamos, salta, muévete, bonito, alegría de mis orejas!
Por cierto: puestos a seguir la moda y las definiciones del diccionario, repito lo que dije en mi libro anterior: Ya son tan **móviles** como el telefonillo, los libros **de bolsillo**, las calculadoras **de bolsillo**, las máquinas de escribir **portátiles** y demás utensilios medianamente **movibles** o **transportables.** Armarios, no, que luego te duele la chepa.

multi- «Muchos», parecía un prefijo con punta roma. Un ariete sin cornuda cabeza de carnero para derribar portones. No conseguía abrir mucho camino en las puertas de la Academia y por las páginas de su diccionario. A costa de aguantar los calderos de aceite hirviendo que les derramaban desde las almenas de la fortaleza académica, han conseguido colarse por ciertos portillos unas cuantas palabras comenzadas por «multi-». Les ahorro las definiciones, porque no hace falta más que multiplicar por muchos el significado de lo que acompaña al prefijo: **multicolor, multicopiado, multicopiar, multicopista, multicultural, multiculturalismo, multidisciplinar, multifamiliar, multifloro, multifocal, multiforme, multígrafo, multilateral, multilátero, multimedia, multímetro, multipolar, multiprogramación, multipropiedad, multiuso y multiusos, multiválvulas y multivisión**. Entre otros, aún esperan su aprobación estos neologismos que solemos usar a diario también muchos españoles y trabajadores foráneos invitados, que dirían en Alemania: <u>multicentro</u>, <u>multicine</u>, <u>multidisciplinario</u>, <u>multifuncional</u>, <u>multigrado</u>, <u>multillizos</u>, <u>multirracial</u>, <u>multirriesgo</u>, <u>multisecular</u>, <u>multisectorial</u> y <u>multiusuario</u>.
Llegaron al siglo XXI como hijas naturales de su tiempo. Abandonadas en un capachito, siguen pasando frío a las puertas de la Santa Casa. Seguiremos con el uso y esperaremos su acogida. Pero sin ansiedad. De tenerte en mis brazos, musitando palabras de amor.
• Pablo García de Sola, *El País*: *Entre los directores financieros de las empresas se rebaja la trascendencia del problema, aunque reconocen que lo están estudiando a nivel de grupos* ***multidisciplinares*** *o comisiones.*
• Fernando Sánchez Dragó, *El Mundo*: *...y ahora, por decisión del Estado, más o menos financiada con dinero del contribuyente, pare* <u>*multillizos*</u> *la abuela del Centenario con fecundación* in vitro.
• José Ramón de la Morena, Cadena SER: *Mañana, en el estadio* ***multiusos*** *de Santiago...*
Y, así, de uso en uso a patada limpia, hasta el abuso humano corporal:
• Ana Rosa Quintana, *El Mundo*: *Miguel Bosé. Ha nacido con encanto, un don* ***multiusos****. Superviviente de unos padres bellos...*

mundanidad Es otro de los miles de neologismos que le han cabido al *DRAE* en sus ampliadas alforjas. El diccionario se las iba arreglando con **mundanal**, **mundanalidad**, **mundanear** y **mundano** para hablar de los fastos de la alta sociedad. Pero había bastantes que se daban el lujo de usar **mundanidad** sin reparos, y por necesidades del servicio, con lo que ha llegado la entrada en sociedad. Sin fiesta *cursilinda*.

• Carmen Rigalt, *El Mundo*: *El duque y la duquesa van pues en barco, tienen niños, no asoman el careto en la* ***mundanidad****...*

music hall Se pone a disposición del personal omnipresente desde las páginas del diccionario. Aviso: la vocal española «u» se pronuncia aquí en español oficial algo parecido a «iu» y para la «a» ponga redonda la boquita y diga «o». ***Music hall*** se llama en inglés al mundo del **espectáculo musical** y a los espectáculos compuestos por actuaciones musicales. Aunque sean buenas. Vale ya, don José Luis Moreno.
• Ignacio Vidal-Folch, *El País*: *Gracias a este último atributo, sabiendo que Picasso y su banda de pintores bohemios adoran el circo, el* **music hall**, *las representaciones populares...*

nacionalcatolicismo Llega por fin a los papeles oficiales con el cambio de siglo, pero sin guión intermedio. No estaba aceptado, pero nunca estuvo prohibido. Digo yo. Así se llamó a la amalgama de intereses e ideas que formaron en la posguerra española de los años cuarenta el Estado y la Iglesia. No es para dicho. Hubo que vivirlo desde el *cole*, donde nuestros profesores eran curas, médicos, militares y funcionarios no depurados. Pero hemos salido vivos. Algunos. Muchos entraron. Eran más vivos.
• Antonio Gala, *El Mundo*: *Por mucha canonización que se haga de sus mártires, aquí el verdadero mártir fue España, y su martirio pudo ser atenuado, equiparando la victoria a la paz, si aquella Iglesia del nacional-catolicismo, tan poco divina, tan rastrera, hubiera actuado de otro modo.*

naíf y **naif** Dan dos nuevas pinceladas de ingenuidad al *DRAE*. Nuevos cuadros, aunque sean copias. Si vamos a ver los originales, veremos que se titulaban *naïf* o *naïve*. Es el estilo en que pintan cuadros los que no pintan nada. Por eso pintan «como niños», en un estilo *ingenuo* o *cándido*, y lleno de colorines primarios. No es que yo entienda de pintura, pero este estilo no se me despinta. Ya no hay que ponerle diéresis sobre la «i». Es que parecía un sarpullido.
• Juan Manuel del Prada en *Las máscaras del héroe*: *...pintando unos monigotes no del todo desdeñables, entre la ingenuidad naïve propia de su edad y el tremendismo propio de su estirpe. / ...si consideramos que las paredes estaban decoradas por murales de Hidalgo de Caviedes, un pintor algo primitivista y naïf.*
• Santos Sanz Villanueva, *El Mundo*: *Sus mismos dibujos, sin mayor mérito que una simplicidad naïf poco pretenciosa, tienen esa gracia o encanto que revela la impronta del artista.*
La ingenuidad, por cierto, no se da exclusivamente en la pintura. Hay mucho político suelto haciéndose el tontito:
• Josep Ramoneda, *El País*: *No es aceptable el argumento presuntamente naïf, utilizado a veces por la ministra...*

napalm Fue la marca comercial de un material inflamable con el que los Estados Unidos fabricaron terribles bombas que utilizaron en la guerra de Vietnam. Cosa de poca broma que el diccionario y los humanos hemos tenido que grabar a fuego en nuestra memoria.

• Raúl del Pozo, *El Mundo*: *Hubo asesinos en la Presidencia, soplones del servicio secreto para acabar con los sindicatos, abogados rufianes, canallas que arrojaron* ***napalm*** *y bombas atómicas sobre poblaciones civiles.*

narco Abreviatura de **narcótico**, ha dado pie a una familia nada recomendable para tenerla en la vecindad. La Academia lo añade a los que ya había aprobado, como **narcotraficante** y **narcotráfico**, pero quedan *en chirona* derivados como narcodólar o narcoterapia.

• Titular en *El Mundo*: *Desarticulada una banda de* ***narcos*** *que camuflaba «coca» entre la melaza.*

• Titular en *El País*: *¿Con qué* ***narco*** *te identificas?*

navegador No figuraba en el *DRAE*, ni con recomendación expresa de la Familia Real, que está siempre duro que te pego al cabo y a la vela. Pero sí estaba el típico **navegante**, que es exactamente lo mismo. Posiblemente haya sido la presión de la informática la que haya conseguido el ingreso, aunque la Academia lo ha dejado útil para tierra, mar y aire como se desprende de la escueta definición: «Que navega». Los **navegadores** modernos y electrónicos, según los expertos, son «aplicaciones que permiten **navegar** entre las diferentes *webs*». En los últimos años se ha incrementado su uso. El verbo se solía pasar media vida en los barcos o en los aviones. Pues aterrizó. De pronto, con la carrera París-Dakar, empezó a montar intrépidamente en motocicleta y consiguió **navegar** por entre las dunas del desierto, aunque es evidente que habría quedado mejor decir **orientarse** con el **orientador**, o *GPS*, que es un acrónimo que pronto nos explicarán los expertos. Pero ahora se ha infiltrado en las almas de millones de ordenadores y el mundo entero está lleno de **navegantes** que, gracias a un **navegador**, dan la vuelta al mundo en pijama a través de *Internet*. Eso de **navegar** es una buena muestra de que se puede decir casi todo en castellano sin recurrir a extranjerismos. Por si las dudas, la Academia ha añadido una quinta acepción a **navegar**: «Desplazarse a través de una red informática». La palabra estaba ahí en los dos casos y era la adecuada, porque una de sus acepciones antiguas decía: «Transitar o trajinar de una parte a otra». Del coro al caño, también. Y viceversa. Pero no lo escribo, por si acaso.

• Noticia en *El Mundo*: *Bill Gates apeló ayer contra la decisión de un juez que ordenó que la empresa venda su* ***navegador*** *para Internet Explorer de forma separada al sistema operativo de Windows.*

Y ahora, motorizados, aunque traguemos arena:

• Javier Olave, *El Mundo*: *¿Qué es el GPS? El acrónimo procede de* ***navegar*** *con* Global Position System. *Es un* ***navegador*** *vía satélite. Se introducen en él las coordenadas del punto de destino y el aparato, que sabe dónde está por la información que recibe de los satélites, devuelve una flecha en la pantalla que apunta la dirección que uno debe seguir.* Lo que yo decía: un **orientador**.

neoliberal y **neoliberalismo** Son palabras y doctrina de primera moda en los finales del siglo XX. El XXI han llegado al diccionario de la Academia. No les veo yo muy por la labor de fijar, limpiar y darle lustre al «neo». Lo digo porque se han dejado a sus espaldas a gente de mucho cuidado: neocapitalismo y neocapitalista por un lado, y en el chalet de al lado, neofascismo y neofascista. ¿No los han visto? ¿No los quieren ver? ¿O, por no ser siempre mal pensados, es que no los quieren ni ver?

• José María Marco, *El Mundo*: ***Neoliberal*** *designa hoy en día, en el lenguaje político más común, la actitud de quien antepone el interés propio al bien común y el egoísmo a*

la solidaridad. Los ***neoliberales****, según esto, pretenden abandonar a cada uno a su suerte, dejar desprotegidos a los más débiles y, en consecuencia, aumentar la desigualdad.*

• Juan Cueto, *El País*: *Hay una excepción, una cosa, un renacimiento, una receta única y milagrosa, un solo prefijo en «neo» para la salvación del planeta: el* ***neoliberalismo****.*

Ahora, los *invisibles*:

• Manuel Vicent, El País: *Hasta la llegada del neocapitalismo, el muladar español no abandonó su cariz mahometano para convertirse en un detritus católico industrial.*

• Alfonso Guerra, vicepresidente de Gobierno con el PSOE: *Tiene el peligro de que sea el aviso de la reaparición de la cultura neofascista en España.*

neonato Llaman así los tecnócratas médicos al **recién nacido** y así lo ha reflejado la Academia. Se ahorran una palabra, que tampoco es tanto, y corren el peligro de que se les entienda «naonato», que es el que ha nacido en una embarcación mientras ésta navega. En ambos casos, hay que romper aguas antes. Preciso.

neonazi y **neonazismo** Estaban ocultos un poquito más arriba, formando banda paramilitar con los neofascistas que fueron traspasados y no vistos por la Academia. A los **neonazis** y a su doctrina sí

los *calaron*. Tanto estandarte y tanta gallina, pues que os han visto. Evaristos.

• Gemma Casadevall, *El Mundo*: *Según* Der Spiegel, *un destacado líder* ***neonazi*** *con condena sobre sus espaldas por atentados con explosivos... / Manfred Roeder, el líder* ***neonazi*** *en cuestión...*

• Titular en *El Mundo*: *Una comisión independiente investigará el* ***neonazismo*** *en el ejército alemán.*

neorrealismo y **neorrealista** Tampoco conseguían salir en pantalla, pero no he querido mezclarlos con los anteriores, porque nacieron justo cuando los otros acabaron de mandar. Se nos fueron De Sica, Fellini y Mastroianni, y sus definiciones les estaban esperando en su glorioso purgatorio. Años y años confinadas en diccionarios de uso y en diccionarios de cine. Palabras secuestradas en las mismas narices del Ladrón de bicicletas.

niqui Fue como cristianaron los hispanos a espaldas de la Santa Madre Academia al *nicky*. Los académicos han tardado unas cuantas primaveras hasta hacerse con un **niqui** en su ropero de vocablos. Muchos creen que el *nicky* era británico, pero la Academia ha aprovechado la ocasión para asegurar que vino huyendo del frío que pasaba en Alemania. Lo define como un **polo**. Es decir: una prenda de punto, con su cuello abotonado y todo. Una monada. De diseño.

nigeriano y **nigerino** Son un caso. Una especie de metáfora de lo que pasa con los *espaldas mojadas* que intentan salvar sus vidas jugándosela al cruzar el estrecho de Gibraltar. Su futuro puede depender de ser vistos y detectados o no. **Nigerino** apareció precedido de corchete —como estigma de simple registro de uso— en el *Diccionario Manual* de 1984. Sin embargo, desapareció en el también *Manual* de 1989. **Nigeriano** sufrió avatares totalmente contrarios: no estuvo en el de 1984, pero sustituyó al **nigerino** en el del año 1989. Total, para nada: ninguno de ellos pasó al *DRAE* de 1992. Sin embargo, en el año 2001, los dos han pasado la frontera de la esperanza. **Nigeriano** suele ser lo habitual desde hace años para designarlos; pero, aprovechando la confusión, alguno les llamaba **nigerinos**. La triste realidad es que a los que nos llegan en pateras les infligen el título genérico de **subsaharianos**.

• Carlos Moral, *El Mundo*: *La trayectoria personal y musical del* ***nigerino*** *Isamel Lo es, cuando menos, peculiar.*

ninguneo Por principio, no se practicaba hasta ahora con ninguna palabra, porque este término no lo tenía admitido la Academia. La podía impunemente **ningunear**, porque el verbo sí figuraba en el diccionario; pero como eso, hasta para los ciudadanos de a taxi, suponía un claro **ninguneo**, se acabaron los disimulos. Conmigo no se esfuercen, que no soy nadie. Señores.

• Federico Jiménez Losantos, *El Mundo*: *Si bien se mira, el* ***ninguneo*** *a Mercero es también una metáfora del monopolio, que consiste en la negación sistemática de la posibilidad de elegir.*

ninot Ya está *indultat*. El nombre de los **muñecos** o **efigies** que aparecen en las fallas valencianas ha pasado al vocabulario oficial de las Españas. Todos, menos uno por año, terminan ardiendo. Se salva, por votación e indulto popular, el llamado *ninot indultat*, que pasa a engrosar el Museo del **Ninot**. Ahora ha engrosado el diccionario español. Y va que arde.

• Laura Torrado, *El Mundo*: *Los muñecos más famosos ya han aterrizado en la Exposición del* ***Ninot*** *(muñeco), preámbulo de las fiestas que Valencia celebra en honor a san José. La ciudad calienta sus calles y, como cada año, los mejores* ***ninots*** *esperan la visita de miles de personas...*

nominar Ha ganado premio en España. En Hollywood, está por ver. Y es que el anglicismo usado en «**nominar** para el Oscar» ha hecho fortuna. La Academia se ha rendido con armas y bagajes al ataque anual de los medios de comunicación. Imposible resistir. El verbo **nominar** viene renaciendo cada año en pleno invierno y florece equivocadamente en primavera con la entrega de los *Oscar*. Siempre está preparándose para ganar premio. Para colmo —y porque todo puede empeorar— en el año 2000 nos llegó el aluvión de **nominaciones** del *Gran Hermano* televisivo. Media España, tontamente, se volvió *nominativa* con las **nominaciones** que no eran tales, sino **descartes** o **eliminaciones**. Por eso, en el nuevo diccionario, **nominar**, que sólo quería decir «dotar de nombre a una persona o cosa», o sea, **nombrar**, ha recibido por aclamación periodística dos nuevas acepciones: una segunda como «designar a alguien para un cargo o cometido»; después, una tercera como «presentar o proponer a alguien para algún premio». Así que **nominar** ya es sinónimo de **proponer**, **presentar**, **designar**, **seleccionar** o **proclamar**. Pero no para **eliminar**. Sigo avisando. Cinco verbos a la papelera por el precio de uno. ¿Enriquecemos el lenguaje? Pregunten a las fuerzas vivas que presionaron con el uso.

• Ramón Tamames, Cadena COPE: *...y conseguir la* ***nominación****, por seguir con la odiosa terminología cinematográfica.*

Pues no siga, don Ramón, no siga.

• Mario Vargas Llosa, *El País*: *Fraguó las elecciones internas del Partido Laborista para que fuera* ***nominado*** *candidato a la alcaldía...*

Más raro parece usar ese verbo, **nominar**, cuando no se trata de una candidatura, sino de un premio ya conseguido; cuando a alguien le han **nombrado** algo:

• José María García: *El club que, con toda justicia, ha sido nominado el mejor equipo del mundo en el año 1997. / Nacho Rodilla, declarado y nominado mejor jugador del torneo.*

• Jesús Cacho, *El Mundo*: *...se sienta Pepe Recio, recién nominado presidente de la sociedad. / ...uno de Economía (posiblemente con algún añadido competencial más), al frente del cual será nominado Cristóbal Montoro...*

¿Se le *nominará* Cristobalito a todo un ministerio?

noreste Vino del **nordeste**. Los dos llegan por arriba, según se entra a mano derecha, pero el **noreste** es nuevo en esta península. Sólo soplaba el **nordeste**. Dos soplones, dijo el *poli*.

• Yolanda Aguilar, *El Mundo*: *En su currículo figura la primera ascensión a la arista* ***noreste*** *del Chogolisa...*

norteafricano También ha conseguido cruzar el estrecho de Gibraltar. Y algo más. Es al único que la autoridad —de aduanas, por supuesto— no llama **subsahariano**. Pero comparten pateras.

nuclearización Ha llegado desde el lenguaje de los temibles laboratorios hasta el indispensable diccionario de los parlanchines corrientes. No se me alcanzan los criterios de selección de átomos buenos y átomos perversos, pero hago notar que no admiten ni nuclearizado ni nuclearizar. Acuciado por mi vicio compulsivo de lectura de diccionarios, me paso por la casa de los palabros contrarios y refresco conocimientos: no recomiendo el uso de desnuclearizar, no ya por miedo a la radiactividad, sino también porque no me autoriza la Academia. Pero es que, si aquí no admiten nuclearizado, allí sí está **desnuclearizado**. Mi sesera empieza a hervir. ¿Cómo puede llegar a estar **desnuclearizado** lo que no puede estar nuclearizado? ¿Cómo puede estar desmontado lo que no está montado? Y no sigo enredando, porque estas cosas tienen peligro de hongo gordo. Que lo maneje el mando.

• Alberto Piris, general de Artillería, *El Mundo*: *...y, en último término, como aspiración remota, la adopción del modelo israelí de* ***nuclearización*** *no oficialmente declarada.*

númerus clausus Como delata esa tilde sobre la primera «u» del grupo romano, es otra de las expresiones latinas que ha incorporado el diccionario. Lo bueno que tiene esto es que, si se te olvida ponerla, vas y presumes diciendo que es que tú sabes hasta latín. Si tienes plaza en el grupo de los modestos, también puedes hablar de **número limitado de plazas** o **plazas limitadas**. Pero, modesto y todo, ya puedes ir buscando recomendación. Eso, sí: lo que está muy feo es andar cambiando de caballo en medio del río, o de idioma en medio de la frase.

• José María García: *Y encima, números clausus. La de entrenador de fútbol es la única carrera con números clausus.*

ñajo Fue un vocablo que nos llegó con música. Mejía Godoy y los de Palacagüina, además de *Perjúmenes*, nos cantaron las hazañas de *Clodomiro, el Ñajo*, que no encontró forma de que le entendieran lo de «una libra de clavos y un formón». Y es que los **ñajos** son en Honduras los que hablan casi por la nariz, en tanto que en Nicaragua se les llama a los que tienen labio leporino. Ahora, con sitio en el diccionario general. Y hasta música.

objetable Y su antagonista el **inobjetable**, al que ya le vimos antes el nuevo traje, han llegado al diccionario tras andar durante muchas lunas renegando de su poca habilidad. No aprovecharon la puerta abierta por la que se coló en su momento el verbo del que proceden, «**objetar**». ¿Algo que ídem? Sí, contestó el **objetante**. Que me quitan sitio. No en vano, era el único que pasó la criba en aquellos tiempos en que no había objetores. De conciencia.

obsesionante No me obsesionaba. Ya entrará, me decía yo. Ya entrará, me decía yo. Ya entrará, me decía yo. Con tonterías como esta se duerme uno sin contarle las borregas a Carmen Sevilla, oiga. El caso es que estuvo con su corchete a la espera en el *Manual* de 1989, pero se quedó con las ganas en la edición de 1992. Todo llega. **Obsesivo** la esperaba sentadito. Ese no me tenía obsesionado. Como tú.

obviedad Ni una. Miraba y remiraba yo, pero es que ni una. Era una «manifiesta evidencia» que yo necesitaba ese término muchos lunes por la tarde, pero ahí estaba la única **obviedad** posible: que no estaba recogida en el diccionario. Será que les gustaban más las cosas alambicadas, retorcidas y hasta perifrástico-enredadas, por inventarme algo que no suene a obvio. Ahora hay lunes por la tarde en que no la necesito, pero la miro y remiro en el *DRAE* y le canto: «¡Qué sencilla, qué bonita está mi **obviedad**!». Como Emilio José con su Soledad.

offset No luce letras de imprenta, sino cursivas. El suplente, *ofset*, sigue chupando banquillo aunque le resulte más barato al personal. Hasta ahora, hay que suponer, los académicos se lo hacían en plan rústico. O con una *vietnamita*. Lo de imprimir.

• Ignacio Medina en *Los ritos del lujo*: *Cuidamos el papel. En realidad encargamos la fabricación especial de un papel* **offset** *mate, algo grisáceo...*

ofimática Mitad oficina, mitad informática, ha dejado de ser palabro aunque esté hecho de trocitos o por el sistema de sopa de letras.

Cuando acabaron la tarea de composición, miré yo en la papelera y me encontré lo que les sobró. Le metí pegamento por donde pude y me salió *inforcina*. Lo he puesto a la venta por si alguien quiere usarlo para «*infor*mar sobre la peste por*cina*». Dije y repito.

olor de multitud O de multitudes, nos decíamos los que siempre huimos de las masas, que no puede ser muy distinto del olor a sobaquillo. Como poco. Porque me ha dicho un castizo que a las masas también les *jumelan los tachines,* o pies, a modo. La frase correcta, la frase lógica que muchos se han empeñado en deformar era y es **loor de multitudes.** Porque las multitudes, señores míos, no sólo silban; también **loan** cuando ha lugar. Pero la Academia en pleno, adormilada supongo por los efluvios y tapándose con dos dedos las fosas nasales, le han atizado al **olor (de multitud)** una entradilla que dice: «con la admiración de muchas personas». Pero que suelta un tufo que no huelas.

• Suplemento de *El País*: *En **olor de multitud**. Gasol firmando autógrafos...*

• Rafael Conte, *ABC Cultural*: *...y entró en **olor de multitud** en la Real Academia Española...*

• Javier Nart, Telecinco: *Tú vienes aquí en **olor de multitud**.*

• Carmen García Ribas le replica:

*¡En **loor de multitud**, Javier!*
¡Bien hecho, doña Carmen!
Otro buen ejemplo:

• Juan Francisco Martín Seco, *El Mundo*: *No se puede pretender que de la noche a la mañana todo haya cambiado por el simple hecho de haber sustituido al secretario general, sobre todo cuando el relevo de éste se ha producido de manera voluntaria, ha salido en **loor de multitudes**...*

Solución a medias: si no quieres que te acompañe ese pestazo de masas prefieres dejar a tu paso un leve aroma a quesos, lo mejor es que huyas de la gran popularidad y busques el apoyo de los exquisitos de Chanel:

• Jesús Cacho, *El Mundo*: *...se va en olor de minorías.*

onanista Es talmente como un organista. Sólo que cambiando de órgano. Con los años, no sé si la función desarrolla el órgano, pero es claro que el órgano ha conseguido imponer la función del nuevo organista llamado **onanista.** No lo registraba hasta ahora el *DRAE*, con lo fina que resulta la palabra, y con su antigüedad, porque procede, como saben, del nombre de nuestro antepasado Onán, que parece que andaba todo el día duro que te pego, leche. El retraso más parece una académica manía, porque también les ha costado admitir **masturbador**, que es un tipo que se dedica al mismo ejercicio, no olímpico por ahora. Ni pajillero, ya que han reservado el trabajito a las damas, como vimos antes. Los murmuradores me dijeron que estuvieron a punto de colgar un letrero a la puerta de la Academia que decía: «Nada de soluciones manuales. Muera el amor propio».

• Gabriel Albiac, *El Mundo*: *Añorado arquetipo **onanista** de la criatura amputada...*

• Juan José Millás, *El País*: *Se lo tiene que hacer uno solo, en plan autodidacta u **onanista**, con los peligros que supone el vicio solitario: desde quedarse ciego hasta perder el bulbo raquídeo por licuefacción.*

opa El acrónimo formado con las iniciales de **Oferta Pública de Adquisición de acciones** ha entrado por la puerta grande. ¡Será por dinero! Demostración sobre la mar-

cha: han impuesto la aprobación simultánea de **opado** y **opante**. Por el contrario, les han devuelto el verbo opar sin más explicaciones. Así que, si te quiero comprar tu colección de vídeos «EDUCACIÓN ESMERADA Y BUENOS MODALES», de los Hermanos Matamoros, tendré que decirte: «¡A que te atizo una **opa**!». O, en plan Gila: «A alguien se le está poniendo carita de **opado**. Te lo dice el **opante**». Pero de opar, ni *mijita*. Ahondo en el tema: si te has puesto de acuerdo antes con ellos tomando una de gambas y dos nécoras, no hay problema. Si no se dejan y te empeñas en comprar por las malas, la cosa se convierte en una **opa hostil**. Para los puntillosos, reconozco gustoso que ya había otras **opas** en el *DRAE*: el **opa** equivalente a «aúpa» y otras dos llegadas de América: el **opa** (bobo, sordo) del quechua y el saludito que se dirigen algunos jóvenes en Argentina: «¡**Opa**!». Lo mismo digo.

• Víctor de la Serna, *El Mundo*: *Y porque la actividad periodística ha sido engullida, cooptada, invadida, **opada**, subsumida, diluida en el gran proceso de concentración empresarial moderno.*

• Pedro Gómez Damborenea, *El País*: *...José Ortigüela, ex presidente de Bankoa y el mayor accionista a título individual con un 18,25 por ciento del capital, calificó la **OPA** de Credit Agricole de «oportunidad histórica de venta para el accionista»... / El pasado martes anunciaba una **OPA** y el miércoles presentaba la pertinente documentación...*

• Federico Jiménez Losantos, Cadena COPE: *El Santander, que es el **opante**, y el Banesto, que es el **opado**... / Si el señor Ybarra se anima a opar algo, pues que ope.*

ópera prima Es un italianismo, claro. Pero ya es también frase española. Nos íbamos defendiendo con nuestra **primera obra**, mire usted. Pero ya andamos con esta segunda ópera, prima hermana de la primera. Recuerden: tilde sobre la «o». Hasta en el letrero de la estación de Metro de Ópera. Aunque sea mayúscula.

• Luis Mariñas, Telecinco: *Hoy se estrena la **ópera prima** del hasta ahora guionista Joaquín Oristrel...*

• Beatrice Sartori, *El Mundo*: *Siete años después de obtener el Goya al mejor director novel por su **ópera prima**, Ander eta Yul...*

operativo No era lo mismo que **operación**. Cuando las fuerzas de seguridad, por ejemplo, hacen un despliegue están haciendo una **operación**, nos amonestaban los guardianes del lenguaje. **Operativo** sólo significaba «que obra y hace su efecto», extremo este, derecho o izquierdo, que no se puede afirmar por adelantado de una **operación**. Figúrate que en vez de «obrar efecto» te sale una chapuza de cuatro metros de lado. Pues ya da igual, porque el diccionario ha añadido a **operativo** una tercera acepción como «dispositivo». Chapuceros, abstenerse.

• Manuel Vicent, *El País*: *Ahora en la pantalla se ve un **operativo** policial: unos malvivientes que dispararon a un control son perseguidos por setenta federales...*

• Manuel Martín Ferrand, Cadena COPE: *El **operativo** que hace falta montar para este tipo de retransmisiones es de mil y pico personas.*

opus **Obra** en latín, también ha llegado al lenguaje académico. Popularmente, recibe dos usos mayoritarios: el musical, mediante el que van numerando (***Opus** 1, **Opus** 2, **Opus** 3...*) las composiciones de los grandes autores de la música llamada clásica. Ese es el sentido único que aprueba el diccionario: «obra que se numera». Hay otro, el religioso, que se lo quedó en exclusiva Escrivá de Balaguer al crear el Opus Dei. De ahí vienen los opusdeístas y lo opusdeístico. Como lo mío son simples **opúsculos**, aunque abulten lo suyo, reflejo otro dato más importante: lo del antiguo beato y actual santo de la Iglesia católica no lo refleja el *DRAE*. Que no se entere el Papa.

• Luis Antonio de Villena, *El Mundo*: *A la ministra Mariscal de*

Gante se le acusa, de entrada, de ultraconservadora, no sólo porque —al parecer— pertenece al ***Opus****... / ...por lo demás, a ella se debe el nombramiento de Jesús Cardenal como Fiscal General del Estado; presunto* <u>*opusdeísta*</u> *también... / Y su fe católica o* <u>*opusdeística*</u> *no les permite comulgar con el laicismo constitucional.*

ordenancismo Fue algo mal visto durante un tiempo por los Académicos, que son unos **ordenancistas** —«que cumplen y hacen cumplir las normas»— de tomo y lomo. Siempre que nos dejemos, claro. Pero la lógica se impuso: ser **ordenancista** pero sin practicar el **ordenancismo**, término ya aprobado, no estaba al alcance del pueblo llano y obediente. Hubo que ayudarle a decir amén.
• Francisco Umbral, *El Mundo*: *...una política quietista, amable, clasista a tope,* ***ordenancista*** *y llena de funcionarios distribuidos en coros y danzas para cantar las excelencias del paternalismo liberal.*

orfelinato Ha estado hasta ahora mismo en un españolísimo **orfanato** —de huérfano— por ser un galicismo que proviene de *orphelin*, un francesito al que dejarían abandonado sus malvados padres al pie de las cumbres de los Pirineos hasta que lo recogieran caritativas almas españolas y tradujeran así su nombre: **orfelinato**. Los padres del lenguaje lo han adoptado como sinónimo de **orfanato.**
• Pie de foto en *El Mundo*: *La esposa de Aznar visitó un* ***orfelinato*** *en Santiago.*
¿Estaría construido sobre el camino francés a Santiago?
• Isabel Gemio, Antena 3: *Les repartieron a él y a su hermano entre dos* ***orfelinatos.***

output Es nuevo en esta plaza. Nuevo en todas las plazas es que una «o» inicial se pronuncie «a» en el castellano del siglo XXI. Nuevo tecnicismo fabricado a boca económica en lengua inglesa para que podamos hablar del **producto resultante de un proceso de producción**, cosa que este productor no tiene palabras ni economía suficiente para agradecer, y para la **información que sale procesada por un sistema informático o por una computadora**. En cuanto la lea, les cuento.

overbooking Es lo que te dicen que hay cuando te dejan sin volar o sin habitación en el hotel. Ocurre, sencillamente, que han vendido reservas de más, los muy *overcarotas*, y te dejan sentado en la maleta de cartón. Que digan que ha habido **exceso de reservas**, y no vengan con *palabros* que parece que las cosas se han hecho solas. Antes de que la Academia lo incluyera en cursiva en el *DRAE*, el colectivo «Viajeros frustrados y cabreados» había propuesto sustituir ***overbooking*** por <u>*sobrecontratación, sobreventa*</u> o <u>*sobre-reservas*</u>, pero no están aceptadas. ¡Vaya regalos que me traen en su humilde zurrón, ropoponpón, ropoponpón! Por cierto: como ya dijimos, la «o» con la «o», se pronuncia «u».
• Noticia en *El País*: *El* **overbooking** *o* ***sobreventa*** *de plazas en los vuelos (una práctica legal y habitual) dejó ayer tirados a 188 pasajeros de Iberia.*
• Juan José Millás, *El País*: *Más ventajas: no hay* **overbooking***, tienes la cobertura asegurada y no te riñen por usar el ordenador. Un chollo.*
Otro regalito: mi amigo Manuel tiró por la calle central:
• Javier Lorenzo en *La España hortera*: *...y los inefables microespacios, dedicados en su mayor parte (se ig-*

nora por qué cruel coincidencia) al mundo del adelgazamiento y las dietas milagrosas. ¡Un overbuquin de dietas!

ovni Ya aterrizó, pero no les puedo decir cómo es ni qué forma tiene. Pregunte usted por ahí, porque siempre te sale alguien diciendo que los ha visto. **Ovni** está formado por las iniciales de **Objeto Volador No Identificado**, como se sabe. La cosa era tan larga que los Ingenieros Técnicos de Recorte del Voquible la dejaron en el puro hueso. Ya no hay que escribirlo con puntos entre ellas: O. V. N. I. Allá usted si cree en los *platívolos*, que era como llamaban a los **platillos volantes** con gracia e ingenio en las series hispanoamericanas.

• Fernando Sánchez Dragó, *El Mundo*: *Recuerdo que pensé en OVNIS. ¿De dónde carajo sale, me pregunté, esta desconocida, esta intrusa, esta novata, este* ***objeto volador no identificado****...?*

pactismo y **pactista** Los del «Tú me das una cosaza a mí y yo te doy una cosita a ti» forman parte de la jerga politiquera para definir al que prefiere un mal arreglo a una buena disputa a gorrazos con vencedores, vencidos y estraperlistas alrededor. Los dos términos ya están en el *DRAE*. ¿Disputaron como hombres lo que no supieron pactar como viles Boabdiles?

• Raúl del Pozo, *El Mundo*: *El* ***pactismo*** *ha sido el fundamento de la política de Cataluña y la Corona...*

• Teresa Dueil, Cadena COPE: *Esta cosa* ***pactista*** *que tiene Mayor Oreja aparentemente, pero unilateral y autoritario...*

paddle Pronúnciese «pádel», *please*, es ese juego parecido al tenis al que muchos españoles se consideraron obligados a jugar cuando se enteraron de que lo hacía el presidente Aznar. Posiblemente, no sean los mismos que jugaron al billar cuando lo del presidente Felipe González o incluso Fernando VII, al que se las ponían así de juntitas. Menos mal que las pistas y las raquetas con que se juega son más pequeñas que las del tenis; pero hubo mucho voluntarioso herniado. En cursivas, pero admitida. A ver quién se negaba en plena mayoría absoluta. Y pongamos aquí mismo un mojón conmemorativo que rece: «Con la palabra *paddle*, por primera vez en la historia de la lengua castellana, se autoriza a cambiar de lugar las letras de una sílaba a la hora de pronunciarlas: "le" se dice "el"».

• Mabel Galaz, *El País*: *...don Felipe trabaja su cuerpo y siempre que puede se escapa a casa de un amigo que tiene una pista de* **paddle**, *en Puerta de Hierro.*

Algunos, no sólo pronuncian «pádel» como yo pedía, sino que lo escriben con toda tranquilidad:

• Manuel Vicent, *El País*: *Su cabeza se eleva dos cuartas sobre un grupo de jóvenes con pinta de ser vástagos de las finanzas, que andan entre el pádel tenis y el índice Dow Jones...*

página *web* Es una de las más modernas incorporaciones a nuestro idioma. Desde la aparición y extensión de *Internet*, hasta el más tonto pone una ***web***, visto que no vendía ni uno de los relojes de madera que fabricaba a punta de navaja. Y los listos, como mi profesor don Antonio Faraldos, que puso en marcha el reloj de los autómatas en el Palacio de Oriente, también. Todos tienen ya un **espacio**, un **documento**, en definitiva, un **lugar**, un **puesto** o un **sitio** en la red de redes que es la llamada *world wide* ***web***. Más sencillo en algunos casos: **una página**. La Academia ya le ha añadido ***web***, que también ha entrado en solitario. Si no, es que ni había tortilla ni eras *modelno*. Por cierto: si ***web*** en inglés es una «red», una «malla» como certifica el *DRAE*; si añaden además que es palabra femenina y la definen como «red informática» o «página», parece ciertamente feo verla con bigotazo de húsar.

• Fernando Lázaro Carreter, de la Real Academia Española: *Tenemos nuestro propio* web *en Internet*.

Usted me perdonará, maestrísimo; pero esto de que la mismísima Academia ha puesto un ***web*** suena un poco a aquello de la gallina Turuleca. Porque el que ha puesto uno, ha puesto dos, ha puesto tres. Luego viene lo que viene: la tortilla. Y si la Academia se pone a la tarea, la Zarzuela se siente autorizada:

• Noticia en *El País*: *Desde ayer, la Casa Real Española ya tiene su **página web** en Internet*.

Del Rey abajo, todos a la ***web***. empezando por el gobierno.

• Carlos Álvarez, *El País*: *…en el* web *de la Casa del Rey de España… / …al pinchar con el cursor la bandera de España en el* web *de La Moncloa…/ La **página*** **web** *del PNV lo deja muy claro…*

Los estudiantes no se han complicado la vida con este asunto. En la *Gaceta Universitaria*, la **página** ***web*** en la que todos pueden escribir se titula «Página Güeb». Y a otra cosa, que ya estamos a viernes.

paidofilia Es **afición a los niños** por decirlo finamente. Aunque tiene mejor construcción por su etimología y suena mejor al oído, tiene el mismo problema que **pedofilia**: que produce asco —también— a los académicos, que únicamente tenían en el diccionario **paidología**, como ciencia que estudia al niño y su desarrollo, y su derivado **paidológico**. Una cosa es la afición y muy otra el abuso. Claro. En el siglo XXI han registrado **paidofilia** y **paidófilo**. Y también, como veremos en su lugar (no hablo ahora de la cárcel) **pedofilia** y **pedófilo**.

• Antonio Muñoz Molina, *El País*: *…y también la libertad de las mujeres, y la mezcla de culturas, y del que ya sólo falta que aproveche el naufragio para cometer algún acto de **paidofilia***.

paja Estimados jóvenes y *jóvenas*, como se le escapó a una discreta diputada andaluza, no sé si llevará ya más de un siglo de vaivenes o de baile de san Vito por libre. Quizá porque era incapaz de parar, no se había posado, cosa que por fin ha hecho, sobre las páginas del diccionario como sinónimo de **masturbación**, y eso en una octava acepción. Con la de libros y libros que se habrán leído en plan manco, generaciones y generaciones de académicos ignoraron los trabajos manuales a la hora de fijarlos y darles esplendor o, al menos, brillo. Sería por no limpiarlos.

pajero Era uno que llevaba años y años en el diccionario, pero al que no habían descubierto del todo. Se decía de él que «transportaba la paja» y cosas así. De pronto, en la misma investigación en que descubrieron la paja en la mano ajena, los señores de la Academia se encontraron con otras evidencias que han añadido por escrito: que en Perú y el Salvador y otros países de habla hispana se le llama al «que masturba o se masturba». Y no sé si la cosa tendrá alguna relación inconsciente, pero en alguno de esos mismos países también se llama **pajeros** a los que dicen tonterías y a los mentirosos. Las malas compañías, que decían nuestros mayores. «¡Se te reblandecerá la sesera, pecador!».

pajillera No es cosa de particulares sin oficio. O con mucho beneficio. Tampoco es cosa de hombres, como el coñac ese. No hay pajilleros en el diccionario. Sólo **pajeros** venidos de fuera. La Academia reconoce ahora su existencia, pero únicamente como **prostituta que masturba a sus clientes**. Particulares, a reciclarse. Mocitos, a la cola. Ya veremos cuándo se reconoce a las simples aficionadas o a los entusiastas galanes estos trabajitos a mano y sin lavadora. Porque las ahora reconocidas profesionales, más parece por la tardanza que hayan llegado a pie en lugar de a mano. Y no será por falta de tradición vital y literaria. Naturalmente, en casos así, la gente tira por la calle de en medio y hace como hizo Cela en *La colmena*, en la que retrataba a las viejas **pajilleras** madrileñas sin pedir licencia. De ahí, al sillón con letra.

panchito Es el equivalente a **Paquito** en algunos países. Recuerden a **Panchito** López, primo lejano de Jacinto y Félix. Pero también se llama así al **cacahuete pelado y frito**. De la sal no dice nada, pero me parece que tendrían que añadirla. Al menos, para mi paladar. Como aperitivo, puede parecer evidente que no llega a la altura del Jabugo, pero se le suele llamar también «jamón para el mono».

• Mauricio Vicent, *El País*: *Las 500 habitaciones del antiguo Hilton, hoy Hotel Tryp Habana Libre, están absolutamente tomadas por la prensa norteamericana, que se han traído hasta los* ***panchitos****.*

panelista Es el que pertenece a un «grupo de personas seleccionadas para tratar en público un asunto». Llega, se sienta y se pone a opinar y opinar y opinar, que parece talmente un contertulio o tertuliano. Cada día abundan más. A lo mejor es que les pagan. A un **panel** de rica miel...

• José Luis Gutiérrez, Cadena COPE: *...fue un debate muy interesante, como los* ***panelistas*** *bien elegidos...*

panty Es un anglicismo que se usa para hablar de los leotardos. Los inventó o puso de moda el artista circense *Monsieur Leotard*, pero son fabricados más modernamente con nailon o tejidos así de finos. Los **leotardos** ya lograron su entrada en la Academia sin marcar paquete, porque suele ser prenda femenina. El ***panty*** parecía tenerlo más difícil por ser una simple variante, pero ha entrado en cursivas. Por cierto: cuando era un término en lengua inglesa, el plural correcto era «*panties*». ¿Quiere usted saber cómo queda la cosa, ahora que ya es palabra española? Pues no se lo pregunte usted al señor académico del quinto izquierda, porque él y sus cofrades, muy cucos, se han lavado las manos cual procónsules romanos hasta la decisión pronta. Van y añaden al final: «Úsase mucho en plural con el mismo significado que en singular». ¿Y cuál es el plural? Ni palabra. Nos han dejado en bragas. Usaremos ***pantis***.

• Margarita Riviere, *El País*: *Apenas 20 años después, la minifalda da al traste con fajas y armazones. Se inventan las minibragas, los* ***panties****, y el biquini se reduce a lo insospechado.*

papalina Es uno de los muchos y viejísimos apelativos coloquiales que se le dieron en muchas zonas de España a la inveterada **borrachera** o **cogorza** de alcohol. El diccionario se ha hecho de nuevas, pero era uno de los eufemismos preferidos de mi amigo José Aurelio Valdeón cuando éramos bajitos. Los dos. La próxima vez que los autores pimplen y les hagan soplar en el alcoholímetro, podrán jugar con la palabra y decir: «No estoy borracho, agente, sólo un poco *papalino*».

• Z. Worsky y A. Riera en *La emperatriz sangrienta*, publicado en 1930: *Operación a la que se dedicaba apropiándose el dinero destinado al culto a la Divinidad, tomando cada* ***papalina*** *que temblaba el misterio...*

paparazzi Ha entrado con ese carota en el *DRAE*. Se la pisa, pero sigue adelante. Para los que se arman líos y añaden al final una «s» en cuanto ven doble, aviso que la Academia ha tenido el buen cuidado de registrarlo sólo en plural: «fotógrafos de prensa que se dedican a sacar fotos a los famosos sin su permiso». Cuando es uno, hay que escribir «*paparazzo*», porque ya saben los que lo saben que los italianos hacen el plural en «i» y no en «s». Decir «*un paparazzi*» equivale a soltar «*un periodistas*». El neologismo nació —como Rafael Alberti— con el cine. *Paparazzo* es el apellido que Fellini puso a un personaje de *La dolce vita*, aquella inolvidable película con el genial Marcello Mastroianni y la desbordante o desbordada Anita Ekberg. Era un peculiar fotógrafo, «interpretado por el blondo *Walter Santesso*», dicho sea en palabras del cinéfilo Terenci Moix. En mi querida España, esta España mía, esta España nuestra, no teníamos ***paparazzi***; pero la Academia se ha rendido a la evidencia de los canales televisivos y las revistas viscerales: están aquí y nos tienen rodeados.

• Carlos Fuentes en *Cantar de ciegos*: *—¿Entonces qué es un paparazzi? —dijo* Mr. *Tommy el de Surrey, saboreando el* filet de sole.
Charlie: —Un soldado italiano con plumas de gallo en la cabeza.

• Javier Sardá, Telecinco: *¿Pero estamos haciendo de paparazzis?*
• Jesús Mariñas, Telemadrid: *Sabiendo que hay paparazzis persiguiéndola...*
Algo más que aclarar: siempre ha habido clases, no nos engañemos; por eso, aunque se suele encuadrar a los temidos ***paparazzi*** entre los periodistas, hay quien marca distancias separando el grano de la paja, al tiempos que añade la innecesaria «s» final:
• Pie de foto en *El Mundo*: *La imagen corresponde, precisamente, a los prolegómenos de la regata Breitling, en la que se dieron cita los miembros de la Casa Real —también el rey— y multitud de paparazzis y periodistas.*
¿Nadie escribe bien el singular? Si, muchos. Una muestra:
• Juan Goytisolo en *Señas de identidad*: *...y, por un tiempo, tu agitada existencia de* **paparazzo** *te había consolado del fracaso e irreparable ruina del proyectado documental sobre la emigración.*
Ultimo asalto: hay quien ha bautizado la actividad de los ***paparazzi*** con su propio verbo:
• Eduardo Mendicutti, *El Mundo*: *Esto de* paparazzear *no es nada sencillo. / Antes de entrar en harina, que la de hoy es importante, tengo que decir que, en esto de paparazzear portátil en ristre...*

paquete Es algo que me marco aquí y ahora, por primera vez con permiso de la autoridad. Antes se podía hablar con propiedad de muchos paquetes; incluso del «**paquete** de medidas» con el que siempre está amenazándonos algún gobierno. La Academia ha añadido ahora a **paquete** la nueva séptima acepción de «bulto de los órganos genitales masculinos bajo una prenda muy ceñida». Y dicho esto y como me he puesto colorado, salgo corriendo. Con permiso o sin permiso de los lectores, me aflojo la ropa para subirme a la moto. Una acepción ya antigua, me llama **paquete**. Reconoce que yo, que me niego a conducirla, puedo ir en una motocicleta detrás o al lado del conductor. Pero pasando un miedo que no vea usted, señor Nieto. Don Ángel.
• Noticia en *El Mundo*: *Esta es la principal propuesta de un* ***paquete*** *de medidas que propuso ayer el mi-*

nistro de Interior, Jaime Mayor Oreja, para reducir la alta siniestralidad en el tráfico.

paralimpiada Me suena a mí a nombre de detergente en plan *chorros del oro*. Pero no es eso, no es eso, que dijo don Ortega. Viene de nuevas en el *DRAE* cogidita del bracete con **paralimpíada**, que ya tiene otro aspecto, como más atlético por esdrújula y cortejadas ambas por **paralímpico**. Su construcción no suena muy feliz, aunque puede ser una impresión personal. Quizá por ello la Academia ha complementado este apartado de novedades con otras cuantas con mejor aspecto y sonido: **parolimpiada**, **parolimpíada** y **parolímpico**. Con tanta variedad para designar a las competiciones atléticas para disminuidos o discapacitados, ya ven, se han quedado fuera del diccionario las que llevan el grupo vocálico «ao»: <u>paraolimpiada</u>, <u>paraolimpíada</u> y <u>paraolímpico</u>. Habrían sido toda una rareza en el diccionario, porque en este ranchito de la «P» por el que pastan las palabras comenzadas con el prefijo «para-» («junto a» o «al margen de») no hay ninguna otra con las dos vocales dándose el pico.

• *Madrid Directo* en Telemadrid: *Gimnasio <u>Paraolímpico</u>. Teléfono número...*

• Programación de TV en *El Mundo*: *...y Escalada a Montjuic* (sic) *(tándem <u>paraolímpicos</u>).*

• Miguel Mora, *El País*: *...y del Bardem «madero» bueno y estrella del baloncesto **paralímpico**.*

• Chus Galán, *Buenos Días* en Telemadrid: *Y dejamos el fútbol y abrimos página a los Juegos **Paralímpicos**.*

parduzco Eso dijo uno que yo conozco de vista en *Escafurcios y palabros*. No es un color *especiaáal*. «Ni tan siquiera es legal», terminaba la frase. Pues le han quitado la razón al muchacho de un plumazo al aprobar **parduzco** como sinónimo de **pardusco**, que es como se llamaba oficialmente esa caquita de color ratonero. Si seguimos por ese camino, camino verde que va a la ermita, pronto nos aprobarán <u>verduzco</u> como si fuera **verdusco** o <u>pedruzco</u> por **pedrusco**. Nos terminarán por liar y, por darle la vuelta al asunto, acabaremos viendo de color <u>blancusco</u> al legal e inmaculado **blancuzco**.

• Agustí Fancelli, *El País*: *Abajo, **parduzca**, está la cebolla confitada.*

• Eduardo Mendoza en *El laberinto de las aceitunas*: *A medida que iba coronando la cima del promontorio se desplegaban a mis pies otras partes del área metropolitana, que una neblina **pardusca** iba cubriendo.*

parida Lo aplica en primer lugar el diccionario a la «hembra que hace poco tiempo que parió», aunque eso más parece aplicable a la **recién parida**. El caso es que hasta ahora, para el diccionario, decir que cualquier frase imbécil o sin sentido era una **parida**, no era una **parida**, sino una **estupidez** ilegal. Ya lo han incluido en segunda acepción como sinónimo de **sandez**. Y no digo más por si se me escapa otra. Más.

• Carlos Boyero, *El Mundo*: *No veas las **paridas** que se han inventado los guionistas, suavizadas por el cambio de sugerente ropa...*

partenaire Es palabro francés en franco desuso, pero aún se ve y oye de vez en cuando. Eso habrá motivado que la Academia lo incluya en su repertorio. Ahora, también es muy español ese viejo vicio francés de pronunciar la sílaba «ai» como si fuera una simple «e». La mayoría prefiere una **pareja**, un **compañero** o **socio** y reza porque no le salga rana. Menos el *rano*.

• Jesús Hermida, *El Mundo*: *Lo hacía con artistas, coristas, con celebridades, con mujeres o familiares de sus conocidos, con* **partenaires** *de mafiosos, con cantantes...*

• Pedro Schwartz, Cadena SER: *Es que varios de los* **partenaires** *europeos temen que varios países...*

Hay quienes no quieren hablar otros idiomas, por si se les atasca la boca, y traducen por libre el palabro, sin permiso de la Academia, convirtiéndolo en *<u>partener</u>*, que no sé yo qué es peor.

• Noticia en *El Mundo*: *Ha hecho oídos sordos a los rumores que últimamente apuntaban a que Nacho Canut, su inseparable partener musical...*
Y si ***partenaire*** está en desuso, no digo nada de otra que no ha conseguido colarse como si fuera su hijo: el *partenariado*, que viene a ser lo mismo que **en asociación** o **en sociedad**.
• Guadalupe Ruiz Giménez, entrevistada en la Cadena COPE: *Son problemas que se afrontan en asociación o partenariado, como gustan de decir en Europa.*

pasma Llaman así a la **policía** los delincuentes. Ellos sabrán por qué. Yo llamo a la policía cuando la necesito. Y de «señor agente» para arriba, porque no soy delincuente. Aún no he sido admitido en su selecto club. Seguiremos haciendo méritos. El término **pasma** hizo sus deméritos y aprobó el examen.
• Albert Pla entrevistado en *El Mundo* por José Manuel Gómez: *...si no, la gente te está dando la barrila con la **pasma** y me parecía excesivo poner las dos canciones.*

pasota Ha prosperado sin mover un musculillo. Tiene carné oficial de español. **Indiferente**, pero español. Su pasotismo, por el contrario no ha prosperado por lo legal. Los académicos *pasan* de él.
• Titular en *El Mundo*: *La CNMV tacha de **pasotas** a los accionistas de las grandes compañías.*
• Mario Benedetti en su novela *Andamios*: *Una cosa es que el consumismo, la publicidad, la hipocresía y la frivolidad de los medios masivos traten de convertirnos a todos, no sólo a los muchachos, sino a todos, en **pasotas** (a vos, que vivís allí, puedo endilgarte este término tan de España) y otra muy distinta que alegremente nos inscribamos en el antipasotismo.*

patera Ya estaba en el *DRAE*, pero con significados que los tiempos van dejando atrás: 1. Una enfermedad de la pezuña de los ovinos, causada por la excesiva humedad. 2. Una cazadora de patos salvajes. 3. En Chile, una «aduladora o lisonjeadora». En el nuevo cruce los siglos, la **patera** ha encontrado una playa española particular para desembarcar como lo que representa a diario en el siglo XXI. Según el diccionario de la Academia, puede ser: «embarcación pequeña, de fondo plano, sin quilla», aunque ha terminado por aplicarse a embarcaciones de todo tipo que cruzan desde África a España con su triste y clandestino cargamento humano.
• Titular en *El Mundo*: *La Guardia civil intercepta una **patera** con 27 inmigrantes.*
• C. Romaguera, *El País*: *La **patera** que naufragó la semana pasada en Tarifa (Cádiz)... / El pasado día 21, los veintitrés ocupantes de una de las muchas **pateras** que cruzan clandestinamente el Estrecho de Gibraltar...*

páter familias y **paterfamilias** Es como llamaban los romanos de verdad, los del *peplum* y los coturnos, al **cabeza de familia** o al que ejercía como tal. La Academia lo ha admitido al enterarse de que tengo algunos amigos que lo usan, como don Joaquín, que es de los que saben latín.
• Joaquín Merino, *El Mundo*: *Se había inventado algo llamado «lucha generacional», y si el **paterfamilias** intentaba convertir a sus retoños en «hombres de provecho», éstos le tildaron de sátrapa...*

pauperizar Así, sí. Pauperización, no. Pobre y escueto resulta mi parte de admisiones. Se ve que el segundo no tiene ni para abogados defensores. Si te empeñas en dedicarte a la política, ahora puedes variar y no fastidiar siempre al personal de la misma manera. Puedes elegir entre este **pauperizar** y lo de antes, **depauperar** o **empobrecer** su economía. Incluso sin querer, señores ministros.
• Félix de Azúa, *El País*: *Un desierto de basura industrial de casi un centenar de kilómetros indica la gravedad de la pauperización napolitana.*

• Dasso Saldívar en *García Márquez, el viaje a la semilla*: *Los bajos salarios, las deleznables viviendas y los servicios médicos casi inexistentes terminaron de erosionar las precarias y mediatizadas relaciones sociolaborales entre los* ***pauperizados*** *obreros y la United Fruit Company.*

peatonalización y **peatonalizar** Han llegado al centro. Un poco más allá, incluso, del centro en el diccionario. Han ido poquito a poco para no asustar a los automovilistas. Primero aprobaron **peatonal**; ahora, las que faltaban para que disfruten durante horas las campeonas y campeones de los «diez mil metros-escaparate». Y los dueños de los aparcamientos subterráneos.
• Clara Neila, *El Mundo*: *Se trata de una primera etapa que* ***peatonaliza*** *la zona central de la Plaza de Oriente.*
• Inmaculada Loeches, Telemadrid: *...y se complementa con un programa de* ***peatonalización*** *del municipio.*
También los hay viciosos que no sólo **peatonalizan**, sino que repeatonalizan:
• Eduardo Inda: *El Mundo*: *La* ***peatonalización*** *—más bien repeatonalización— supone la recuperación del diseño original de la plaza...*

pedofilia y **pedófilo** Como dijimos antes, también pasaron la criba. En el diccionario. No en la sociedad ni en cuanto al mal gusto del bautizo. Es que hasta huelen. Se pueden sustituir por **pederasta** y **pederastia**, que también se aplican a quien comete abusos sexuales con los niños. Aunque hay que llevar cuidado, porque también se pueden usar como sinónimo de «sodomía». Y me niego a escribir ni una línea más por hoy sobre esa gente. ¡Que pasen los suplentes!
• Luis Antonio de Villena, *El Mundo*: *«****Pedófilo****» —aunque figura en el diccionario de la Academia— es en español un término cacofónico, que no debería usarse. Antes, en los circos, existían unos caballeros que ejercitaban música anal y se hacían llamar* ***pedófilos****. La palabra mixta —del latín* «peditus»*— aludía a sus ventosidades. Tal vez esa profesión ya no exista, pero el mal olor vive en el término. Los helenistas aconsejan usar* ***paidófilo****, que teniendo igual étimo es eufónica. La voz —leo a un experto muy* lenguado*— viene del griego* «páis»*, sustantivo masculino que se aplicaba a los muchachos entre la nubilidad y la adolescencia, esto es, entre 13 y 19 años, y de* «filía»*, que significa amistad o afecto espiritual.*
• Vicente Verdú, *El País*: *¿Pueden relacionarse los fenómenos de* ***pedofilia*** *al estilo de los casos en Bélgica, en Gran Bretaña, en el Raval de Barcelona o en el* Arny *de Sevilla, a los fenómenos de tráfico en los países*

pobres? / Naciones Unidas calculaba que el número de ***pedófilos*** *(en un estudio de 1996) en el mundo ronda los 500.000.*

pekinés Le ha quitado al **pequinés** la mitad de su caseta perfumada, con su *pipicán* o *alzapatorio* de mármol, y el radiador de calor negro. Que no se les olvide a ustedes, doña Isabel y don Miguel, sacarlos a su hora a hacer *kk*. A este, con más motivo.

pela Era únicamente «acción y efecto de pelar». Pero usted sabe que **pela** es como han venido llamando a la **peseta** los que tienen confianza con ella. «La **pela** es la **pela**», decían de espaldas a la Real Academia. Será por eso que no les oían y no les hacían caso. Y ahora que la **pela** desaparece en las fauces del euro, van y la aprueban con todos los honores. Incluso con en-

trada aparte. Será para que se la entierre con traje de alivio de luto. Sólo les ha faltado una alfombra roja. Aquí se ve la verdad de aquello de «a enemigo que huye, diccionario de plata».
• Ángel del Río, *El Mundo*: *Antiguamente los castizos llamaban a la «rubia beata» y los chelis la denominan* ***pela****; éstos llamarán al euro «pelo».*
• Vicente Verdú, *El País*: *En lugar de asistir a un concurso donde se supone que la gente acude para pasar el rato y llevarse, llegado el caso, algunas* ***pelas****...*

pensante «Que piensa», lo admiten ahora los **pensadores** de la Academia como adjetivo con vida propia e independiente del verbo «pensar». Ya sólo me falta el manual de instrucciones.
• Pilar Urbano en *Yo entré en el CESID*: *Los* ***pensantes*** *(los denominan «cabezas de huevo») del CESID emitieron tres lacónicos mensajes al gobierno.*

pepinazo Se suele llamar con este nombre a las explosiones fuertes, quizá por el parecido de algunos proyectiles con los pepinos. En dos patadas, el término pasó también al fútbol y se llama así al «lanzamiento muy fuerte del balón» por parte del bestia del delantero centro («A mí, Sabino, que los arrollo»). Muy diligentes ellos, los padres del lenguaje han puesto en el *DRAE* estos disparos castizos. Uno tras otro y por ese orden.

pequeñoburgués Pasó de ser definición a ser un insulto de los revolucionarios contra los integrantes de la **pequeña burguesía**. A los de la grande les llaman otras cosas.

perestroika Nació en la antigua URSS de la mano del presidente Gorbachov y se puso de moda en el mundo. Mi proverbial vaguería me incita a dejar que explique el término alguno de sus usuarios, que ya cobró el artículo, y que viene a decir lo mismo que la Academia:
• Noticia en *El Mundo*: *El líder de la* ***perestroika****, la reestructuración que significó la liquidación del imperio soviético, aparecerá en un anuncio de Pizza Hut.*
• Luis Matías López, *El País*: *«Mientras pueda, participaré en los procesos que puedan sacar a Rusia de esta situación», afirmó el impulsor de la* ***perestroika****...*

periquito Ahora en el diccionario con entrada independiente, que no independentista, es el apelativo coloquial que se da a los seguidores del equipo de fútbol Espanyol (antes, Español) de Barcelona, enemigos jurados de los *culés* que aplauden al Barcelona. Vaya usted a saber por qué, que a mí me aburre el Puente Aéreo.
• Julián García Candau, *El Mundo*: *Pero ayer,* culés *y* ***pericos*** *volvieron a rememorar viejas batallas. / Los* ***periquitos*** *eran muy españolistas y los* culés *muy catalanistas.*
Por cierto: aunque sólo sea por malmeter y divertirme después con los venablos envenenados de los directivos, hago notar «a quien corresponda» en la Ciudad Condal que la Academia, como hemos visto, aprobó de una tacada, además de estos **periquitos**, los **colchoneros** para los del Atlético de Madrid y los **merengues** para los del Real Madrid. A los *culés*, ni un caramelo. Luego decimos que se quejan.

petardas Las hay ya hasta en la Academia. Todo un éxito de las televisiones patrias. Porque no me refiero a ninguna académica de número y sillón, sino a las conocidillas de medio pelo que pululan por los medios de comunicación dando clases públicas de zafiedad, vaciedad y hasta suciedad. Y, encima, cobrando. Hasta el siglo XXI, el diccionario sólo admitía **petardos**, siempre en masculino; pero únicamente albergaba a los **petardos** directamente explosivos o en la acepción de «dar el **petardo**». Todas ellas han sido relegadas y han perdido la primera acepción en favor de los **petardos** y **petardas**

que son «personas pesadas, aburridas o fastidiosas», así como a las «poco competentes en su cometido». Repito: un gran éxito de las televisiones patrias que han llevado en volandas hasta el poder a las *Tamaras* y *Geniles*.

• Terenci Moix, *El País Semanal*: *Una gesta que sólo podía emprender la fantasía de los años cincuenta y el delicioso gremio de las* ***petardas****.*

• Rafa Rodríguez y Sara Sáez, *El Mundo*: *La que fuera musa de «moteros» quiere vender su* Harley *y colgar el hábito de* ***petarda****...*

petulante Reconoce que lo ha pasado muy mal. **Presumido** y **presuntuoso** a más no poder, no era admitido en sociedad académica. Presumía de cualquier cosa; menos de haber entrado en el *DRAE*. Le han hecho sufrir hasta ahora. Por **chulo**.

pichinglis Aunque parezca mentira, ya podemos llamar oficialmente a ese remedo de lengua inglesa hablada por españoles que hablan poco inglés, pero lo usan mucho para hacer *como que*. Y aunque hablen mucho. La Academia lo define como «lengua franca de base inglesa». Lean un ejemplo de los palabros que se mezclan para conseguir un **pichinglis** ilustrado:

• *El Mundo: Menos daisy cutters eruptando muerte desde las fauces de los B-52 y más brain storming desde los thinkings tanks.*

¡La gallina!, aventuró el Amalio. (Por cierto, en inglés lo correcto sería: *brainstorming* y *think tanks.*)

pijo Les importaba un **pijo** hasta ayer mismo. Y la **pija**, una **pija**. Espere y atienda a mis razones antes de acusarme de intentar *camilear* sin la gracia de don Cela. Tampoco se trata de soltar un par de tacos para desfogar. **Pijo** figuraba en el *DRAE* con dos únicas acepciones: por delante, claro, el «miembro viril», y después una «nadería». En la nueva versión, los académicos han tenido la amabilidad de echar hacia atrás el miembro. Hasta la cuarta acepción, se entiende. Delante del miembro han puesto la nadería, con lo que aquí no pasa nada interesante. Los primeros lugares —por fin le reconocen con lo visto que le tenemos— se los han reservado al niño **pijo**, al presumidillo ese que en los años cincuenta fue llamado niño litri. Ese de ahí —y no me importa señalarle con el dedazo— que anda alardeando de posición social encumbrada, luciendo sus ropitas o peinados de niño o de niña bien. De paso, ellos que pueden, han introducido la **pija** en el *DRAE*, supongo que por dar gusto al equilibrio de los sexos. El pijerío ya no ha colado, aunque sea el conjunto de la gentecilla **pija**, mientras que la pijería es otra que no coló como cualidad principal de los ostentosos **pijos**. A todos ellos les recuerdo que las únicas palabras de esta *pijotera* familia aprobadas anteriormente por la Academia eran la **pijada**, como «cosa insignificante» y la **pijotería**, como «menudencia molesta». También andaba ya por aquí hace años el primo americano, el **pije**, que curiosamente es como llaman en Chile y Bolivia al que aquí llamamos **pijo**, y ahora ha venido a traerle mangos y papayas el **pijudo**, que también por allá viene a aplicarse a los *pistonudos* y demás *cojopendos*. Y ahora, a enjuagarse tocan.

• Manuel Vicent, *El País*: *Aunque recriado en una endogamia de amigos* ***pijos*** *capaces de llevar vaqueros planchados y zapatos de tafilete con dos borlitas... / Lo dice el camarero de un bar de moda, el catedrático de constitucional, el patrón de yate, el*

*amigo **pijo** y el antiguo compañero de clase.*
• Guillem Martínez, *El País*: *Son abueletes —vestidos más bien cutres, como un comité de afectados por el «medicamentazo»— que chillan a jóvenes y señores vestidos un tanto **pijos**.*
• José María de Juana, *Cambio 16*: *Era el sueño erótico de ricos y pobres, de ministros y de obreros, de **pijos** de Serrano y de menestrales de Lavapiés...*

pin Llegó a España con los fastos y demás maletines, comisiones y hasta *convolutos* de 1992 y se oficializa casi diez años después. Se puso de moda, es cierto, algo que hasta entonces era llamado por todos **insignia. Pin** es más corto. Para ahorrar y para cobrarlas más caras. Algo hay que cambiar, el nombre, para que nada cambie. En tan poco ojal no me caben ejemplos.

ping-pong Jugaba al pimpón en la mesa de la Real Academia cada sobremesa para acelerar digestiones. Ya no podrá volver a hacerlo. Para empezar, le han rebajado los humos y le han pasado de sus redondas a unas cursivas marcadas a fuego. Después, los académicos han expulsado de la competición a su anterior obra de arte traductor, el pimpón. Si no quiere jubilarse anticipadamente como un español de pro, va a tener que andar desdoblándose para jugar *consigo sismo*. Yo le brindo la ayuda de un jugador reserva que no ocupa plaza de extranjero: el **tenis de mesa**. Puesta.
• Julián Ruiz, *Marca*: *Una tontería de Gamarra convirtió el partido en uno de* **ping-pong**, *pero sin chinos.*

pírrica victoria Ya no es lo que era. O no siempre es lo que tradicionalmente fue: una victoria en la que «el vencedor ha tenido más daños o víctimas que el perdedor». Nunca quiso decir «victoria pequeña o escasa». Y es lógico: lo de **pírrica** viene de que un rey de Épiro llamado Pirro, le ganó al ejército de Roma la batalla de Ausculum; pero le mataron a tantos hombres en ella, que terminó perdiendo la guerra. Pues, miren por donde, la Academia ha venido ganando batallitas y sacándonos los colores cada vez que metíamos la lanza equivocada, y no ha parado hasta perder la guerra. En el 2001 admite una segunda acepción como «conseguido con mucho trabajo o por un margen muy pequeño». Hay quien se rinde por nada. Total, unos cientos de pírricos historiadores.
• Alfonso Celemín, TVE: *Al final, la victoria ha sido **pírrica**, uno a cero, pero suficiente.*
Miren ustedes: se puede ganar por seis a cero un partido; pero si te expulsan a tres jugadores y, además, te sacan la quinta tarjeta a los otros ocho titulares, a lo peor tienes que jugar el partido siguiente, que es el decisivo, con once suplentes y perderlo. Ese 6 a 0 sería una **pírrica victoria**. De las clásicas.
También admite el *DRAE* del siglo XXI que se utilice la palabra **pírrica** sin que haya victorias o triunfos de por medio. Sencillamente, en la tercera acepción lo convierte en sinónimo de **escaso**, con lo que han conseguido llevar razón en su uso bastantes personas:
• Félix Ángel Carreras, *El Mundo*: *El Fórum creyó en sí mismo y eliminó al gran gigante en veinte minutos épicos que sirvieron para dejar al Madrid en 32 **pírricos** puntos en esa segunda mitad de la verdad.*
• Ángel González Ucelay, Cadena COPE: *¿Y a usted le parece bonito que la isla de la Palma esté en boca de todos? Porque estamos hablando de 34 millones. Una cantidad **pírrica**.*
Para que no queden dudas, aquí queda un ejemplo patente de lo que sí es una **victoria pírrica** clásica:
• *Matinal Cadena SER*, de los sábados: *Milosevic sólo reconoce una **pírrica victoria** en algunos barrios de Belgrado.*
Y, como en las películas de suspense, el final original: ya no se trata de llamar **pírrica** a una victo-

ria, sino a un **empate**. Lo nunca oído. Hasta entonces, claro:

• Ángel González Ucclay, Onda Cero: *Después de su pírrico empate ante el Servette suizo...*

pispás Es graciosa, etérea y volátil, lo que no era una buena recomendación para llegar al diccionario y hacerse carnecilla en él. Pero alguien con el mismo segundo vicio favorito que yo, el de leer diccionarios, aunque en este caso cobrando, debió de darse cuenta de que aparecían en sus páginas la «**pispa**», una «muchacha pequeña y vivaracha» y el «pispajo», «persona pequeña». Todo cortito y vivo. Así que, como en un **pispás**, como en un **instante**, como en un **periquete**, redactaron la definición final: **en un santiamén**.

• Pedro J. Ramírez, Cadena COPE: *...y luego llegan y, en un* ***pispás****, el nuevo gobierno lo desautoriza.*

• Rosa María Sardá, Antena 3: *Yo voy maquillada y, ahora, necesito que me retoquen en un* ***pispás****.*

Alguno queda que quiere distinguirse y usa variantes no admitidas en un **pispás**:

• Lluís Regas, *El Mundo*: *En un plis plas, el Barça parecía haber calmado su ansiedad.*

píxel Viene de *pix*, que es diminutivo del término inglés *picture*. Lo han adoptado los informáticos como unidad de medida para conocer con exactitud la calidad de las imágenes en una fotografía de esas que manipulan hasta sacarte guapo y con flequillo. Procuren pronunciarlo bien para que nadie lo confunda con «pichel», acentuado en la «e», claro, que es una variedad de vaso tipo jarra para beber cerveza. ¿Verdad, don Óscar?

pizza No ha perdido mucho sabor en el nuevo diccionario. Ni precio. Lo que sí ha perdido son sus antiguas letras redonditas. Es como si le hubieran eliminado las aceitunas, miren. La han pasado a cursivas por aquello de que no se pronuncia exactamente como se escribe, aunque tampoco está bonito que la llame usted «picha». Suavice, por favor. Supongo que ha sido por eso, pero no lo aseguro porque, por el contrario, a la **pizzería** no le han cambiado el formato del letrero porque con los derivados no se atreven como ya hemos dicho. Les aviso de esto no por cotilleo malévolo, sino porque, con eso de que te la traen en motillo y con prisas, a lo mejor usted es que ni se fija en lo de las aceitunas. Lo que hace el hambre.

pizzicato Me va a dar poco trabajo: han hecho con él lo mismito que con la ***pizza***. Pasarlo a cursivas. Ese sonido que se consigue pellizcando las cuerdas del violín no parece resentirse. Oiga. Pero sin la tele funcionando, caramba. Apáguela, que no oigo nada.

placaje Se escapó por fin de un tirón del **placaje** al que lo habían sometido hasta dar con él en tierra. Estuvo con su corchete de soldadito aspirante en los diccionarios manuales de los años 1985 y 1989, pero no entró en el normal de 1992. Para los que no somos *hombrones* tipo armario de tres cuerpos como los que juegan al rugby, aclaro que este **placaje** llegado al *DRAE* consiste en que, cuando vas corriendo por lo verde, un tío se te sube a la chepa agarrándote con las dos manos, siempre por debajo del cuello, hasta que te tumba en la hierba, sin buenas intenciones. Lo de «por debajo del cuello» lo he añadido yo de mi cosecha, porque el diccionario no lo aclara. Está muy prohibidito en el rugby agarrar de más arriba a esas velocidades, porque te puedes descabezar de la parte de la cabeza tontamente. Hasta ahora, para el diccionario de la Academia, **placar** sólo significaba «aplacar, calmar o apaciguar». Nada de chepas, ni de revolcones, ni de esplendor en la yerba.

plastilina Lleva años infiltrándose en el lenguaje. Partió del jardín de infancia y del colegio. Si tú le preguntas a un infante qué es lo que ha aprendido esa mañana en el *co-*

le con su *seño*, seguro que te dice que ha estado dándole a la **plastilina**. A lo peor la llama plastelina. Si así es, pero sin darle de capones como tienes por mala costumbre, avisa a la criatura de que esa forma con «e» no está admitida. Y no le preguntes que qué cosa ha modelado con esa masa blanda moldeable. Pondrás a la criatura en un aprieto. Que es que siempre tienen a los niños haciendo cosas como un reposapiés, o un portabicicletas para el día del padre o de la madre. Donde esté una corbata...

• Pie de foto en *Cambio 16*: *Obra de Eugenio Castro (plastelina sobre fotografía).*

pluma y **plumerío** Se llama así de forma eufemística al afeminamiento amanerado. Los académicos no ponen a la vista pública nada de **plumerío** afeminado, puesto que lo restringen a «conjunto de plumas» como hacen con **plumería**, pero sí usan la **pluma**, aunque no de forma muy visible y evidente. En el diccionario. No ponen la mano llamativamente y de primeras tal que así al decirlo. Con acepciones menos usadas por delante y por detrás, como la que lo equipara a «ventosidad, pedo», hay que llegar hasta la nueva acepción número diecisiete para encontrar: «Afeminamiento en el habla o los gestos de un varón». Las feministas no reclaman.

• Luis Antonio de Villena, *El Mundo*: *Eduardo Mendicutti nos había brindado, literariamente, un modelo paralelo (mucho más radicalmente hispánico) de esa faceta ostentosa de la homosexualidad que es el* ***plumerío****.*

• Raúl del Pozo, *El Mundo*: *Ese filibusterismo sólo puede ser conjurado montando el pollo contra las reinonas del Congreso, muchos de ellos con la* ***pluma*** *escondida en el escaño.*

polibán Fue el nombre de pila con el que se bautizó a la aprendiz de bañera con forma de butaquita que instalaban en los pisitos del Plan de Desarrollo español tras la posguerra. Una butaca con grifos para el baño de asiento o la ducha. Como los pisos suben y suben aunque no tengan ascensor y los sueldos no suben si no es a lomos de un IPC, el **polibán** se ha mantenido y ha logrado un hueco en el diccionario. Mire bien, que está en el rinconcito de la derecha. ¿O será patrimonio de la izquierda?

politólogo Se ha impuesto en el diccionario usando de sus influencias en Moncloas, Zarzuelas y demás centros de influencia donde dar el cante. Es todo un especialista en la «disciplina que estudia la política», pasado por la máquina expendedora de diplomas y títulos de grado superior llamada particularmente Universidad. Algunos, si se me permite decirlo, más falsos que duros con la efigie de Ruiz de Lopera.

polucionar ...el ambiente es lo único que te será permitido en adelante con tal nombre. El verbo ha llegado a su destino cual ciclista dominguero con retraso sobre el horario previsto. Y con un solo vagón: «contaminar el medio ambiente». Si andabas con tu cabecita rijosa puesta en otro tipo de efusiones, llámalas «equis», que diría un castizo y antiguo matemático. El caso es que **polución** sí se refiere al *asunto*, aunque le han puesto un biombo por delante. Hasta ahora, su primera acepción era «efusión del semen», y la segunda, para más joder, «acto carnal». Pues en la edición del 2001 han puesto por delante aquello de la contaminación de los buenos aires. De acá y de allá. A joderse tocan. Pero después.

pollo Ya es, por fin, casi como un caballo. Casi. Ya puedes **montar el pollo** por todo lo alto y corretear impunemente por el corralito de las palabras. La Academia ha incluido esa frase coloquial en un huequecito libre. Hasta ahora, el **pollo** tenía documentos legales a su nombre para ser una **cría de ave**, un **gallo jovencito** o, ¡que asco!, el **escupitajo** que los muy guarros sueltan en las aceras españolas.

Lo que no era todavía es un **lío**, un **follón** o un **escándalo** por cualquier cosita de nada. Estarán contentos los que te **montan un pollo** por menos de nada con este reconstituyente sobrecito de Avecrem que les ha echado la Academia en su puchero. Pero estoy seguro de que toda esta gentecilla que te **monta un pollo** perderá siempre ante los que montan un caballo. Ganador.

• Eduardo Mendicutti, *El Mundo*: *Nosotros sólo somos capaces de luchar por nuestra dignidad y los españoles, en cambio, se permiten* ***montarle un pollo*** *a la Filarmónica de Viena.*

• Federico Jiménez Losantos, Cadena COPE: *En lo de la contravigilancia, el que ha* ***montado el pollo****...*

pomada Además de al ungüento *cura-sana-culito-de-rana*, le llaman ya en segunda acepción a un sitio o lugar metafórico donde se supone que están los mejores, los que saben, los que están de moda, y demás gente de mal vivir. Esto último es cosa mía, porque la Academia es muy respetuosa y se refiere a un «círculo de personas de prestigio». Los que están «en la **pomada**».

• Liz Perales entrevista a Nati Mistral en *El Mundo*: *...manifestó que, cuando Tomás Marco, director del Instituto Nacional de Artes Escénicas y de la Música (INAEM), le llamó para comunicarle la decisión del jurado, creyó que se trataba de una broma, «porque yo no estoy en la* ***pomada****».*

pompis Lo admiten ya como formas fina y eufemística de decir **culo** con papel de fumar entre los labios. Al que han dejado con el culo fuera del *DRAE* ha sido al singular <u>*pompi*</u>. Yo llevo años usando algo diez gramos más original pero también eufemístico en las reuniones sociales: lo llamo *pompidou.*

• Javier Villán, *El Mundo*: *Diré, pues, «coñazo» en vez de «****pompis*** *de delante», como el hipócrita pudor que una generación lingüística nos ha impuesto.*

popó Es un **pompis** español para poder hacer **popó** allá por Chile. Allí **popo** es talmente como unas **nalgas**, aclara el nuevo diccionario. Pero también dice que en otros países hispanos, equivale como aquí a **excremento**. Se hacen **popó** en los pañales con su **pompis** los tiernos infantes, hasta que empiezan a andar, momento en que ya hacen sus **caquitas** de tamaño natural. Todas estas las meten en el diccionario para que no anden atufando sólo fuera. Por cierto, si viaja a Perú, aunque puede usar **popó** y **pompis**, nunca se le ocurra decir **culo**, que allá es palabra horrorosa. Diga **poto**, que también está en este diccionario generalísimo de las Españas. Saldré huyendo de este rincón; pero, antes, tirón de cadena y ambientador a tope.

portavocía «Cargo y condición de portavoz», tuvo de forma fáctica mi compañero y amigo Eduardo Sotillos. Pero ni estando en el gobierno pudo llamarla así con esta propiedad académica. Hemos tenido y tenemos montones de **portavoces**, pero andaban todos sin una **portavocía** que llevarse al micrófono. Eso, sí: callarse no se callan ni debajo del agua. Hace años que, por ejemplo, el *Libro de estilo* de *ABC* decía que qué *caramba, carambita, carambí, urí*, hacíamos aquí esperando; que se usara. La **portavocía** de la Academia comunicó por fin su aprobación. A buenas horas, Eduardo.

posgrado y **posgraduado** No han aprobado. Los que aprueban o suspenden son los profesores. Digámoslo correctamente: **posgrado** y **posgraduado** *han sido* aprobados. No así el <u>postgrado</u> ni el <u>postgraduado</u>, por querer colar esa «t» de matute. El caso es que, ahora que ya estamos en confianza, a mí siempre me llamó la atención eso de que convocaran cursos «para posgraduados». Son cursos para **graduados** y van que chutan y dan en el poste. Ya serán **posgraduados** al final. O no. Sería como llamar *posdormidos* a los que están todavía simplemente dormidos o *posjodidos* a los que están de momento hechos polvo, puré y demás fosfatinas vírgenes. Ganas de presumir antes de aprobar.

• Publicidad institucional, Cadena COPE: *Si eres* ***posgraduado*** *y deseas convertirte en un destacado profesional de la radio...*

• Títulos en *El Mundo*: *Treinta dudas sobre los postgrados. / Realizar un curso de postgrado supone una inversión...*

posicional Lo admiten ya los árbitros de la lengua: «relativo a la posición». Ya lo admitían los del fútbol. Según me cuentan con malevolencia hinchas de equipos modestos, los señores colegiados hacen uso de ese **posicional** para no pitar fuera de juego a los equipos grandes. Así, así, así gana el Madrid. Así, así, así los quiere Gil. ¡Arsa, así gana el Barça!

• José María García, Cadena COPE: *Era un fuera de juego* ***posicional****. No intervenía para nada en la jugada.*

• José Núñez Manrique, ex árbitro y comentarista, Telemadrid: *Es fuera de juego* ***posicional*** *y no influye en la jugada.*

positivar Ya no lo tienen castigado en el cuarto oscuro. «Obtener el positivo de una imagen fotográfica» es la definición, en la que al negativo no se le da ni agua. Pero estaba allí antes. A oscuras y en cubeta.

posmodernidad, **posmodernismo**, **posmodernista** y **posmoderno** Tan relativamente recientes ellas, ya están admitidas. No han querido esperar en la Academia a que tuviesen *posantigüedad* y que adquirieran la pátina de todo lo *posantiguo*. Y, ahora, las explicaciones de algunos *preusuarios*:

• Francisco Umbral, *El Mundo*: ***Posmodernidad*** *es transvaloración de todos los valores, asunción de la vida por encima de esa palabra de la izquierda, «ética», que ya nadie recuerda lo que significa.*

• Carlos Salas, *El Mundo*: *Una parodia escrita por un profesor de física ha desatado un furioso debate entre los defensores del pensamiento* ***posmoderno*** *(representado por Baudrillard, Lacan, Deleuze, Derrida...)...*

post mórtem Ha empezado una nueva vida en las Españas. Le han puesto la característica tilde sobre la «o» para que no siga presumiendo de latina antigua. Así llamaban los romanos y sus colonizados a lo ocurrido **después de la muerte**. Y no sólo lo del entierro y el lío de la herencia o el descanso de algunas viudas y viudos. Por cierto, al que lo escriba todo unido lo desheredo en vida.

• *El Mundo*: *...son la fuente de los más lucrativos negocios: reediciones, homenajes, recopilatorios, grabaciones inéditas y un amplio surtido de camisetas,* pins, *y demás utillería postmortem.*

• Rosa Montero, *El País*: *Supongo que a Ana María le exasperaba este espectáculo de apropiación* ***post mortem.***

postmodernismo y **postmoderno** Pensaba yo en mi ingenuidad de *preantiguo* que no colarían. Me olía mal esa «t» que la Academia, si no me falla la memoria además de lo otro, recomienda comerse cuando la palabra siguiente al prefijo comienza por consonante. Pero no siempre sigue la normilla y esta vez medio se la salta. Y digo que me «medio se la salta» porque deja entrar hasta el dormitorio a **postmodernismo** y **postmoderno**, pero se dejan en el rellano de la escalera a la postmodernidad y al postmodernista. Que se busquen la vida en su pasado.

• Luis Antonio de Villena, *El Mundo*: *...el espectáculo llamado «Los tres tenores» (y los particulares caballeros que lo cantan) son una imagen —probablemente a su pesar— de lo peor y lo mejor de esta sociedad ultracapitalista,* ***postmoderna*** *y gregarizada.*

Para cerrar, sea usted tan amable, don Francisco, y pónganos una gotita irónica de las suyas:

• Francisco Umbral, *El Mundo*: *En las Cortes se dice «liderato», «prioritario», «postmodernidad» y «sofisticado»... en acepción equivocada, porque es lo que traía la prensa de esta mañana.*

Gracias.

postular candidatos No estaba bonito pero ya es posible. Antes, sólo era posible **presentarlos**. El verbo sí permitía utilizarlo con egoísmo puro de sangre humana para eso de **postularse** para un carguito. También se **postulaba** a la hora de pedir dinero para los *chinitos* o los *negritos*, como si te hubiera hecho la boca un fraile o, más modernamente, una ONG. Ahora ha admitido una cuarta acepción como «proponer a un candidato para un cargo». Si es de la familia. Claro.

potear Según ha rastreado mi amigo Pedro Parada González de Ocaña, aficionado a la genealogía, nació con Fueros pero sin demasiadas ínfulas. Es un verbo cordial y le gusta moverse con su pandilla por Navarra y por todo el País Vasco tomando **potes** de chacolí y otros mostos. La costumbre fue bajando por la península y el verbo **potear** se ha ganado un sitio en la barra del diccionario común. Pero el poteo —beber en amor y compañía— no lo recomienda la Academia. Debe de ser malo para el hígado. **Pote** sí lo registraba ya como nombre de un «vaso de barro» y como un «vaso *de* vino que se toma en los bares». «Un vaso *con* vino» habría sido más fino, ya que el anterior era «de barro». Lo digo en voz bajita, no como hacía en Aranjuez el hijo del señor Isabelo, mi paisano Robert, que corregía en alta voz a los clientes cada vez que le pedían un vaso de leche. Según él, todos eran de cristal. Para información general, voy y añado: **potar** ya lo daba antes la Academia como sinónimo de «beber». Ahora, forma pandilla con **potear**.

• Pedro J. Ramírez, *El Mundo*: *...la estampa de un tío con chubasquero o anorak que entra en un bar para descerrajarle un tiro en la cabeza a un señor mayor que* ***potea****, charla o juega a las cartas.*

• Javier Urtasun, *El Mundo*: *Además de presidir la peña* Lakabeg, *frecuentaba con su cuadrilla el bar* Atarratze *—sede del grupo— y otros locales de* ***poteo*** *de los aledaños del estadio del Athletic de Bilbao.*

preacuerdo Inaugura sin corte de cinta la lista de palabras con su bonito «pre-» como prefijo previo preliminar, que diría un redundante. Realmente, como digo nada más levantarme cada mañana en estos casos, lo que hay antes del acuerdo o es un desacuerdo o es la nada. Es como lo de la prealerta que aún no han admitido. Antes de la alerta los ciudadanos vivimos tan tranquilos. Dentro de un orden. En puridad, llegar a un **preacuerdo** es llegar a un **acuerdo previo**. Pero en la Academia, que además de que saben mucho es que los hay muy cucos, han añadido a la definición una coletilla que distingue una palabra de la otra, y que yo remarco para que vean que no soy un enredador sin principios: «Acuerdo previo entre varias partes *que precisa ser ultimado o ratificado*». Así, sí. Apúntense otra.

preaviso Para los navegantes: eso tampoco estaba en el diccionario. Pero ya está. Lo han colado sin más **aviso previo**, cosa que no es lo mismo, si lo meditan, que haber colado el **preacuerdo** anterior. ¿Cuál ha sido el truco esta vez? Colar entre **aviso** y **previo** una palabrita de ordeno y mando de los jefes, con lo que la definición remarcada por mí, que para eso estoy de guardia, queda así: «Aviso *obligatorio* previo». Apúntense dos.

precarización y **precarizar** Estaban en nuestra habla y escritura diaria en precario y de prestado. Como los hablantes y escribientes siempre estamos con ganas de *inventacionar palabraciones*, para contrarrestar a los que *optimizan optimizaciones* nos sacamos estas dos que ahora se aprueban. ¿Enriquecemos o deterioramos así el lenguaje? Según se mire y según los casos. De momento, con la aprobación de **precarizar** y **precarización**, ya nunca podrá volver a ocurrir que un director de periódico le saque los colores al mismísimo presidente del Gobierno. Pero no a sus propios redactores.

• Pedro J. Ramírez, *El Mundo*: *¿Significa eso que existe, a la vez, un riesgo de* ***precarización*** *del proceso de paz? Esa es al menos la expresión —o mejor dicho, el palabro impropio de un castellano bien hablado— que el presidente Aznar ha empleado...*

• Javier Ortiz, *El Mundo*: *La* ***precarización*** *del empleo y el recorte de las prestaciones sociales...*

precocinado Nos llega listo para un calentón y, después, echarlo rápidamente al plato. O sea, que nos lo venden **cocinado**, pero poquito. Con ello, dice el diccionario «se emplea poco tiempo en su elaboración definitiva». Iván Victoria Artalejo, joven cazador de palabros, lo prefiere todo de puchero. Como yo.

preestreno Ha entrado dando un salto sobre <u>*preconciliar*</u> que se ha refugiado en la Iglesia para no pasar frío a la puerta de la Academia. También esperan turno otras como la inútil <u>precampaña</u>, de imposible existencia porque los políticos están de campaña perpetua. **Preestreno** parecía ser claramente por sus atuendos de tiros largos algo así como una «representación teatral o proyección cinematográfica antes del estreno oficial». Pero, claro, como el estreno es el «uso por primera vez de una cosa», se entiende que la Academia se resistiera, porque el tal **preestreno** sería, y ya estamos en las mismas, un **estreno** como la copa de un plátano de Indias. Otra cosa es que lo hagan de tapadillo o de espaldas al pueblo, que dice mi vecina, doña María. Pues lleva usted mucha razón, señora de Figuerola Ferreti. Y hasta le han copiado su idea y su truco en la Academia. Lea la definición: «Exhibición que se hace con carácter restringido». Y con este ya son tres **preestrenos** de palabros en un mes.

• Martin Scorsese y Woody Allen dialogan en el suplemento de *El País*: *Cuando la vieron les gustó, pero exigieron que se hicieran* ***preestrenos*** *y tuvimos algunos problemas a cuenta de eso. / A pesar de todo, aprendí mucho de los* ***preestrenos****, comprendí que lo que hay que hacer es defender una idea...*

• *Telenoticias* en Telemadrid: *La duquesa de Lugo fue la principal invitada al* ***preestreno*** *de la película del agente 007.*

prejubilación y **prejubilar** No afectan a los señores académicos. El sillón les pertenece de por vida. Seguro que han aprobado estas dos palabras pensando en nuestro bien y para sacarnos cuanto antes de los trabajos forzados y de los bajos sueldos. Son benefactores de la humanidad, aunque mucho menos que los empresarios, que esos capitanes de empresa que no nos merecemos. Ellos, por el contrario, con las botas puestas hasta el día del óbito. Como los papas. Apacentando palabras.

• María Irazusta, *El Mundo*: *...Nemesio Fernández Cuesta manifestó ayer que los 3.397* ***prejubilados*** *que hay en Hunosa costarán al Estado... / ...se basan en la posibilidad de que las* ***prejubilaciones*** *de la minería pública se equiparen a las de la privada. Es decir, que en Hunosa los trabajadores* ***prejubilados*** *cobren el 70% del salario neto... / Otra de las propuestas que el Ministerio de Industria ha puesto sobre la mesa es que los trabajadores* ***prejubilados*** *reciban como máximo una renta...*

prerrequisitos Con una cara tan hosca para el aspirante como la de los **requisitos previos**, ya tiene permiso de circulación. Puestos a inventar palabros con el prefijo «pre», acabo de recordar que yo me inventé hace tiempo uno muy parecido: los *prerrequesitos*, que son realmente la leche, aunque suene a

taco. Mediten ahora que pueden.
• Martín Prieto, *El Mundo*: *...también son **prerrequisitos** para entender el mundo en que vive el nacionalismo vasco. / ...excepto con la antecitada balcanización de España, **prerrequisito** del soberanismo euskaldun.*

prima donna Ha llegado dando el dos de «n» para hacerse notar rápidamente y darse más importancia. Ha habido que hacer sitio en los alrededores, porque ocupa lo suyo este italianismo con que se dio en llamar a esa señora de abundantes carnes, por lo general, que canta el papel principal en una función de ópera. El término pasó del escenario al patio de butacas, y de allí, a la puñetera calle, en la que muchos ciudadanos, jueces incluidos, quieren ejercer ese papel. Con lo que eso engorda, oiga.
• Raúl del Pozo, *El Mundo*: *En la esquina de la calle de Génova se ven ilustres catedráticos, **prima donnas** de la Jurisprudencia, decanos, abogados de lujo y abogados de secano, reporteros*, flashes...
• Santiago Segurola, Cadena SER: *Hay tal vedetismo entre los jugadores del Madrid, hay tantas **prima donnas**...*

primarias Siempre va con «s» al final, lleva elíptica la palabra «elecciones» y no deja de ser una mala traducción del inglés para hablar de **elecciones preliminares**, **elecciones previas** o **selección previa de candidatos** en los partidos políticos. Eso me han dicho unos señores que saben de esto, porque yo estoy aquí «a dedo». El caso es que la Academia ha añadido esa acepción. En «**primario, ria**» te remite a «**elecciones —s**», otorgándole respetabilidad. Ya da un poco igual lo que se diga, pero voy y lo digo. Los diccionarios de inglés suelen definir «*primary*» como una «elección **preliminar** para elegir candidatos». Además, **primarias** es un adjetivo, no un sustantivo. Y, de paso, lo de **primaria** tiene un soplo, un matiz peyorativo al entrar por la orejilla. Pero el sistema genuinamente americano, como el tabaco rubio, llegó a España en la primavera de 1998 importado por el PSOE. Y todos nos pusimos a hablar de **primarias** en vez de andar con **previas**, como si entendiéramos. Incluso los que avisaban al personal.
• Fernando Vizcaíno Casas, Cadena COPE: *Por cierto, que no sé yo si está bien eso de hablar de **primarias**. Yo miré ayer en el diccionario y se ve que han traducido mal.*
• Federico Jiménez Losantos, *El Mundo*: *Dicho esto, puede inferirse que unas elecciones **primarias**, anglicismo por **previas** o **internas**, como las que ha celebrado el PSOE...*

priorizar Era un palabro hasta hace nada. La Academia ya lo ha puesto en sus anaqueles, en vista de que toda la clase política se pasa el día **priorizando** lo que pilla en su benéfica *gestionización implementarizada* y demás actividades pagadas. Y con dietas.
• Gonzalo Robles, delegado contra la droga: *El gobierno ha decidido la <u>priorización</u> de la investigación económica.*
• Duran Lleida, CiU: *En el primer semestre del año hay que **priorizar** las medidas...*

privacidad Te reclaman a veces los que antes han sido vendedores de sus trances en calzoncillos. Sucios. **Privacidad** por horas exigen algunas de las que venden al mejor postor sus horas de correrías al desnudo, sin sustancia gris puesta. Se ve que no tenían bastante con su **intimidad**, o la habían tirado por la borda. El diccionario ya trae la **privacidad**. Pero como trae la *felicidad*. Por si acaso.
• Terenci Moix, *El Mundo*: *Mientras los moralistas se distraen escandalizándose ante cualquier manifestación del erotismo, la **privacidad** que proporciona Internet ha conseguido ir más allá de la pornografía.*
• Miguel de los Santos, *América total*, TVE: *...islas robinsonianas, que aseguran una absoluta **privacidad**.*

problematicidad y **problematizar** Les ofrecen ya en un lote por poco dinero en el diccionario. Y habrá alguno que las compre, que los nuevos ricos casi siempre andan insatisfechos. La **problematicidad** la equipara el diccionario al **problematismo**, que ya tenía admitido. **Problematizar** te lo definen de forma un tanto etérea o poco concreta: «Presentar algo como una cuestión». Es de suponer que esa cuestión la hayan metido para evitar tener un problema más a la vista, ya que es uno de sus significados. Y, como estoy deseando salir de problemas y de dejar de soltar *escafurcios* al intentar pronunciar tanta novedad, remato apuntando que ha quedado fuera otra pelmaza: la dichosa problematización, que algunos definen algo así como «el planteamiento de unos hechos para detectar sus problemas». Corto y fuera. Problemas.

• Francisco Umbral, *El Mundo*: *En cada episodio de este libro —todos autobiográficos de intención, aunque muchos no lo sean de hecho— lo que se cuestiona es la* ***problematicidad*** *y fracaso de la pareja...*

procedimental Es otro neologismo perpetrado y elevado a los altares académicos por la clase política adyacente y/o los expertos en derecho subyacentes en la misma. Los señores ya están servidos. Que no se les ocurra pedir que me ponga la cofia.

prosperar Lo que se dice **prosperar**, ese verbo ha prosperado con el nuevo siglo. Le han añadido una tercera acepción como «dicho de una idea, de un proyecto, etc., cobrar fuerza, imponerse o triunfar».Hasta ese mismo instante, **prosperar** sólo significaba «ocasionar prosperidad» y «tener y gozar de prosperidad». Queda claro que no era sinónimo de **avanzar**, **progresar** o **triunfar**. A lo mejor era por eso por lo que no «**prosperaban** las investigaciones» sobre aquello del Flick y del Flock o sobre lo de Naseiros. Tampoco «**prosperaban** las enmiendas» de la oposición. Vamos a ver si ahora **prosperan** y **progresan**. ¡Quietos con el rodillo!

protestón Ha conseguido un sitio en el diccionario. Será por no oírle. Y eso que ha protestado el **protestante**.

pucelano Es un gentilicio no oficial que se aplica familiarmente a los **vallisoletanos**. Adjetivo o sustantivo casero que no ha estado admitido hasta el siglo XXI, cosa que se la ha traído al pairo de los barloventos y sotaventos a los cronistas deportivos, sus principales usuarios. Por consiguiente, son los que pueden apuntarse el tanto en su marcador. Por cierto: sí figuraba en el *DRAE* la **pucelana** o **puzolana**, pero no es de Valladolid, sino de Nápoles. Es una roca parecida al basalto. Apuntemos en el haber del gentilicio coloquial, como le adjetiva la Academia, una sorprendente salida pública a la sociedad académica antes de su inclusión en el *DRAE*: hace pocos años se preguntó por su significado en el examen de selectividad para ingresar en la universidad. Se armó un ligero escándalo. Ventaja para los lectores del *Marca*. Siempre es bueno leer.

• Francisco García Caridad, Antena 3: *Marcos Fernández, desde hace una semana ya en su domicilio en la capital* ***pucelana****... / Saque de banda favorable al equipo* ***pucelano****. / Juega hacia su propio campo el equipo* ***pucelano****.*

• Oriol Guíu, *El Mundo*: *El conjunto* ***pucelano*** *cuajó su mejor actuación de la temporada... / Otro factor decisivo para Eusebio fue el contraataque* ***pucelano****.*

pudin Es nuevo en el obrador. No me pregunten qué lleva por dentro, porque sólo me he fijado en lo que no lleva por fuera: la tilde. El *pudding*, el famoso dulce británico, lo convirtió la Academia en **pudín**, palabra aguda, aunque también aceptó **budín** sin escatimar en leche, azúcar o pasas. Ahora añade la versión llana, **pudin**,

con lo que tenemos tres variedades en español. Por tanto, parece innecesario hablar inglés con la boca llena.
• Manuel Puig en *El beso de la mujer araña*: *...con una cosa muy rica... para acompañar el té... ¡**Budín** inglés!*
Don Manuel guardaba las buenas maneras hasta en la cárcel. ¿Y el plural?:
• Un paquete manteca. *Dos **budines** ingleses.*
Perfecto. **Pudines** como **budines**. Nada de *puddings*.

puf Era solamente una interjección. Hasta que sentó la cabeza y hasta la otra zona con la que piensan algunos en una especie de asiento blando de forma cilíndrica, sin patas ni respaldo para mayor incomodidad. Y se ve que dijo: «**puf**, qué incómodo». Y se ve que le oyeron y lo apuntaron y se chivaron a la Academia. A lo mejor no ocurrió así, pero asentado queda en el diccionario.

pulsión Es un anglicismo, me dijo un francés. Es un galicismo, me dijo un inglés. Y me dije yo: «Pues vaya asquito de palabro. Será por eso por lo que no está en el *DRAE*». Pero llegan los señores académicos, abren la caja de los caudales de sus conocimientos y te dicen en el nuevo *DRAE*: «Viene del latín tardío *pulsio-pulsionis* y significa en psicoanálisis, "energía psíquica profunda que orienta el comportamiento hacia un fin y se descarga al conseguirlo"». Punto en boca, que vienen los psiquiatras y sacan conclusiones de cualquier cosita. Con factura.

punk Con una inquietante vocal «u» que se pronuncia como si fuese una inocente «a» se llama a los seguidores de una moda o movimiento musical y estético *pop*. Es de procedencia británica y se opone incluso en sus vestimentas y por sistema al sistema. Incluso a lo burro, porque decir «de forma violenta» resulta un delicado eufemismo. El *DRAE* no se ha tomado confianzas y no recoge en su seno el diminutivo *punkie*, pero sí al ***punk*** en letra cursiva. Por cierto: el plural en inglés es *punkies*. En español, la Academia piensa añadir una «s» a las «palabras que terminan en grupo consonántico». Diremos ***punks***, aunque se nos pongan los pelos de punta.
• José Luis Martín, *El Mundo*: *El lugar por el que los cuatro* punkis *cruzaron la calzada...*
• Jesús Cano, *El Mundo*: *Aman trasnochar hasta las tantas, la música* **punk** *y la vida bohemia.*
• Gemma Casadevall, *El Mundo*: *Punkies, amas de casa, gente guapa y el resto del pueblo llano lloran a la princesa.*
• Lourdes Repiso, Telemadrid: *Esta noche actúa en Madrid el grupo Green Day, formación que propició la vuelta a la música* **punk**.

putería Ya está legalizado. Me refiero al término, o sea, por la parte de la lengua, que es el único rancho propio que tiene el diccionario para imponer su autoridad. Ha venido a acompañar a la **putería**, que llevaba siglos solita en el diccionario. Lo sitúa como sinónimo de **prostitución**, pero también para designar a un «conjunto de personas que ejercen la prostitución», a la vez que reconoce que también se llama así en El Salvador al sitio donde se ejerce: el prostíbulo. A los rijosos les dará igual, pero a los estudiosos conviene aclararles que el *DRAE* no tiene puteo a la vista, aunque admita desde el siglo XVIII **putear**, pero no en un *puticlub*. Todos los papeles en orden. Académicos.

pyme Acrónimo de «**Pequeña y Mediana Empresa**», está con sus muchas compañeras en pleno uso de sus facultades en el diccionario. La unión hace la fuerza. Y hasta modifica el lenguaje, que ya tiene un alto porcentaje de siglas y acrónimos. El caso es ahorrar. Puestos a ello, voy y opino, por si hay alguien leyendo, que no parece necesario decir o escribir pymes. Todas las letras del acrónimo son también iniciales de sus respectivos plurales: «Peque-

ñas y Medianas Empresas». Bastaría decir «**las pyme**». Así era antes; pero como ya es una palabra española con todos sus derechos, surge la duda. Consulte al primer académico libre.

• Titular en *El País*: *Hacienda no convence a la* ***pyme****.*

• Guillermo Sánchez-Herrero, *El Mundo*: *...y por la vía de la bajada de impuestos (para las pymes, para las rentas más bajas, sobre la gasolina)...*

Por cierto: ya hemos visto que se tenían dudas con el plural. Por eso, algunos como *El País* ponían una vela a **las pyme** y otra a las pymes:

• Titular en *El País*: *Las* ***pyme****, una cuestión de fondo.*

Después, la información:

• Piedad Oregui, *El País*: *...con el objetivo claro de abrir una nueva vía de financiación más sencilla para las pymes.*

queo Se lo doy a toda la concurrencia: ya no hay peligro de bronca aunque el señor académico está parado en la esquina y puede oírnos perfectamente. Ya no estarás infringiendo las normas académicas si usas el **queo** en tus sesudos escritos o en tus profundas conferencias. «Avisar de la presencia de algo o de alguien, especialmente si constituyen un peligro» ya no es sólo jerga de delincuentes baratos puesto que lo admite el diccionario. Los caros no dan ni el **queo**.
• Pedro Almodóvar, *El Mundo*: *...siempre tengo el **queo** de que, como es un acontecimiento, social, la gente te dice cosas agradables.*

querindongo Y su **querindonga** respectiva vienen a dar alegría al lenguaje, que muchas veces es un tío estirado. Viven en un pisito pared con pared del que les pusieron *señoras y señores de Bilbao* a su **querindanga** y a su **querindango** respectivos. Y sirven para marcar un grado mitad de cuarto más despectivo que lo de llamar **querida** a «la otra, la otra, que a nada tiene derecho». Cantó la Piquer.

querosene Nos lo envían desde algunos países de habla hispana. Ya teníamos el depósito lleno de **querosén** y **queroseno**. Comparemos precios. Y calidades.

racanería Es virtud de futuros o posibles millonarios y defecto comprensible de millonarios en activo y efectivo. La Academia no ha pecado de **tacañería** y ha completado el cuadro de la avaricia. Ya habían dejado pasar antes a **racanear** y **rácano**. Total, por una más.

radioactividad y **radioactivo** Han sido reactivados. Estaban en el banquillo de los reservas esperando alguna lesión de los titulares, **radiactividad** y **radiactivo**, que no ahorran riesgos, pero ahorran oes. Ya pueden jugar partidos de dobles.

rally Que algunos escriben *rallye*, es una carrera automovilística que no se celebra en circuitos, sino en carreteras y caminos públicos, pero dicho en inglés como a la vista está y como reconoce la Academia al escribirlo en letra cursiva. Esperan que respetemos de buen grado el detallito, porque no hay policía suficiente en las autopistas de la información para obligarnos. Lo obligatorio es el casco. «Y el cinturón de seguridad», me sopló al oído el director general de Tráfico, señor Muñoz Repiso. Se le olvidó advertirnos, porque eso no figura en el Código, que está feo, y no es fino, pronunciarlo tal y como está escrito, «rally», como si la elle fuese una elle de las de toda la vida, sino que hay que convertirla en una sola ele: «rali». Cosas del español actualizado.

• Titulares de *El Mundo*: *Una avería obliga a Sainz a abandonar el* Rallye *de Portugal. / Los abandonos de Carlos Sainz y Colin McRae centraron ayer la atención del* **Rally** *de Portugal..*

• Titular de *El País*: *Makinen rompe la hegemonía de Subaru en el* **Rally** *de Portugal.*

Por cierto: el plural correcto, si me fío de un inglés que vive en mi calle, es ***rallies***, y no *rallys* ni *rallyes*. Pero en español tiene que ser ***rallis***, aunque corras sin ***pantis***.

• Esteban Delgado, *El País*: *El actual campeón del mundo de* rallys *fue líder y vencedor... / ...no estará en los dos próximos* rallys*, Cataluña y Córcega.*

A la tercera, fue la vencida y el señor Delgado se cambió de periódico y acertó en inglés:

• Esteban Delgado, *El Mundo*: *Llegados al estallido inicial del Mundial de* **Rallies** *de 1998, Sainz y Toyota, juntos y ya no revueltos...*

ranking Es tan inglesa como la anterior; muchísimo más inglesa que el Peñón de Gibraltar, claro, porque ya se ve que no tiene acento andaluz ni sabe decir *pisha* con gracia meridional. Es como un **escalafón, clasificación, lista** o **tabla clasificatoria**, pero «de mayor a menor», dice el diccionario. Y por mucho que te esfuerces y corras con la lengua barriendo la pista, no creo yo que se pueda decir que «consigues el *ranking*», porque es muy suyo y no se deja. A lo máximo que se puede aspirar es a ocupar un puesto en él. Que corran los cobardes, dijo uno del Betis.

• Francisco Umbral, *El Mundo*: *El número uno del* **ranking** *literario, en estas Navidades, ha sido la* Enciclopedia Álvarez...

• Maruja Torres, *El País*: *...triunfadores en Eurovisión, nietos y nietas del caudillo y otras faunas aumentaban el* **ranking** *de españoles y populares a la vez.*

ratio Muy femenina, aviso, se las da de latina; pero se le nota a la legua que ha hecho un máster con los anglos antes de llegar al diccionario español. La Academia lo traduce por «**razón**, cociente de los números». Eso no nos aclara gran cosa a los que hemos vuelto a contar con los dedos. Mis asesores gratuitos me dicen que a ver si me entero pensando en que es, sencillamente, la **proporción** o **relación** entre dos cantidades. Pero hay veces que miro a mi alrededor y, si veo que la **ratio** entre mujeres y hombres es de un hombre por cada dos mujeres, me hago ilusiones. Pero mi gozo en un pozo: la doble **proporción** no se traduce matemáticamente en **doble relación**. Para que te fíes de las **ratios** y no nazcas seductor. Chato.

• Jesús Cacho, *El Mundo*: *Por cada dos pesetas depositadas en un banco en forma de cuenta corriente o de ahorro, hay ya una invertida en fondos, en una carrera que nos acerca a marchas forzadas al* **ratio** *uno a uno que rige en la banca norteamericana.*

• Manuel Martín Ferrand, Cadena COPE: *El* **ratio** *de cordillera por 10.000 habitantes no lo tengo yo claro, la verdad.*

realimentación Se ha dado más arte en convencer a la Academia que su verbo materno, realimentar. Como tantos otros verbos fabricados por la entusiasta afición con el prefijo «re-», que más parece que fuera un temible y batallador *Virus Re*, no está reconocido por los veterinarios del idioma. Si hacemos caso, tendremos que decir **alimentar de nuevo** o **alimentar otra vez**, como viceversa de quien llamaba a la amada al grito de «devórame otra vez». ¡Caníbal, como Annibal! Lecter.

realojar Junto a sus hermanas de sangre **realojamiento** y **realojo**, han conseguido una habitación con derecho a cocina y váter. Mejor eso que lo de seguir a la intemperie, como estaban desde la cruda posguerra. Se ha visto entrar al calorcito del diccionario a muchos con menos necesidad que ellos. Recomendados como el chalé y el adosado. Los que tienen padrino se bautizan. Y hasta se alicatan.

• Noticia en *El Mundo*: *El gobierno regional no modificará su decisión de* **realojar**, *a partir de ahora, a los chabolistas en viviendas en altura... / De esta forma, si el alcalde opta por continuar con los* **realojos** *en asentamientos... / La Comunidad ha anunciado que no hará más asentamientos para las 170 familias que le quedan por* **realojar**. */ En su opinión, este sistema permitirá agili-*

*zar aún más los plazos para **realojar** por completo al censo de 1986...*

recalificar Es algo que se hacía a la chita callando. Es que ni tan siquiera estaba la palabra mágica en el diccionario. Hasta ahora. Claro que los constructores y demás *benefactores de la Comunidad* nunca han demostrado un entusiasmo perceptible por los dictámenes académicos. Por no hablar de sus amiguetes concejales o alcaldes. Cuando no lo son ellos mismos. **Recalificación** por aquí, comisión por allá, y rascacielos creciendo sobre las eras del *Tío Cagalindes*, que parecía tonto. Lo negarán todo, mientras no les pillen con las manos en el *convoluto*. Torres más altas han crecido. Que le pregunten al Real Madrid. Contestarán que ya es legal lo de **recalificar** y su consiguiente **recalificación**.
• Graciela G. Balbas, *El Mundo*: *De hecho, en 1994 acordaron con el ayuntamiento ceder la práctica totalidad de la finca a cambio de la **recalificación**...*

reescribir y **reescrito** Te los ponen a tu alcance, pero con una condición: que lo uses cuando se «introducen cambios al volver a escribir». Si copias la chuleta en un examen, no se **reescribe**, copiones míos. Ni se **rescribe**. Eso no es un **rescrito**. Así, tontamente, te he puesto por escrito las nuevas versiones, con dos «es» seguiditas, de dos palabras que ya existían en versión original. Corta. Pues corto, que viene el profesor.
• *Erasmo*, *El Mundo*: *Así, la Europa de los mercaderes **rescribe** la Historia...*

referencial No hay más que verlo, es lo «que sirve de referencia» o la «base de una comparación o de una relación». También puede ser lo «consistente en una referencia». Mucha cara tiene el nuevo. Te lo refiero y basta.

refundación Me tiene con la boca abierta desde que le vi las tripitas. Usted también puede hacerlo. Coja el nuevo *DRAE*, mire la palabra **refundación** y lea lo mismo que yo, si es que lee tan bien como yo: «Acción y efecto de <u>refundar</u>». ¿Usted ya sabe lo que significa «<u>refundar</u>»? Pues yo, no. La madre Academia tampoco es perfecta. Siempre ha habido sabios despistados. Aunque parezca mentira, SE OLVIDARON DE INCLUIR LA PALABRA «<u>refundar</u>» en el diccionario. Figúrense si le llega a pasar eso a santa Teresa de Jesús. Que se le va el santo al cielo y ni funda ni *refunda, ni na, ni na.*

reggae Es el nombre de la música típica jamaicana que pusieron de moda en todo el mundo Bob Marley y demás *rastas*, o seguidores del negus de Abisinia. El redactor de la definición no parece muy entusiasmado, porque añade al final con retintín y tal: «...caracterizado por un ritmo sencillo y repetitivo». Sólo le ha faltado decir que, a veces, lo hacen con un *canuto*. Como la «o». En cuanto a la sílaba «ae», puede hacer como si fuera latín: pronuncie «e».
• Rosa M. Tristán, *El Mundo*: *Del* funky *a la rumba, pasando por el* rock *y el* **reggae**, *todo puede encontrarse en Las cosas que llegan. / En escena, Sandra Morey interpreta un variopinto programa, que incluye desde Baldas hasta piezas de* **reggae** *o rap.*

reiniciar Llevaba una vida de tapadillo, pero no de depravación. Resignadamente, siempre estaba dispuesto a **reiniciar** aunque le dieran con la puerta en las narices. Al final ha ganado y sale en los papeles oficiales junto a su hijo también novato, **reinicio**, como sinónimo de **recomenzar**. Pero no <u>reemprender</u> que se ha quedado en el pelotón de los torpes comenzados por «re-» que no han sido aprobados aún. Cuando tenga un año sabático, les confecciono la lista completa.
• Juan Fierro, Cadena COPE: *Y van a **reiniciar** los vuelos. Se van a **reiniciar** el viernes.*

reinserción, **reinsertado** y **reinsertar** Están provocándome para que les atice el retruécano de turno: han sido **reinsertados** juntitos por la Academia. Pero no termina de convencerme. Así que lo dejamos. Además, miro hacia abajo y veo que los señores definidores no me dejan aún reinvertir, así que lo dejaremos para mejor ocasión. Como hacen ellos con algunos palabros. Jefes: ¿para cuando un repasito a las existencias con prefijo «re-»?

relanzar Como avancé en el prólogo, es una de las primeras palabras que fui a mirar en el nuevo diccionario. No es que haya entrado ahora en el *DRAE*, pero sí ha experimentado un pequeño cambio: ha adelgazado. Pero nada más. A cualquier padre de vecino, al vecino y al hijo de vecino que usted pregunte qué significa **relanzar**, contestará sin dudar más allá de media hora que es «volver a lanzar». ¡Qué menos! Pues con eso de tener el antes oculto vicio de leer diccionarios, no saben ustedes la de apuestas que he venido ganando desde que descubrí en las ediciones de los años 1984 y 1992 las siguientes definiciones para **relanzar**: «repeler o rechazar», en su primera acepción. En la segunda, «volver a echar en el cántaro la cédula, en las elecciones que se hacen por insaculación». Lo juro por mis vivos y así lo publique en el año 2000. Palabra de diccionario. Pensaba yo que la Academia se iba a rendir a las evidencias con el nuevo siglo, pero no. A lo más que han llegado en la edición del 2001 es a eliminar la segunda acepción y guardarse el cántaro en su alma. Seguramente, por encontrarle menos uso a la acepción que una virtud como la ética en el siglo XXI. Luego, es evidente que lo han repasado y revisado. Ya sólo significa «repeler, rechazar». Pero nada de «volver a lanzar», que es lo que suponemos los demás españoles. Será por nuestra funesta manía de llevar la contraria a los mandones. Será por eso que les cuesta tanto a los señores ministros relanzar la economía al levantarse de la cama y que a los sabios les cueste relanzar las ideas que la gente olvida. A ver si lo aprueban pronto, aunque sea *al relance*, porque tentado estoy de comprarme de segunda mano un verbo *de lance*. Doble.

• Iñaki Gabilondo, Cadena SER: *José Luis Rodríguez Zapatero tendrá ocasión de relanzar su imagen personal y de relanzar sus ideas. / Saben ustedes que, en el caso Arny, las declaraciones del testigo número diez han relanzado el caso.*

• Mario Vargas Llosa, *El País*: *...y cuando está detenida y a punto de naufragar, la relanza Roberto Bolaño.*

La Academia verá; pero tendrá que ir pensando en no dejar este verbo como trampa para incautos y aprobar, aunque sea *al relance*, el sentido en que lo usa la gran mayoría.

reostato No funcionaba bien de esa guisa, sin tilde sobre la «o». Se ve que en el tiempo que ha estado en talleres han conseguido hacerse con él y dejarlo igualito que un **reóstato**, con sonido a taco y acento esdrújulo, que es lo que nos tenía recomendado de siempre el *chispas* de la Academia como aparatejo «para variar la resistencia de un circuito eléctrico». Yo, ni con guantes de goma.

repanchingarse o **repantingarse** Eran dos formas prohibidas de tirarse a la *Bartola*. Un descanso para ella que se ha terminado. La Academia no admitía esa versión de las palabras, con esa segunda «n», pero ha cedido por fin a estas formas de molicie. **Repan-**

chigarse o **repantigarse**, sin «n» después de la «i», las primitivas formas de conseguir *desparramarse* cómodamente en el sillón de orejas, se pasan ahora la mitad del día *bartoleando*.

• Fernando Savater, *El País*: *...en elogio del ocio, del reposo y de los gozos del **repantingarse**.*

• Fernando Arrabal, *El Mundo*: *El justo se libra de esta verborrea, **repanchingado** en la cama, con un cólico nefrítico.*

Para mayor comodidad, tres ejemplos a la antigua usanza:

• Jorge Luis Borges en *El áleph*: ***Repantiga** en el suelo ese corpachón y cuenta diecinueve escalones.*

• Maruja Torres en su novela *Un calor tan cercano*: *Doña Asun, **repantigada** en uno de los sillones del cuarto de estar...*

• Ramón Pérez de Ayala en *Troteras y danzaderas*: *Eran en la mayoría coches de lujo, y según pasaban, Teófilo veía damas y caballeros **repantigados** en el interior. / Y luego, acordándose de las personas ricas que había visto **repantigadas** dentro de los carruajes...*

repelús Lo usábamos a veces como sinónimo de **repeluco** o **repeluzno**. Otros, los que sabemos sacar la lengua entre los dientes para darle aire a la zeta, con gran diversión de Estela del Risco y demás espectadores peruanos, lo llamamos repeluz. De estas dos palabras caseras, *de confianza* y recortaditas, sólo **repelús** ha conseguido el aprobado de la Academia. Pero le han conferido vida propia. Mientras que el **repeluco** o **repeluzno** lo reservan para un «escalofrío breve y pasajero», al **repelús** le asignan la diferente tarea de representar «temor indefinido o repugnancia que inspira algo». Y, añado yo, que a veces nos ataca por la espalda. El muy cobarde.

• Luis Antonio de Villena, *El Mundo*: *¿Por qué les da miedo o **repelús** la palabra?*

• Ricardo Herren en *La otra cara de la conquista*: *Pero la ingestión de personas reales les provoca —cuando menos al principio y hasta que se acostumbran— un repeluz y una sensación de náusea difícilmente comprensible para aquellos que no ven excesiva diferencia entre comerse un mono, una vaca, un conejo, un hombre...*

• Ildefonso Olmedo, *El Mundo*: *Les dan **repelús** las ideologías.*

El uso parece moderno. Allá por 1918, Josep Pla escribió *El cuaderno gris*. Él y sus traductores al castellano no usaban *repeluz* ni **repelús**:

• Josep Pla, traducido del catalán por Dionisio Ridruejo y Gloria Ros: *Cuando al cabo de una o dos horas abrís los ojos y levantáis la cabeza, sentís un **repeluzno** de frío.*

repetitivo Ya está en el *DRAE*. **Repetitivo** ya está en el *DRAE*. **Repetitivo** ya está en el *DRAE*. Nadie era **repetitivo**. Estábamos obligados a ser, exclusivamente, **reiterativos**, que sí estaba en su lugar, descansen: la «R» del *DRAE*. Ahora, somos las dos cosas. Unos pesados. Ya te digo. Ya te digo. Ya te digo.

• Guillermo Cabrera Infante en *La Habana para un infante difunto*: *...pero la discusión verdadera fue cansona porque no era dialéctica, ni siquiera didáctica, según acostumbraba Julieta, sino **repetitiva**, y duró demasiado.*

• José Luis Balbín, Cadena COPE: *Lo que es de primera página en esto de los francotiradores norteamericanos es lo **repetitivo** del asunto.*

repuntar A fuerza de dinero invertido en el asunto, se ha hecho con una segunda acepción para acompañar a **repunte** —que ya figuraba así antes— como termino económico: «Experimentar un crecimiento». Antes sólo significaba «empezar a manifestarse una enfermedad» o «empezar a subir o bajar la marea» Así que ahora ya es legal eso de «**repuntar** la economía». ¿A qué esperamos, señor ministro? Los españolitos y españolazos estamos locos por *acaviarerarnos* y *alangostarnos*.

• Noticia en *El Mundo*: *Rato llegó a vaticinar que, en esta hipótesis, el ejecutivo no podrá cumplir su promesa electoral de bajar los impuestos y que, incluso, los tipos de interés pueden* ***repuntar****.*

• Alejandro Izaguirre y Jorge Sicilia, *El País*: *La tasa internacional de inflación ha* ***repuntado*** *una décima...*

retrovirus Si se fía usted de mí, que milagros más grandes se han visto, mejor ni lo lee. Va a meter a sus sesitos en un lío de «virus cuyo genoma está constituido por ARN» y cositas así de abstrusas para un particular no impuesto en biología de la gorda. Espero que le baste con saber que ha entrado en el diccionario y que tiene que ver con aquellas cosas del ácido ribonucleico —ARN— del que tanto nos hablaba Salvador Dalí afilándose las guías del bigote.

reventa Ya es todo un tío. Hemos pagado sobreprecio, pero lo hemos conseguido. Años llevamos llamando **reventa** al **revendedor** o **revendedora** que «compra entradas para espectáculos públicos por su precio y las **revende** por otro más alto». Desde ahora, el **reventa** (tercera acepción) ejerce la **reventa** (primera acepción). Los que no revenden entradas, sino otras cosas, no son **reventas**. Son **revendedores**. O **revendones**, como dicen con toda propiedad en Andalucía y en algunas zonas americanas.

• José Ramón de la Morena, Cadena SER: *¿Hay muchos* ***reventas*** *en la cola?*

• José María García, Cadena COPE: *Los* ***reventas*** *están haciendo su agosto.*

rígor mortis Se escribía *rigor mortis* en vida latina. Gana una tilde sobre la primera «i», pero sigue teniendo muy mala cara. Tieso perdido. Pero deja dinero.

• Juan Bonilla, *El Mundo*: *Lo que pasa, contesto yo, es que aquella frescura se ha convertido en congelación, aquel rigor ha pasado a ser rigor mortis, y aquel entusiasmo ha envejecido...*

• Vicente Salaner, *El Mundo*: *Progresiva y angustiosa parálisis mental y física de los blancos, convertida casi en rigor mortis cuando Miki Vukovic, el taimado técnico de los campeones de Copa, lanzaba la orden que aterra al Madrid: «¡A defender en zona!».*

ring Llamado **cuadrilátero** en el mundo del guantazo hispano —lo que se conoce técnicamente como boxeo— lo incluye el nuevo *DRAE* en letra cursiva. ¿Por qué, si lo pronunciamos exactamente igual que se escribe? ¿Hay algún motivo para saltarse la norma que acaba de nacer? Pues tengo que decir que no lo sé. Mi ignorancia sigue aumentando a fuerza de dedicación y horas de entrega a la causa. Y no sigo. Por si me llevo dos tortas.

• Jesús Rodríguez, *El País*: *Pero lo más complicado es competir en un* ring *imaginario con un Julio Iglesias treinta años menor que él que se llama Enrique...*

• Pie de foto en *El Mundo*: *Mohamed Alí fue una personalidad del* ring *y ahora es un musulmán convencido.*

riñonera «Cartera pequeña que se lleva sujeta a la cintura», ha pasado la última criba. Precisamente ahora, cuando la fiebre ha remitido y ya ha dejado de verse a aquellos primeros adictos llegar al Liceo o al Real con su esmoquin y su riñonera de diseño marca Loewe. Era la época en que sólo faltaba oír a voz en grito en los mercadillos: «¡Riñonera para el hortera, oiga, la llevo barata y con lunares!». Su sitio sobre los michelines lo ha ocupado en los antros de lujo el telefonillo portátil, que ya *toca* hasta por Valderrama.

rock Ya baila con la más guapa. O la más culta, que eso es opinable. Se atrevió a sacar a bailar a la Academia en pleno y le han dicho por fin que sí. Que no se cambie de ropa, que siga con su aire vaquero y en cursivas. Después, ya puestos en modernidades y entre meneo de pelvis y meneo de pompis, los señores académicos le cantaron el *¿Y tú de quién eres?* Más que nada por saber también sus apellidos.

Con ese hábil interrogatorio, pudieron extender también documentos legales a nombre de ***rock and roll***. Y aquí uno, para variar, atendiendo solito el tocadiscos. En cuanto a rockanrolero, rocker y rockero, la Academia no los ha querido ver ni en pintura. Será por el escándalo que arman los tíos con sus músicas. Del **roquero** hablamos luego, porque ese sí coló. Pongamos algunos ejemplos testimoniales:

• Maurilio de Miguel, *El Mundo*: *Sus declaraciones tienden a poner el dedo en la llaga sobre el ser o no ser del rockero fin de siglo.*

• Rosa M. Tristán, *El Mundo*: *Del* funky *a la rumba, pasando por el* **rock** *y el* reggae, *todo puede encontrarse en* Las cosas llegan.

rol Según los diccionarios del pasado siglo, era todo un **rollo**. Si no te van los rollos, te podías acoger a la segunda acepción: **lista**. La gente con estudios de almirante y tal, sabían que también puede ser, aproximadamente, una **licencia** que le dan al capitán de un barco con la lista de marineros. Pero los que vamos a pie, y sin caminar sobre las aguas como Pedro por su casa, hemos tenido que esperar al nuevo siglo para que metan una entradita particular, como de artistas y viciosillos, para poder decir con propiedad eso de jugar al «**juego de rol**» y lo otro de «**jugar un rol**» o «**interpretar un rol**». Si tienes confianza, vas y se lo aplicas hasta a una reina.

• Pilar Urbano, *El Mundo* (hablando de la reina Sofía): *...y algo más difícil: que haya asumido un* ***rol*** *de reina...*

• Felipe Sahagún, *El Mundo*: *...como la guerra de Argelia y la devaluación del tradicional* ***rol*** *anticomunista de Hassan II...*

Este **rol** es un **rollo** muy antiguo. Veamos cómo se usaba allá por 1924:

• Ramón del Valle-Inclán en *Tirano Banderas*: *¡Carísimo Celestino, pero si está usted haciendo mi* ***rol****! Sus disculpas, todas sus palabras, las hago mías. No es a usted a quien corresponde hablar así.*

A don Ramón María, los consejos del año 2000 le llegan un poquito tarde:

• Francisco Umbral, *El Mundo*: *La Historia es irónica y ha cambiado los* ***papeles*** *(no digan* ***roles****, por favor).*

rollo Le acabamos de ver vestidito de marinero con su **rol**, también es de antiguo algo **aburrido**, **molesto** o **pesado**, amén de algo **cilíndrico**. Lo que no ha admitido hasta ahora la Academia era eso tan gratificante de «tener un **rollo**» con quien ya sabes, lo de «tener mucho **rollo**», ni tener «buen o mal **rollo**», que es una cosa que no se puede negar. No hay más que ver tus diferentes *levantares*. El caso es que si reclamabas a la Academia te soltaban muy chuletas eso de «No te enrolles, Charles Boyer». Por fin han enterrado la muletilla, porque años ha que murió don Charles con sus eternas cejas alzadas, y han añadido a **rollo** esos sentidos modernos en varias acepciones seguidas, a partir de la número... Bueno, mejor no lo digo ni con los dedos, que siempre hay algún supersticioso en el patio.

• Publicidad propia en Telemadrid: *Telemadrid para gente* ***con buen rollo***.

• Félix de Azúa, *El País*: *Y es que el edificio está hecho para gustar, para caer simpático, para animar el cotarro, promover un* ***buen rollo****...*

rompecorazones Ha aparecido por sorpresa. Ésta no me la sabía. Nadie me lo había dicho antes en mi cara y he tenido que leer atentamente: «Dicho de una persona: que enamora con facilidad a otras». ¡*Andá*, si es Miguel Bosé!

roquero Es la castellanización oficial del rockanrolero y del rockero. Contento le tenían los señores académicos a mi amigo Miguel Ríos. Él se dio más prisa y allá por los sesenta pasó de *Mike* a Miguel. Matizo: la palabra ya existía, pero para hablar de todo lo referido a las rocas. No sanitarias.

rosco Por aquello de su evidente redondez, se utilizaba en mi era de bajito como sinónimo de **cero**. El colegio siempre ha sido un polo de creación de lenguaje y ya entonces los profesores ponían **roscos** a los alumnos. Seguramente porque el Régimen hacía imposible que los alumnos se los pusiéramos a ellos. La Academia lo registra ahora en segunda acepción y, en prueba de que los tiempos han cambiado, en la tercera extienden autorización para «**comerse un rosco**». Veremos si nos llegan las fuerzas. Lo que no han admitido aún es utilizar **rosco** como sinónimo de «gol», aunque lo usara a menudo la antigua autoridad. *Súper*, por supuesto.
• José María García, Cadena COPE: *Ayer, el Zaragoza le endosó tres roscos al Betis, que no pudo marcar.*

rouge Ha venido a poner anciana modernidad al diccionario. Ayudará con sus cursivas a quienes prefieren todo lo que viene de París. Y con eso tan bonito de poder estar hablando en español al decir con la boquita «ruch». Pero que conste que es igualito que un **pintalabios**: el cosmético en barrita que te venden con su estuche metálico. «Y que, premonitoriamente, entra y sale que es un gusto», dice mi amigo el rijoso. A mí estas cosas me ponen colorado. El mofletillo.

roulotte es un galicismo del siglo XX donde hacen su vida los aficionados a llevar la casa a cuestas. Cambiamos al siglo del mestizaje imparable y el galicismo se convierte en «voz francesa». Y española, aunque en cursivas y aunque haya que tirar a la basura la primera «o» y las «t» finales para decir «rulot». Pero es lo mismo: es una **caravana** que algunos enganchan a su coche para hacer el caracol y vivir a salto de mata o de playa. Sin portero ni vecinos. Ni ascensor.
• Álex de la Iglesia, *El País*: *Su* ***roulotte*** *no le gusta, dice que está vieja. Se la cambiamos.*
• Eduardo Mendoza en *La isla inaudita*: *A conseguir esto último no había contribuido en nada su tía, una mujer excéntrica que, no obstante gozar de una posición desahogada, prefería vivir en una* **roulotte**, *en pleno campo y en medio de grandes estrecheces.*

rubeola Tiene la tilde como ausente. Como el acento. El mal tenía dos soluciones: decirlo en la forma esdrújula autorizada hasta ahora, **rubéola**, o ponerte como tantos y tantos a decirlo a tu aire hasta que la Academia se rinda a la evidencia. Cosa que ya ha hecho. Esa enfermedad infecciosa ya tiene permiso para escribirse y pronunciarse en las dos formas. Incluso han metido otra forma que yo no conocía: **rubiola**. Pero te siguen recomendando que llames al médico inmediatamente.

rugby Recibió su nombre de la escuela donde se inventó. Evitaron así complicaciones, porque no era fácil bautizar a un juego en el que treinta mocetones rubios como la cerveza persiguen un balón como un melón con manos y pies y lo que se tercie. Deporte en el que, menos morder y escupir, vale casi todo, siempre que se haga con caballerosidad. Y, encima, cuando les dan un golpazo, no protestan nunca. Los tíos. Igualito que los *mecachis* de los futbolistas.
• Javier Olave, *El Mundo*: *Un error a la hora de repartir los carnés de ruta entre los pilotos de las motos que no sabían cuándo debían salir. Fue el caos para todos. Tuvimos que jugar al* ***rugby*** *para conseguir el preciado papelito.*

Rumanía Así lo dicen muchos —la gran mayoría— y siempre tuvo tradición en España. Lo recomendaban también, entre otros, los libros de estilo de *ABC* y la Agencia Efe, el *Diccionario de dudas* de Manuel Seco y *CLAVE, Diccionario de Uso del Español Actual*. **Rumania**, por el contrario, es como lo escribía la Academia. Será de justicia decir que no escribía **Rumanía**, pero tampoco Alemanía ni Polonía. ¿Pura *coherencía?* Pero la vida no sigue igual en la

Europa del este: en la palabra «rumano» la Academia ha cambiado ya la acentuación y se pasa a la mayoría que dice **Rumanía**.

• Francisco Umbral, *El Mundo*: *Los nacionalismos pequeños son el mal de Europa, como ya viera Cioran, originario de* ***Rumanía****, o sea de un país pequeño.*

• Iñaki Gabilondo, Cadena SER: *También hubo ayer elecciones en* ***Rumanía****...*

Y así la gran mayoría, va y te suelta **Rumanía**. Sólo muy de cuando en cuando encuentra uno la acentuación llana:

• Ariel Dorfman en *Rumbo al sur, deseando el norte*: *En esa época, esa ciudad pertenecía al Imperio Ruso, pero a partir de 1918, fue incorporada a* ***Rumania****.*

• Titular en *El País*: *Pánico en* ***Rumania****.*

• Javier Marías, *El País:* ***Rumania*** *y Turquía llevan lo descabellado en las botas.*

• Juan de Dios Ramírez Heredia, entrevistado en *El País* por Pía Díaz: *En España, como en* ***Rumania****, nuestro problema es la educación, la lucha contra el analfabetismo.*

Después del cambio de acento en la edición del 2001, los hay irreductibles, como *El País*:

• Titular en *El País Digital*: *España se divierte a cambio de* ***Rumania****.*

S

¿Y *SOPLAR* YA APARECE EN EL DICCIONARIO?

sadomasoquismo y **sadomasoquista** Parece que le pueden ser útiles a alguien y se los han puesto a su alcance. A nene, pupa, no, que el nene tampoco es pegón. **Sádicos** y **masoquistas** sí los tenía antes albergados la Academia. Pero en habitaciones separadas. Por si las pupas. Y las denuncias.

Sáhara No termino de saber si le gusta a la Academia. Yo lo tengo claro: en verano, prefiero pasear por los jardines de Aranjuez. La Academia sólo usaba **Sahara**, la versión llana o grave, a la hora de explicar **saharaui** y **sahariano**. Ahora al definir la primera de estas palabras, mete un paréntesis previo con su etimología, en donde lo escribe en árabe y dice que es el «gentilicio de [...] el gran desierto, el **Sáhara**». Pero, una vez cerrado ese paréntesis, vuelve a su anterior costumbre y sólo escribe **Sahara**, sin tilde, las tres siguientes veces que necesita atravesar el desierto a lengua gentil. Un estudioso y profesional del lenguaje, don Jesús Santaolalla Valladolid, me hizo constar que en su viaje a las arenas siempre oyó pronunciar «Sájra» a los nativos. Esperaré con paciencia y humildad a ver pasar el cadáver de este *DRAE* y el nacimiento del siguiente. Pero, de barrer el desierto, nada.

• Fernando Sánchez Dragó, *El Mundo*: *Llamadme* ***Sáhara****. / ... hombre audaz, como lo acredita el hecho de que se haya lanzado en varias ocasiones a atravesar el* ***Sáhara****.*

• Editorial en *El Mundo*: *Mañana hará 25 años que el rey de Marruecos Hasán II lanzó la conocida como Marcha Verde hacia los territorios del* ***Sáhara*** *Occidental, entonces colonia de España. / Mientras, 25.000 soldados marroquíes penetraban por el este del* ***Sáhara*** *ocupando la ciudad santa de Smara.*

salsa En tercera acepción, ya incluye partitura. Y hasta maracas. Supongo que por el fuerte sabor, se llama **salsa** a esa música que lleva el ritmo irresistible del Caribe, con regusto africano en el fondo. También, en el sabor a sal que llevan en el nombre, ya que los latinos llamaban originariamente **salsa** a lo salado. Miren lo que se aprende leyendo la letra pequeña. Aunque, a lo peor, lo que se gana en saber, se lo lleva luego el oculista.

• Titular en *El Mundo*: ***Salsa**, mambo y un recuerdo.*
• Pablo Sanz, *El Mundo*: *Fue la época dorada de la **salsa**, que al grito de «¡Mambo!», despertaba las emociones más primitivas de aquella ciudadanía desangelada. / Se prometen bailes y mucha **salsa**.*

sari Llamamos así la inmensa mayoría a la túnica de una sola pieza que usan las mujeres en la India. Un día que me pilló con tiempo y ganas, miré en el diccionario de 1992 y me encontré con la sorpresa de que la Academia lo llama **sarí**. Con tilde sobre la «í». No me molesté en protestar, porque es prenda que no uso habitualmente, pero se ve que me oyeron pensarlo. Han corregido en el 2001 y el **sarí** se ha reconvertido un **sari** precioso. Y no se nota el zurcido.
• Pablo Neruda en *Confieso que he vivido*: *Era una mujer de gran belleza, maquillada y aderezada como una actriz exótica. Su **sari** relampagueaba de colores.*

satanizar Lleva cuidado con las lenguas de doble punta, pues es algo que ya te pueden hacer diccionario en mano, aunque no hayas trepado hasta el poder. Hasta ahora, podían decir que eres más malo que un dolor de oídos, que la carne de pescuezo de artrópodo o, para ponernos al día, podían decir de ti que eres más malo que un tiburón financiero, pero no podían **satanizarte**. Te podían llevar a la cárcel, pero sin rabo y sin más cuernos que los propios. Ya ves que algunos nunca tienen bastante.
• Juez Joaquín Navarro Esteban, Cadena COPE: *Lo que no se puede es **satanizar** lo que el propio Papa no **sataniza**.*
• José Bono, presidente de Castilla-La Mancha con el PSOE: *Yo creo que **satanizar** a los nacionalismos moderados es un disparate.*

scooter Llamada *a la rueda la llana* «escúter», se quedó a vivir en España en aquellos tiempos en que triunfaba el marqués de Villaverde. La llamaban *Vespa* aunque fuese una *Lambretta* y se distinguía de las demás **motocicletas** o **motos** en el tamaño, en la forma y por llevar una gran placa delantera para proteger los muslazos de unas/os o los *alambres* de otros. Al fin y al cabo, **motos**. Permiso de circulación también para añadir una «e» antes de empezar a hablar en castellano y para cambiar en el Rastro esa doble «o» por una «u».
• Iñaki Gil, *El Mundo*: *Lo más curioso es que el sujeto había estado en comisaría en fechas recientes por el robo de un* **scooter**.
• Félix de Azúa, *El País*: *Sin embargo, aún no se había inventado el «motorino» o, por decirlo en correcto italiano, el* **scooter**.

self-service Diga «servis» sin cambiar de idioma con su hispana boca. Ha tenido poco recorrido en nuestras tierras. Inmediatamente empezó a popularizarse **autoservicio**. «Sírvase usted mismo y déjese de anglicismos inútiles, a menos que estén en oferta», te decían los puristas sin Montecristo. Pues, no. El diccionario la pone a disposición del nene, la nena, papás y los abuelitos. Prepare un euro para el carrito.
• Antonio Tabucchi en *La cabeza perdida de Damasceno Monteiro*: *Se había situado en el vagón restaurante, que era, en realidad, un* **self service** *con una salita al fondo.*
• Bernardo Atxaga en *Esos cielos*: *Hay un* **self service** *al lado de la consigna. Se llama Baviera. / En su diagonal, en el otro extremo del* **self service**, *había un hombre de aspecto extranjero comiendo solo. / Salió del* **self service** *con la maleta en una mano y la carta en la otra y se apresuró hacia la zona donde creía haber visto un buzón.*

sénior Se viste con paño de Béjar o Tarrasa, cortado por los sastres de la Academia. El **senior** original siempre va vestido con *tweed* inglés. Al **sénior** ya ven que le han añadido en la sisa de la «e» una tilde. Además, le han bordado el nombre en letra redondita. Pero, ojo: el diccionario actual sólo llama **sénior** al señor **padre** del *junior* que, por lo tanto, es su hijo. Eso, si no demuestra lo contrario la madre, que también es anglo perdida. Es decir: tenemos al **sénior** mirando y remirando con desconfianza al hijo —el *junior*— que sigue en cursivas y no le ve la tilde familiar en los cromosomas. Hay una razón: porque las letras redondas del **júnior** se las quedó un novicio religioso que sigue la tradición mendicante y pedigüeña secular de echarse cosas al zurrón. Y nada dice el nuevo *DRAE* de los llamados *senior* como **veteranos** en los terrenos deportivos. Ni los menciona. Pero antes de que me salga algún listillo más listillo que yo, justo antes figura desde años en los diccionarios, sin tilde ni gollerías, **senior**, que es un «señor» o un «senador». Dice él.

• Antonio Burgos, *El Mundo*: *Aquí no tiene prestigio el* ***senior***.

En cuanto al plural, se añade la sílaba «es», que es lo que corresponde cuando la palabra terminada en «r» ya es española:

• Luis Antonio de Villena, *El Mundo*: *Quizá por estar entre los seniores de su generación, o simplemente por razones de afinidad estética...*

sensu stricto o **stricto sensu** Tanto monta, monta tanto. Está claro que quieren significar y significan **en sentido estricto** exactamente esto y sólo esto. Ya están como españolas, cada una en su distinto estante, aunque sean hermanas de sangre. Las cosas del orden alfabético. Pero peor sería el orden *analfabético.*

señera Ya estaba en el diccionario, pero sin demasiadas señas de identidad. En la primera entrada sólo se leía: «Insignia, estandarte». Más abajo, en «**señero, ra**», leías: «Aplícase al territorio o pueblo que tenía facultad de levantar pendón en las proclamaciones de los reyes». Luego otras entradas para los **señeros** y **señeras** que son «únicos o impares». Hemos tenido que llegar al siglo XXI para que **señera**, sin cambiar de colores ni de número de barras, traduzca en el diccionario a la *senyera* de su original en lengua catalana. El tradicional estandarte o bandera de la antigua Corona de Aragón lo puede encontrar, pero siempre que busque bien y no se maree en el trance. Lees **señera**, dices «aquí ondea, seguro»; pero, no. Te remite a **señero**. Bien mandado como es uno, se va a la entrada y te explican que se dice otra vez lo de «un territorio o un pueblo que tenía facultad de levantar pendón en las proclamaciones de los reyes». Lo de pendón lo había rehuido yo, pero ellos no se privan. Visto que no es exactamente ahí, sigo leyendo ya que estoy en racha, y veo otra entrada idéntica: «**señero, ra**»: «Solo, solitario. [...] Único, sin par». Y, ¡por fin!, a la tercera va la vencida, encuentro la «bandera de las comunidades que constituyeron la Corona de Aragón». Demasiado escondida. Demasiado trabajo. La próxima vez, me voy al fútbol y veo cincuenta mil nada más entrar. Pero, si escribo en castellano, digo yo que podré nombrarla con su nuevo nombre, sin necesidad de recurrir al término original en catalán.

• Editorial en *El Mundo*: *Si no tiene sentido la ofrenda que Pujol ha hecho de la senyera a la Virgen de Montserrat, tampoco lo tiene la que hace anualmente el Estado español al Apóstol Santiago.*

seronegativo y **seropositivo** Terminaron su espera de resultados del departamento analizador de la Academia. Ya figuran las dos posibilidades que pueden darse cuando se buscan los indicios del sida. Lo que se llama, en término que ya ha llegado al diccionario, **serodiagnóstico**. Suerte. Siempre.

• Juan Manuel Moreno Bonilla, *El Mundo*: *Todos los* ***seropositivos*** *han de tener el derecho a acceder a los más novedosos tratamientos médicos y terapéuticos.*

set Es palabra chiquita pero matona. Tiene más carnes que hueso. La Academia ha metido mano sin pudor y a fondo en ella y ha reconocido todos los sentidos que la criatura apuntaba. Primero, como «**conjunto** de elementos que comparten una propiedad o tienen un fin común». Yo prefiero un **set** de belleza a un **set** de limpieza, pero valen los dos ejemplos. Si hablamos de tenis o de otros deportes, la Academia lo explica como «parte o **manga** de un partido». Su triple personalidad, negocios y deporte por ahora, se completa con su arte: también se llama **set** al viejo **plató** de los cineastas y demás Berlangas. Triunfo total. **Set**, partido y eliminatoria.

• Álex de la Iglesia, *El País*: *Como me pase un pelo se vuelve a Nueva York. Cerramos el* **set** *con lonas negras. La cosa no parece fácil.*

• Manolo Molés, Canal Plus: *Vemos a Mariví Fernández Palacios en el* **set** *junto al maestro Mariano de la Banda.*

Suele pasar: te vas a los toros de gorra y se entera toda España.

En cuanto al tenis, no vamos a dar ejemplos de los que usan **set**, la inmensa mayoría, sino algún buen ejemplo de quienes usan la traducción por la que han optado:

• Diego Armero, *El Mundo*: *...esta vez ante la suiza Martina Hingis, también tuvo el triunfo al alcance de la mano (ganó la primera* **manga**, *pero perdió las dos siguientes)... / Con el* tie break *de la primera* **manga**, *la francesa nacida en Canadá entregó casi todas sus soluciones.*

• *España a las siete-Deportes*, RNE: *Conchita ha pasado a cuartos después de ganar en dos* **mangas** *a la alemana...*

sex-appeal Diga sin complejos «apil». Tiene definición española: «**Atractivo físico y sexual**». Así de escueto es el diccionario con algo que cada cual siente de manera distinta. Por ejemplo, hace ya años que yo traduje a mi aire este anglicismo como «la llamada de las lejanas colinas». Creo recordar que eran dos.

• Elena Pita, *El Mundo*: *Jon, ¿ha heredado el* **sex appeal** *de su madre?*

• Antón Álvarez, publicitario, *El País*: *De cara a las masas, no tiene el* **sex appeal** *de Felipe González...*

Algunos, no entusiasmados con el palabro completo, hacen de él un uso mediopensionista:

• Luis Antonio de Villena, *El Mundo*: *En lugar de hacerse una mosquita muerta puritana, debió Clinton —de acuerdo con su señora— haber alardeado de su* **appeal** *sexual...*

sexar Según el nuevo *DRAE*, proviene de Honduras y quiere decir «tener relaciones sexuales». Nada más. Esta gente, siempre está pensando en lo mismo. Es decir: que miente descaradamente Juan Manuel Serrat cuando cuenta que, durante un tiempo de la primera de sus juventudes, se dedicó a **sexar** pollos. Que mienten tantos japoneses como he visto coger en sus manos quinientos pollitos recién nacidos por minuto y dictaminar si van a salir machitos o hembritas. Aunque, bien mirado, posiblemente también mientan los que dicen que están duro que te pego todos los días dedicados a este nuevo y académico **sexar**. Dejó dicho en su momento don César González Ruano que no es que en España se **sexara** poco, sino que lo que pasaba es que siempre **sexaban** los mismos. Con la boquita.

sexy Viene en el mismo lote del *sex-appeal* o «**atractivo** físico y sexual». Pero no sé en qué Facultad se estudia.

• Karmentxu Marín, *El País*: *Su lema es «el poder de las chicas» y hablan de mujeres fuertes mientras pregonan que no está reñido ser feminista y* **sexy**.

• Koro Castellano, *El País*: *...y aún le dicen cosas como que es el hombre más* **sexy**...

sheriff Es aquel tipo que no nació con estrella, pero que siempre puede morir estrellado. Se supone que se la impusieron sobre la tetilla izquierda por bueno y para que defendiera de los malos a los estadounidenses. Y entonces llegaron unos chalados con sus cacharros, y

lo filmaron todo. La Academia ha llegado después. Cuando ya no hay peligro.

• Rafael Pérez Sierra, *El Mundo*: *Cuando el vaquero y el* **sheriff** *de las películas del oeste, con gesto impasible, va consumando paso a paso su venganza...*

• Antonio Muñoz Molina, *El País*: *...escribió que yo era como ese imbécil que en las películas del oeste le falta al respeto al* **sheriff**, *el cual lo tira al suelo de dos hostias...*

sherpa Es bienvenido al diccionario. Ya tenemos a quien soltarle las maletas de piel de cocodrilo para que cargue con ellas. Guías y porteadores en el Himalaya, saltaron a la gloria cuando uno de ellos, el ***sherpa*** Tensing, fue uno de los dos primeros hombres en pisar el Everest. Y en bajar vivo junto a su jefe, Hillary. Aunque la Academia no lo registra, solemos llamar ***sherpa*** figuradamente al inocente que soporta el peso de nuestra carga mientras nosotros cobramos. Se sacrifican por nosotros cual ministros.

short Centímetro arriba, centímetro abajo, es un «**pantalón muy corto**, usado principalmente para practicar deporte». O para lucir *muslamen*, digo yo, aprovechando que no soy nada académico. Pero sí muy corto.

• Mauricio Vicent, *El País*: *...vende*

una original y solicitada mercancía: camisetas y **shorts** *con la imagen del papa y Fidel, vestido de traje, dándose la mano.*

• Lourdes Fernández-Ventura, *El Mundo*: *Para alivio de las cronistas de moda se ha acuñado el diminutivo braguitas y se ha importado un exótico léxico que abarca desde* bustiers, slips, body tops, *wonderbra,* **short**, *tanga...*

show Es como llaman los anglos a un «**espectáculo** de variedades» o a una **exhibición**. «O sea, un *chou*», diría Raphael. Si lo protagoniza un meloso cantante de boleros y similares, lo llamará muy finamente un «*sou*». Todo un **espectáculo**. Sobre todo en *espanglish*. Por cierto, la Academia ha tenido noticias de las que se arman cada dos por tres por un quítame allá esas vigas y ha añadido otro sentido a todo lo de la farándula: «Montar un **show**. Organizar o producir un escándalo». «*Escandálo, es un escandaló*». Este Raphael es que sale en todas las fotos.

• Ana Muñoz, *Blanco y Negro*: *...y una cantidad que, por supuesto, no se embolsa por un* **show** *en el certamen de moda neoyorquino.*

• Noticia en *El Mundo*: *La cantante Rosario llegó ayer a la localidad costasoleña para intervenir en el* **show** *estival.*

sidoso «Que padece **sida**» es novedad. En 1992 ya aparecieron **sida**, que es un termino formado como es sabido por las iniciales de «Síndrome de Inmunodeficiencia Adquirida», y **sidafobia**, que es el «temor morboso al sida». Sídico y sidático también son usados por algunos, pero se les adelantó **sidoso**, que viene a ser lo mismo. Esperemos que llegue antes la vacuna o la solución y no tengamos necesidad de ninguno de los tres. Para muestra de la ingente literatura a que ha dado lugar, basta un botón:

• Beatrice Sartori, *El Mundo*: *Después de la aparición devastadora del* **sida** *en los 80, los «gays» acapararon la atención...*

simulador Ya estaba en el diccionario, pero con vuelo corto. Únicamente significaba «que simula». No decían ni el qué, ni el cuándo, ni el dónde, ni el cómo, ni el porqué. No son periodistas, es claro.

Ahora han cedido a la presión de la cabina de aspirantes a piloto. En segunda acepción, podemos reconocer al **simulador** como un aparato que reproduce el comportamiento de un sistema para que se entrenen a conciencia, que falta nos hará siempre, los que luego usan los de verdad. Los aparatos. Es que somos como niños: empezamos jugueteando con el aparato de la *señorita Pepis* y acabamos casados o por los aires. Cada cual, que aterrice como pueda.

sine díe Se ha dado un leve retoque en el cutis. Figuraba en el *DRAE* de 1992 sin tilde sobre la segunda «i». Como se aconseja que las locuciones latinas que pasen al diccionario se tilden o acentúen ya como españolas, no ha perdido ni un segundo en actualizarse. Tampoco corría tanta prisa, digo yo; hay cosas que pueden hacerse **sin fecha fija** o **sin plazo fijo**. **Sine díe**, vamos. Pero no sé a dónde. Vamos.

• Pablo Sebastián, *El Mundo*: *Hasta el punto de que la Casa Blanca, a través del entonces embajador de Washington en Madrid, Terence Todman, trató de aplazar sine die o de impedir el desplazamiento a La Habana del jefe del gobierno español, cosa que Suárez no aceptó.*

• Eduardo Mendoza en *La isla inaudita*: *Siempre se llegaba a un punto en el que se hacía patente el avance irreductible de su desavenencia. Entonces, de común acuerdo, postergaban las negociaciones sine die. / Le respondieron que el personal hospitalario estaba en huelga y los servicios interrumpidos sine die.*

sinsentido Todo unido tiene sentido y hasta lugar en el diccionario actualizado. No me pidan muchos detalles, porque mis capacidades son limitadas ante esta cosa «absurda y que no tiene explicación». Como una Crónica Marciana. O de más lejos.

slip Ya es el nombre oficial del «**calzoncillo** ajustado que cubre el cuerpo desde debajo de la cintura hasta las ingles». En ambas mesetas —¡quién lo hubiera dicho hace un siglo!— e islas más o menos adyacentes. «Ya ves: la España Imperial con un inglés entre las ingles. Así nos luce el pelo», dijo un integrista en pleno invierno, mientras miraba y remiraba con nostalgia la herencia del abuelo: los tradicionales y raciales calzonazos hispanos de felpa que llegaban a veces hasta los tobillos. Hay quien —con eso de que hay que añadir una «e» al principio para leerlo, va y escribe directamente *eslip* como nombre del moderno, pero sin permiso de los académicos, que ni sé ni me importa de qué tipo los usan: tradicionales o recortados.

• Francisco Umbral, *El Mundo*: *Cuando el Frente Popular levanta sus almenas humanas en Madrid, el político —aunque sea Azaña— ya puede ir recogiendo los* **slips** *Ocean y los secretos de Estado, que vienen los de la mudanza.*

• Ruth Baza, *El Mundo*: *El muy ladino utiliza los* **slips** *como reclamo.*

sobreactuar Está recién reconocido por la Academia. Eso que ha salido ganando, porque lo que son los actores o cantantes no reconocen nunca que se pasan de gestos cada vez que quieren expresar alguna sensación. Están convencidos de que son muy naturales pero —eso, sí— totalmente eximios. Lo que no ha aprobado la autoridad es la sobreactuación, cosa que se agradece. Puestos a explicarlo aún más, les propongo una clase práctica: fíjense en la próxima actuación de las grandes divas de la copla. Próximamente, en este canal.

• Javier Pradera, *El País*: *El ex banquero ha multiplicado sus apariciones en televisiones. radios, revistas y diarios, para recitar con* ***sobreactuado*** *engolamiento...*

sobredimensionar Se creía que era alguien y no era nadie hasta ayer mismo. Lo han impuesto los sobredimensionadores de la jerga político-administrativa, a los que se les da maravillosamente esto de «dar a algo dimensiones excesivas».

Y como no es mi negociado, me niego a volverlo a escribir si nadie me da un *sobre*. Lleno.

• Luis Herrero, Cadena COPE: *...y otra cosa es que sean los propios políticos los que sobrevaloren,* ***sobredimensionen***...

sobreexplotación y **sobreexplotar** Estaban al límite su paciencia. La válvula de seguridad giraba loca y soltando gas amenazador. De momento, ha llegado el reconocimiento académico de este abuso del capitalismo salvaje por «utilizar en exceso los recursos naturales», esquilmando por ejemplo las materias primas. *Sobreprotestamos*. Otra vez.

sobrepeso Queda muy fino en el diccionario. Es útil a la par que elegante. Es buena muletilla para cuando no se quiere decir que está uno feo de **gordo**. Para el próximo sarao benéfico-mediático, lleve en el bolso mitad de cuarto. Sírvase también usted mismo y no se pase de ración.

sobrevalorar Es primo hermano de los anteriores por parte del *sobre* que no sobra. Por eso nunca llega a mis manos. Hasta ahora, usaba yo **supervalorar**, que quiere decir lo mismo y no tenía problemas con los guardias del lenguaje. Los mismos que te darán con la regla en la lengua si sueltas sobrevaluar o supervaluar. Valor.

• Luis Herrero, Cadena COPE: *...y otra cosa es que sean los propios políticos los que* ***sobrevaloren***, *sobredimensionen...*

• Rosa Montero, *El País*: *...muy superior, desde mi punto de vista, al tan cacareado y sobrevaluado Hemingway...*

sociabilización y **sociabilizar** Se me agotaron por fin los *sobres*. No son nuevas en sociedad, pero sí en la lista de recientes permisos de lengua y bolígrafo. «Hacer sociable» es cosa bien recibida siempre, con tanto matón como anda suelto. Además, ya tenían reservadas sus habitaciones en el diccionario justo entre sus acomodadas familiares **sociabilidad** y **sociable**. Sociedad limitada a cuatro socias.

socialdemocracia Junto a su entusiasta militante, el **socialdemócrata**, se han pasado años y años viviendo en prensa, radio, televisión. Incluso en su propio bloque de viviendas hay gente enterada a la que habrá oído usarlas. Hasta ahora no habían recibido la autorización pertinente de los académicos de los diversos turnos. Sus razones tendrían, porque lo que son prisas no han demostrado tenerlas. Pues como se asomen a la puerta se van a llevar un susto de muerte: tienen en las escalerillas esperando al socialfascismo y al socialfascista.

• José María Marco, *El Mundo*: *Socialfascistas eran los «renegados»* ***socialdemócratas***.

sofisticado Por mucho que nos empeñemos, no era en principio lo mismo que **refinado**, aunque sí se equiparaba en 1992 con el término **complicado**, cuando se habla de aparatos. La definición de **sofisticado** era «falto de naturalidad, *afectadamente* refinado». Y subrayo lo de afectadamente. Por ese detallito de nada, hasta el año 2001 no eran sinónimos totales **sofisticado** y **refinado**. Y don Francisco siempre lo supo:

• Francisco Umbral, *El Mundo*: *El arte de escuchar se ha refinado mucho últimamente —los que no saben, dicen* ***sofisticado***—...

Hay que aclarar que la Academia incluye desde 1992 una tercera acepción, un paso adelante en la equiparación, como «Figuradamente, elegante, refinado». Así me lo hicieron ver dos lectores, el barcelonés don Xavier Arbós y el ingeniero don Saturnino Fernández. Pero estaba todavía de por medio ese «figuradamente», que hacía juego con el «afectadamente» para marcar las diferencias. Pues se acabaron: en la edición del 2001, la Academia ha quitado de delante al figurón de la figuración y ya dice que **sofisticado** es «elegante, refinado». Y para más comunión de intenciones, añade que también equivale a «técnicamente complejo o avanzado». Ahora sí que quiero yo ser **sofisticado**. Hombre.

software Es un *palabro* que, nada más verlo me dije yo: «esto no parece que tenga traducción corta y por derecho a la vista». Parece lógico pues que la Academia lo haya metido en cursiva y sin calzador para que podamos mencionar en cortito al «Conjunto de programas, instrucciones y reglas informáticas para ejecutar ciertas tareas en una computadora». Para terminar de enterarme y que no me diera un calambrazo tontamente, me leí el manual para *megatorpes* del amigo Forges y saqué una clara conclusión: resulta que el ***software*** no se ve, es como un Espíritu Santo y tal. Todo lo que no es el equipo físico o material, los trebejos y aparatejos que forman el ordenador, que ya vimos que se llama ***hardware***, pues eso es el ***software***. Todo claro. Ahora que la boca se me ha quedado que no veas. Ahora, con eso de pronunciar «sofgüer», todas las aes me salen de la boca en forma de «e».

• Editorial en *El País*: *El juez ha prohibido a Microsoft que licencie el uso de cualquier* **software** *de sistema operativo para PC...*

• Áurea Felipe, *El Mundo*: *No obstante, en estos casos el acceso a los discos duros debe estar soportado por el propio PC, ya que en el disquete no se incluye* **software**.

sónar Presenta por sorpresa este nuevo aspecto. Recuerdo que el hermoso diccionario del año en que todo pasaba, el año en que el dinero no podía estarse quieto y aun así había quien lo pillaba por millonadas, el 1992, me decía que esa tilde sobre la «o» estaba de más. Esa acentuación no la daba entonces por buena la Academia, cosa que sí ha hecho ahora. Supongo que para matar dos peligros de un solo disparo: primero, para igualarlo con la pronunciación inglesa y, de paso, para distinguirlo del verbo «sonar» que hace un ruido *que pa qué*. No es que uno sea el detective Carballo ni tan siquiera a la hora de cocinar, pero es que, visto que a su hermano aéreo el «radar» no le han cambiado el acento para llamarlo «rádar», la conclusión se nos alcanza hasta a los de Infantería. Repito, ahora puedes oírlo **sonar**, con acentuación aguda, porque algún ruidillo hace el invento, pero hay que llamarlo **sónar**. Para los curiosos, para los que quieran saber de dónde le viene el nombre a este sistema que «detecta la presencia y situación de objetos sumergidos mediante ondas acústicas», es un acróstico formado con algunas letras de *Sound Navigation Ranging*. ¡Abajo el periscopio!

• Pilar Urbano, entrevistada en TVE: *La embajada americana tiene un sistema de rádar y* ***sónar*** *estupendo.*

• Francisco Medina, Antena 3: *Los guardacostas han incorporado incluso un potente* ***sónar*** *para seguir buscando los restos de la avioneta de Kennedy.*

sosias Si me fío de la Academia, nunca puede ser *uno*, me decía yo. El que se parece a otro como una gota de agua a otra gota de agua que es igual que la primera gota de agua que hemos mencionado, ese tío es **un sosia** y no **un sosias**. Así porfiaba yo fiándome del diccionario oficial. Lo primero, porque **sosias** no figuraba como tal en el *DRAE* del milagroso 1992. Allí estaba en solitario singular **sosia.** No tenía al lado **sosias** ni socios o similares. Encima, daban entonces como etimología el nombre de **Sosia**, personaje de una obra de Plauto. En la nueva edición, **sosia** te remite a **sosias** y allí el personaje de Plauto llamado **Sosia** ahora se llama **Sosias**. Todo un **sosia** del **sosias**. O al revés, que ya me he perdido. Es que no vivo por esta calle.

• Moncho Alpuente, *El País*: *...los vecinos de Aranjuez se amotinan simbólicamente ante el palacio y se las hacen pasar canutas a un* ***sosias*** *del pobre Godoy.*

Ahora, la versión antigua:

• Pedro J. Ramírez, *El Mundo*: *Si ya aquel* ***sosia*** *llamado Pedro Sainz*

Rodríguez tuvo que traer la monarquía a pesar de don Juan Carlos.

sotto voce Te lo digo para que no se enfade ningún Pavarotti: el italianismo que significa lo mismito que **a media voz** o **en voz baja**, se ha sentado en una sillita libre. A todo el que le saluda le avisa de que siempre hay que escribirlo con dos «t» seguiditas y nunca con una. Y que, por primera vez en la historia de las consonantes hispanas, una «c» se lee «ch». Te lo puedo decir más alto, pero no más claro. Ya no sería ***sotto voce***.

• Carmen Gurruchaga, *El Mundo*: *Sin embargo, desde Herri Batasuna, primero* <u>*soto voce*</u> *y posteriormente de manera pública, Floren Aoiz y Rufi Etxebarría...*

Repartamos *tes* sin pastas a la concurrencia, y sigamos:

• Antonio Gala, *El Mundo*: *Los secretarios de Estado, para agradecer su dedicación a la política y compensar las ganancias que adquirirían fuera (unos cuantos de ellos eran unos pelanas), se aumentan* **sotto voce** *un 30% de sus sueldazos.*

• Tom Sharpe en *Wilt*, traducido por J. M. Álvarez Flórez:

—Bueno, el señor Fedgwick es muy partidario —dijo el señor Morris.

—¿De las enfermeras o del diafragma? —preguntó el director.

—¿De ambas quizá? —sugirió **sotto voce** *el doctor...*

soufflé Es galicismo antiguo ahora ascendido en el nuevo diccionario a «voz francesa». El ***soufflé*** siempre tiende a crecer, pero éste mengua, porque pierde la «o» y una «f» al salir por las bocotas españolas. Para aspirantes a cocinilla: es un plato que se hace batiendo hasta el llamado punto de nieve las claras de huevo. Metidas después al horno, se ponen tal que así de altas y de ricas. Me han dicho, aclaro, porque yo soy un manazas. Normalmente, decimos «<u>suflé</u>», que no está admitido, pero es como lo pronunciamos. Siempre, con la boca llena.

• Evelyn Waugh, traducido por Caroline Philips, en *Retorno a Brideshead*: *...un lenguado cocinado muy simplemente en vino blanco, un caneton* a la presse, *y un* <u>suflé</u> *de limón.*

• Pedro J. Ramírez, *El Mundo*: *...pero está por ver si, como en el caso de Borrell, su popularidad no se desinfla también como un* **soufflé**.

souvenir Ahora que lo veo escrito así en el diccionario y me acuerdo, es un **recuerdo** pasado por la dulce Francia. Antes de pronunciarlo, raspe la «o», que es una inútil en este caso. Lo que no entiendo es que haya quien llame ***souvenir*** a un horroroso plato de loza en el que pone bien clarito: «Recuerdo de Villaboinas». Y supongo que, como españolitos que son, ahora serán ***souvenirs*** en plural.

• Rosa Montero, *El País*: *...permanecer por allí unos días metido en un hotel clónico con los otros tropecientos mil hoteles de su especie que hay por el mundo, adquirir apresuradamente unos cuantos* **souvenirs** *que luego se revelan todos hechos en China...*

• Vicente Verdú en su ensayo *El planeta americano*: *Estos establecimientos recuerdan a las tiendas de* **souvenirs** *de un lado, y de otro a los tenderetes de estampas y medallas que se abren en los santuarios.*

• Patxi Ibarrondo, *Cambio 16*: *En ambos casos se crea alrededor de las grutas un gran complejo museístico, de hostelería,* **souvenirs**...

speech Es otro nuevo visitante asimilado por nuestra lengua. Para leerlo, ponga un poco de su parte como español de pro: una «e» para soltarla de entrada. Después, no haga caso de la insistencia de la «e» que aparece repetida, y ponga una «i» en su lugar. Le saldrá un bonito y españolísimo «*espich*». Fidel Castro no puede explicarlo con conocimiento de causa. Seguro. Aquí pone que ***speech*** se usa irónicamente como nombre de un «**pequeño discurso**».

sponsor Suelen llamar así los *enterados* a cierto señorito rumboso que suelta gratis un chorrito de dinero para que otros peguen saltos o corran cobardemente. El nuevo diccionario lo incorpora así, en inglés y en cursivas. A lo mejor es para que presuman de modernos con el dinero que sueltan para luego, ya sabe, recortarle las hambres a doña Hacienda con las deducciones. Como lo suelen hacer por sacar pecho y para que les conozcan en sociedad, yo pensaba que preferían que les llamaran **mecenas** o **patrocinadores**. Lo entenderían mejor y pasarían envidia los vecinos de la urbanización de lujo. Y yo no quiero señalar a nadie, pero ya vimos en la letra «E» que no han admitido la versión espónsor, que es como lo pronunciamos, pero sí **esponsorización** y **esponsorizar**. Se admiten patrocinadores para otro esfuercillo.

• José A. Jáuregui, *El Mundo*: *Cómo es posible que, sin que estuviera la CNN comprando la exclusiva ni los grandes espónsores (antaño* ***patrocinadores*** *o* ***mecenas****)...*

• *Erasmo, El Mundo*: *...tumulto de jinetes que gestionan un giro, inclinación imposible, barullo de sponsors, cascos, Camelot de octanos...*

sport Otra «e» que tenemos que poner de entrada y de nuestro bolsillo para hablar el nuevo castellano. Esta palabra se usa desde que éramos así de bajitos para definir a la ropa de aspecto deportivo o informal. Esa que no nos recomiendan llevar a las recepciones en el palacio de la Zarzuela. Tampoco pensaba ir yo esta semana. En tiempos, se recomendaba sustituirlo por el término «ropa deportiva», pero eso define mejor hoy al chándal, las sudaderas —¡qué horror de nombre, qué tufo suelta!— y las camisetas que han invadido los armarios roperos. Aviso: **sudadera** ya estaba en el diccionario, pero como «sudor copioso». Sigue el tufo.

• Mabel Galaz, *El País*: *Capello apareció en la sala de prensa dejando de lado su elegancia italiana: pantalón de chándal y camisa de* **sport**.

• Luis Carandell, *El País*: *La juventud elegante empieza a practicar lo que aún se llama* **sport**.

Broche de oro, recopilado en convenientes relecturas: decía don Antonio Machado, allá por 1912, en sus *Proverbios y cantares*:

«...*(fue Kant un esquilador*
de las aves altaneras;
toda su filosofía,
un ***sport*** *de cetrería)*...»

spot Lo castellanizan algunos por escrito como espot, pero aquí no vale todo, oiga. Ya vale con que tengamos que poner la «e» inicial de nuestro bolsillo, pero sólo para leerlo. Y ya es suficiente honor que la Academia le haya dado dos puestos en el escalafón por el precio de uno. Ambos, en cursiva. En la primera entrada, según se baja a mano izquierda, está la «película

de muy corta duración, generalmente de carácter publicitario». En la segunda, me han descubierto un «foco de luz potente y directa que se utiliza en fotografía, cine, teatro, etc., para iluminar una zona pequeña». Pues, mire, ésta no la recordaba yo. Pero es que yo tengo muy pocas luces.

• Ignacio Amestoy, *El Mundo*: *El primer* **spot** *publicitario de un negocio editorial lo protagonizó, en 1926, Ortega y Gassett.*

• Francisco Umbral, *El Mundo*: *Se empieza renunciando a la hoz, empeñando el martillo, y se acaba uno convirtiendo en un* **spot** *publicitario de nuestras nauseabundas televisiones.*

spray Es un intruso. No hay más que verle la pinta y la «e» que hay que meter de gorra para empezar a hablar. Un intruso, ya digo. No es que no lo haga bien; quiero decir

que no parecía tan necesario encajarlo a presión en el diccionario. Y, encima, para que nos ponga perdidas toda las paredes. Hay varias generaciones de infantes analfabetos que ponen ahí sus obras completas: su firma repetida hasta el infinito. Aunque es una cosita opinable, ahí estaban trabajando a pleno rendimiento y sin darse tantos aires cursivos el **aerosol**, el **nebulizador** y el **pulverizador**. Y, si no tienes bastante, llamo a los fumigadores y te vas a enterar.

• Manuel Hidalgo, *El Mundo*: *Bombas fétidas, tinta mágica, el grifo loco, dentaduras asquerosas, máscaras pútridas, insectos horribles, el* **spray** *olor a pedo y el* **spray** *olor a mierda. Hay distinciones.*

• *El Mundo*: *Los cristales de la puerta que separa la entrada de servicio de la principal volaban en una dirección mientras un* **spray** *lo hacía en la contraria.*

Describiendo el mismo hecho, un atentado de ETA, el periódico traducía:

• *La bomba compuesta por dos bombonas de camping gas, seis* ***aerosoles*** *y un iniciador de gasolina...*

sprint Pronunciado a la española «esprín», se llama en atletismo y ciclismo a ese **tirón final** o **acelerón final** que dan los velocistas para llegar los primeros sin que les persiga la policía, ni nada. Sólo por dinero. A esos cobardes que corren tanto la Academia no les da nombre aún. Les llaman *sprinters*, pero bien pudieran ser **velocistas**. Hay quien precisa más y les llama llegadistas, pero lo hacen bajo su responsabilidad, porque el término tampoco figura en el *DRAE*. La Academia también lo reconoce ahora en sentido figurado para el «esfuerzo final que se realiza en cualquier actividad». ¿Incluso, en posición horizontal? El plural de ***sprint*** suele dividir a la concurrencia: unos te ponen perdido de *perdigones* de saliva al intentar decir ***sprints*** mientras que otros se dejan de retorcimientos de lengua y dicen, sencillamente, *esprines* y hasta *esprintes*. Privilegios por haber ganado el Tour de Francia. Pero los académicos van a pie y seguro que será ***sprints***, por llevar dos consonantes en la meta final.

• Perico Delgado, TVE: *...sobre todo porque son los primeros esprintes... los primeros esprines de la temporada.*

• Editorial en *El Mundo*: *...nos encontramos ante una llegada al* **sprint** *en la que esperamos que la* photo finish *de la OJD...*

• Ángel González Ucelay, Cadena COPE: *Cierto es que Abdu ya no es el llegadista que era.*

• Xavier Vidal-Folch, *El País*: *Avanza lenta, pero segura, incluso para obtener resultados modestos, debe hacer en tres semanas un buen* **sprint**.

stand Otra «e» de entrada que me saca del bolsillo la Academia. Llevaba años y años rodando de feria en feria y de exposición en exposición. Hasta ahora, preguntabas al académico de la puerta si aquello era un ***stand*** y te decía al instante sin necesidad de instancia ni póliza que no. Que bastaba asomar las narices para darse cuenta de que aquello que tenían instalado según se entra a la derecha, era un **puesto** o una **tienda**. Pues a ese académico le han despedido y al ***stand*** lo han admitido. De fuera vendrán y de casa te echarán.

• Título en *El Mundo*: *El Simo se inauguró ayer con más* stands *que el año pasado.*

• Paloma Ferre, Telemadrid: *Estamos en el* **stand** *de Irán...*

standing Lo usan los anglos con dinero. O con boquita de mentir. Ahora nos lo aprueban a los hispanos en cursiva para presumir de **categoría**, **representación** o **nivel**. Ya lo sabes. Y no presumas de tenerlo alto, porque otros lo tienen gordo y hasta largo y no van por ahí sacando pecho. O lo que sea. Por ejemplo, la dichosa «e» para abrir boca.

• Miguel de los Santos en *América Total* de TVE: *Kay Biscaine es otra de las urbanizaciones de alto* **standing**.

• Carlos Boyero, *El Mundo*: *Reconozco el notable mérito de Santoni al conseguir arruinar a Carmen Thyssen, una especialista de alto* **standing** *en pillar a varones millonarios...*

stock Ya sabe: pronúnciese «estok». Viene a ser lo mismo que **reservas**, **existencias** o **almacenamiento**. Ya puedes usarlo sin remordimientos patrios. Y si tienes ganas de darle marcha a las consonantes y a las cursivas. Ahí lo tienes, definido y todo: «Cantidad de mercancías que se tienen en depósito». Luego viene la otra, que es venderlas. Lo que no he conseguido es que me trataran a lo Villalonga y me arrimaran de paso unas *stock options* millonarias de ésas. Y encima, si te fijas, con tanto almacén y tanta mercancía, no tienen en el ***stock*** ni un *stop*. Luego dirá que me los salto el director general de Trafico. Encima.

• Javier Ortiz, *El Mundo*: *Luego me pondría de acuerdo con algún traficante internacional de armas para resolver el problema de mi* **stock** *de bombas pasadas de moda y se las vendería a precio de saldo...*

• Alfredo Urdazi, RNE: *...y, además de hacerse con un buen* **stock** *de mercancías para los necesitados...*

stricto sensu Decíamos tal que ayer por la mañana que significa lo mismo que su viceversa **sensu stricto**, y juntitas saltaron la valla. **En sentido estricto** no tengo nada más que añadir. Veamos un buen ejemplo:

• Eduardo Torres-Dulce, *El Mundo*: «Crusoe» *no es un libro para niños, pero figura en todas las colecciones de libros infantiles, y no sé hasta qué punto es un libro,* ***stricto sensu****, de aventuras...*

En el mismo diario, y el mismo día, 26 de diciembre de 1997, el mal ejemplo, al transformar **stricto** en strictu:

• Fernando Sánchez Dragó, *El Mundo*: *De ahí, abundando en lo de antes, que todas las traducciones sean, strictu sensu, apátridas. Y en el sentido figurado, también.*

Pero ya se sabe que a todo hay quien gane; lo hace el que añade una «e» de principio, además de cambiar la «o» por una «u»:

• *Cambio 16*: *Pero tampoco es tanto el riesgo; al fin y al cabo el barco no es para él, sino para el Patrimonio Nacional. Peor parece, estrictu sensu, lo del chalé de Porcelanosa.*

striptease Montó el numerito y pasó. Me han filtrado que quiso quitarse toda la ropa el día del examen al ritmo del *tariro, tariro*, pero los respetables académicos no lo permitieron y, cual censores franquistas, impusieron que se tapara en lo posible con unas hermosas cursivas y con una «e» por delante cuando saliera de casa, o sea, de boca para afuera. No sé si estarán fabricadas con restos de la pieza de tela con que se hizo aquel mítico chal de la tele que yo pude ver y tocar con mis manos en sus días de gloria y esplendor en pantalla. A lo que no han llegado es a admitir la traducción fonética a la española, estriptís, ni a las/los practicantes, llamados por algunos *stripteaseuses*. Un valiente, como verás más abajo, las llama *estiptiseras*. Yo también las llamo. Pero nunca vienen.

• Federico Jiménez Losantos, Cadena COPE: *Había una línea de teléfono a la que podías llamar a Geniffer Flowers, una antigua* stripteaseuse...

• Mario Vargas Llosa en *Los cuadernos de don Rigoberto*: *El programa de la noche es francamente frívolo: aperitivo en el bar del* Ritz, *cena en el decorado modernista de* Maxim's *y fin de fiesta en la catedral del* **striptease**: *el* Crazy Horse Saloon.

• Antonio Skármeta en su novela *La velocidad del amor*: *¡Pero señor Forbes! Sophie es una tenista y no una estiptisera.*

• Carlos Boyero, *El Mundo*: *Se esperaba que la carrera televisiva del padre Apeles acabaría convirtiéndolo en telepredicador o en* showman *total que acabaría haciendo un* **striptease** *despojándose del* clergyman.

subgrupo Ya no tiene que escribirse en cursiva para dar a entender que pertenece al **subgrupo** de

neologismos que todo el mundo da por válidos, por lógicos y necesarios. Ya nadie, si no es por jugueteo, necesita ponerle las orejeras de unas comillas o hacer al pronunciarla el gestito de moda de los dedos, como si se bailara un *aserejé* de ésos.

subsahariano No ha llegado en patera. Vino a bordo de un eufemismo. Por no llamar **negro** al inmigrante africano que no procede de los países del Magreb, se le llamó en los comunicados oficiales **subsahariano**. Empezó a circular en documentos policiales y ya lo tenemos en el diccionario. Y además se aplica a todo lo africano relacionado con la zona al sur del Sahara. Para la *literatura* policial o ministerial, presenta ventajas: no hay que andar explicando si los detenidos son guineanos, nigerianos, surafricanos o senegaleses. Veremos si ante las hornadas de hispanoamericanos que van llegando a España para hacernos los trabajos despreciados por los operarios españoles, no se recurre al mismo truco: en vez de ecuatorianos, peruanos, colombianos o argentinos, quizá terminen llamándoles en los documentos *ultraatlánticos* o *ultraoceánicos*. Me temo que yo terminaré siendo *submadrileño* por aquello de haber nacido en Aranjuez. Ribereño.

sudaca Nació como feo palabro popular. Sobre todo, por despectivo. Ninguno de los millones de españoles que tuvieron que emigrar a lo largo de la historia y fueron acogidos con cariño por los **sudamericanos** o **suramericanos** lo usará nunca aunque ahora se admita. Yo, tampoco.
• Álvaro Mutis, *El País*: *Están interesados por lo que llaman literatura* light *y en autores americanos jóvenes. Además, el* ***sudaca*** *es siempre sospechoso.*
• Noticia en *El País*: *...el juez llamó* ***sudaca*** *al periodista Ernesto Ekaizer.*

suite Es una francesa tan especial, tan especial, que no ha encontrado sustituta en España. Han tenido que quererla como es. Para empezar, yo me pido una ***suite*** de hotel: que no es una simple habitación con cuarto de baño, sino que tienes además una sala o salón para hacer *footing* si se tercia. También la define como «composición instrumental integrada por movimientos muy variados, basados en una misma tonalidad». Pero no la de la flauta de Bartolo, con un agujero solo. Y con una «e» final que ni es «e» ni es *na*. A la hora de pronunciarla. Claro.
• Eduardo Mendoza en *La isla inaudita*: *La importancia de sus funciones, el volumen de papeleo que engendraban y el flujo continuo de visitas que acudían a verle le obligaron a ocupar una* **suite** *del hotel... / Apenas aposentado, colgó de las paredes de la* **suite** *los trofeos de caza que había acumulado.*
• Mario Vargas Llosa en *Los cuadernos de don Rigoberto*: *Las* **suites** *reservadas en New York, París y Venecia tienen cuartos separados con llaves y cerrojos...*

supernova Llaman los científicos a una estrella en explosión, con lo que ya puede usted figurarse la cantidad de energía que se libera. Pensé que la Academia esperaría a que la cosa se enfriara un poco, pero han preferido aprobarlo ya. Y salir corriendo, supongo.

superpoblación, **superpoblado** y **superpoblar** Nos las colocan en lote. Aquí es que no hay control de natalidad *palabrera*. El caso es que, atontados por la explosión de la **supernova**, no nos habíamos dado cuenta de que entrábamos en el territorio del prefijo «super-». El favorito de la familia García, también lo fue de los automovilistas. Pero no de Superman, que funciona con kriptonita. Creo.

superpotencia No estaba aceptado aún por la Academia. Pero es que este Bush manda mucho.

supervivir Es un verbo que ha conseguido **sobrevivir** y llegar al diccionario. Lo tenía difícil con el otro dentro. La **supervivencia**, que también andaba por allí, tiró del verbo agarrándolo por los pelos. Hasta ahora, y según la Academia, no se podía **supervivir**, pero sí existían **supervivientes** y **sobrevivientes**. A ver si me salvo yo.

• José María García en *Comedia Urtáin*: *La situación del veterano secretario general —que creo ya lo dije en otras ocasiones, ha* ***supervivido*** *a media docena de presidentes— era delicada. /* ***Supervivir*** *en Jaén con el balonmano ya es un milagro. / Es que los dirigente* ***superviven*** *a todo.*

• José Ramón de la Morena, Cadena SER: *¿Han* ***supervivido*** *todos? / Hay que dejarle ahí y que* ***superviva.***

surf y **surfista** Son los nombres ingleses que se aplican a ese deporte —el *surfing*— que consiste en patinar sobre una tabla aprovechando la fuerza de las olas marinas. Más cortitas que **patinaje marino**, **patinaje acuático** o **patinaje sobre olas** sí que son. Es evidente. Hasta ahora patinaban en cursivas. Pero flotan mejor con redondas. A poder ser, de caucho. Lo que no me facilita el diccionario es el nombre de la acción. Ni registra *surfing*, ni lo transforma en surfear como hacen algunos. Me quedo de arenero. Bajo la sombrilla.

• Martín Prieto, *El Mundo*: *Ténganle ustedes más miedo que a un inspector de Hacienda a que los «populares» empiecen a hacer* surfing *sobre la cresta de esta inmensa ola y se crean que la sociedad les ha dado la razón.*

• Titular en *El Mundo*: *David Coulthard, loco por el* ***surf.***

Algunos, en vez de intentar traducir, hacen su propia adaptación del término *surfing* y lo convierten en surfear:

• Informativos Telecinco: *Es la ola más grande jamás surfeada.*

Otros, ante la misma noticia, el mismo texto de agencia, prefieren perder unos segundos y darle una traducción perfectamente entendible y ajustada:

• María Escario, TVE: *Esa es la ola más grande jamás* ***cabalgada*** *por un* ***surfista.***

sustitutorio Tenía un suplente en el *DRAE*: el **sustitutivo**. Ahora, como los futbolistas, jugaran en rotación. La libreta de Van Gaal mandaba más que su jefe.

tábula gratulatoria Me la venden barata como «relación nominal de personas o entidades que han colaborado en una empresa, que tiene como fin el recuerdo y el agradecimiento». *Festolines* benéfico-circenses del verano en Marbella. No compro. Prefiero la **tábula gratulatoria** que incluye la XXII edición del diccionario de la Academia, que es de lo más lucido y propio. Empieza la gran lista dando las gracias, claro, a:
Su Majestad el Rey don Juan Carlos I
Gobierno Vasco
Generalidad de Cataluña
Junta de Andalucía...
Y así sucesivamente.

tábula rasa Está sobrada para ser latina, pero ya tiene la apariencia de una perfecta castellana. Para ser latina lleva una tilde de más. Los romanos eran muy listos, sabían latín los tíos, pero me han dicho que no conocían los acentos. Por eso escribían *tabula rasa* aunque pronunciasen «tábula». Daban así a entender que se iba a olvidar todo lo anterior para «empezar de nuevo» o «partir de cero». Al pasar al diccionario español, gana su tilde y se pone a echar carreras con **tabla rasa**. Ya veremos cuál es la que arrasa.
• Ricardo Herren en *La otra cara de la conquista*: *Mitos importados o de elaboración local: respecto a todos, hay una voluntad colectiva de realizarlos en las Indias, la última frontera de la terra ignota y, por tanto,* ***tabula rasa*** *virginal.*
Ahora, por el mismo dinero, en castellano moderno:
• Juan Balansó, *El Mundo*: *Haciendo* ***tabla rasa*** *de cualquier tradición o normativa de contenido dinástico...*

talibán Ya era tristemente célebre antes de llegar al diccionario: «Perteneciente o relativo a cierta milicia integrista musulmana» e «integrante de esta milicia». Todo claro, incluido el plural, supongo yo, queridos jefes nuestros. Tal y como queda escrito, parece evidente que habrá que usar **talibanes**. Digo esto porque en la prensa hubo diversidad de opiniones, incluso acordándose de sus padres, con esto del plural. Pasen y lean:
• Leontxo García, *El País*: *Los talibán (plural de* talib*, estudioso del* Corán*) acababan de tomar Kabul.*

Enterados. Pero tiempos hubo en que la cosa no estaba tan clara para todos y se decía **talibanes**. Hubo incluso quien defendió con argumentos lingüísticos el pase al diccionario español de **talibán** con **talibanes** como forma del plural:

• Valentín García Yebra, *ABC*: *Queda pues claro que el plural árabe* ***talibán****, como el plural árabe* ulama *y los plurales hebreos* kerubim *y* serafim *pueden pasar en español a singular:* ***talibán*****¸** ***ulema, querubín y serafín****, y desarrollar los plurales correspondientes: el del* ***talibán*** *será, naturalmente,* ***talibanes****, como el de gabán, gabanes.*

Suponemos que esta es la opinión que ha prevalecido. Pero el muestrario en la prensa ha sido variopinto.

• Carlos Iturgaiz, PP: *Si nos atan en la plaza y les dan piedras, nos lapidan como talibanes.*

• Titular en *El Mundo*: *Los talibán ordenan destruir todas las estatuas de Afganistán.*

• Titular en *El País*: *Los talibán reciben con flores a los pasajeros del avión secuestrado.*

Por cierto: en el mismo diario, se alterna la escritura de *talibán* con acento y sin él:

• T. Wollman, *El País*: *El infierno de los taliban. / El nuevo gobierno, en manos de miembros del movimiento fundamentalista islámico conocido como los taliban, es inflexible.*

Y como aquí se apunta casi todo desde que a este tonto le regalaron una tiza, registramos algún derivado que no está en el *DRAE*: de **talibán**, talibanismo:

• Titular en *El Mundo*: *Talibanismo: no tocar, peligro.*

tangana No había visto yo formarse ni una antes de octubre del 2001. El caso es que me avisaban por la tele de que ya estaba liada, miraba atentamente, y nunca veía una **tangana**, sino una **tángana** de mucho cuidado. Pero nunca me metí por medio. Por si me daban en los morros. Y es que **tángana** era la única forma reflejada en el diccionario. Y dije yo: si la gran mayoría se pega de tortas sin compasión y sin esdrújulas, terminarán aprobándolo. Así ha sido. Ya tenemos dos broncas sobre el césped. Pero considero mi deber advertir a la digna concurrencia relatora de puñetazos y otras artes deportivas que la primera acepción de **tángana** o **tangana** es «**chito**. Juego que se tira con chapas o tejos». ¿Se tira a la cabeza? No lo dicen. Después, ya viene lo del «alboroto, escándalo, follón, jaleo y pelea». ¡Guardia, mire estos niños que mal se portan!

• Chus Galán, Telemadrid: *El encuentro fue muy tenso. Incluso, hubo* ***tangana****.*

• Titular en *El País*: *Djalminha y Albelda desatan una* ***tangana****.*

Y, por fin —¡albricias!— varios ejemplos con la esdrújula original; agujas perdidas y encontradas en el pajar de la comunicación:

• Antonio Luque, *Antena 3*: *Se trata de una de las ligas menores, pero la* ***tángana*** *que se organizó...*

• José María del Toro, Telemadrid: *...y se monta esta* ***tángana*** *con todos los jugadores implicados.*

tapear Me gusta. Es algo que he tenido que hacer hasta ahora en una tasca a espaldas de la Academia. Pero nunca tuve mala conciencia por eso. Tampoco me dejaban ir de **tapeo**, término que también aprueban ahora, pero yo confieso que lo he practicado sin tapujos. Se creerán estos señores que uno gana para restaurantes de cinco tenedores.

tardofranquismo Se suele llamar de este modo, y así se aprueba, a la «última etapa del franquismo», los últimos estertores —nunca mejor dicho— del llamado «Régimen», finiquitado en colchones y enchufes ajenos.

• Santos Juliá, *El País*: *En los años del* ***tardofranquismo*** *era un lugar común en todos los estudios sociológicos publicados por investigadores de la clase media...*

• Manuel Martín Ferrand, Cadena COPE: *La Televisión Española, en la época del franquismo y del* ***tardofranquismo****, hizo programas muy aceptables...*

tardomedieval y **tardomedievo** Nacieron tardones. En la «última etapa del medievo». Llegan tarde, pero sin daño, al diccionario desde el lenguaje clásico de los historiadores. Y ahora que llegan, me pillan con la armadura oxidada y sin bruñir.

tecnocrático Lenta influencia del Opus Dei, ya es por fin, según la Academia, un «gobierno regido por **tecnócratas**» —esa sí coló entonces— entusiastas de la **tecnocracia**, palabra también aprobada el siglo pasado. Son los que piensan que todo en esta vida se puede resolver tomando medidas técnicas. Pero, con todo su poder, los **tecnócratas** españoles como López Rodó, Ullastres y compañía no tuvieron la fuerza suficiente para que entrara en el *DRAE* hasta ahora mismo lo de su gobierno **tecnocrático**. Ya sabes lo de «tú dame pan y llámame tonto». O como quieras.

teleadicto Inaugura una amplia lista, o ristra si así lo prefieren, de palabras admitidas en esta edición del *DRAE* y que se cuelgan cual ajos del prefijo «tele-» para andar por la vida. Como son todas de uso habitual, este vago que lo es se limita a ponerlas en fila para mejor visualización. Y si usted usa habitualmente algunas otras, es posible que ya estuvieran admitidas, como **tele**, **telecomedia**, **teleclub** y **telediario**, o que lleguen a estarlo en un futuro nada *tele* —«lejos», en griego— sino cercano. Vamos con ellas: **telebanco**, **telebasura**, **teledirigir** (para acompañar a **teledirigido**, que ya figuraba en 1992), **telegenia** y **telegénico**, **telemando**, **telemática**... **Teletienda y televenta** entran como sinónimos, pero no telecompra. A los demás, teletrabajo les mando. Que no es poco, pero ni eso hemos conseguido. Al paro otra vez.

• Titular en *El Mundo*: *Un manifiesto para que se apague la telebasura.*

• Carlos Boyero, *El Mundo*: *Se esperaba que la carrera televisiva del padre Apeles acabaría convirtiéndolo en telepredicador...*

• Manuel Vicent, *El País*: *Si bien para unos el Grial es el cáliz del Señor que se perdió después de la Santa Cena y para otros puede ser esa telepizza que el mensajero lleva de madrugada a casa de los amantes al final de la batalla.*

• Titular de *El País*: *Oficios más proclives al teletrabajo.*

• Joseba Elola, *El País*: *Una cosa está clara: cualquiera puede convertirse en breve en un nuevo teletrabajador. / En España hay ya 100.000 teletrabajadores. / Fueron varios años de trabajo como teleoperadora en servicios de atención 900, de carácter gratuito, y en campañas de telemarketing.*

tensionar No tenía lugar. **Tensionado** yo nunca había estado. Y ya vale de pareados, porque resulta que ya estoy **tensionado**. Es lo malo de andar leyendo: que te enteras hasta de lo que no te interesa. **Tensionar** lo admite ahora la Academia como sinónimo de **tensar**. Como sigamos así, al próximo disgusto me sube la *tensionación*. Es cuestión de que haya mucho personal que se ponga a *tensionacionar* la situación.

• Luis Herrero, Cadena COPE: *...y lo han llevado ante los foros europeos. Eso ha **tensionado** mucho la situación.*

• Pilar Urbano en *Yo entré en el CESID*: *Yo, sinceramente, esto no lo aguanto. Me está **tensionando**. Creo que hago mal. No quiero seguir.*

testar Que no me quiero enterar, no me lo cuentes, vecina. Era hasta ahora, únicamente, **hacer testamento**. Doy fe de que el diccionario, acta notarial de lo permitido por la Academia, no autorizaba a usarlo en el sentido de **hacer un test**. Ni un dos. Ni un uno. Como ya he colado el viejo chiste, aviso: el nuevo siglo nos trae ese regalo con su entrada independiente: **testar** es también «someter algo a un control o prueba». Evidentemente, ya se puede escribir sin que te deshereden todo lo que sigue:

• Javier Casqueiro, *El País*: *Cascos explica que no ha seguido ninguna corriente ni ha* ***testado*** *con nadie sus ideas.*

• Elvira Lindo, *El País*: *...primero porque dicha almohada está* ***testada*** *para intelectuales orgánicos... / Otra razón por la que llegamos aquí —mi santo* ***testó*** *más de mil pueblos— fue porque carecía de tradiciones.*

Otros lo admiten como admite la Iglesia las películas para mayores: con reparos.

• Federico Jiménez Losantos, Cadena COPE: *Se va a* ***testar****, como dicen los técnicos, la verdadera capacidad de Hillary.*

tirillas Así llaman algunos coloquialmente a las mocitas o mocitos delgados, endebles y debiluchos. Muy expresivo invento que ahora se aprueba. Pueden ser además muy nerviositos, pero eso ya no se lo reconoce el diccionario. Pase, simpático.

• Milagros Martín-Lunas, *El Mundo*: *Es un* ***tirillas****, no puede estar quieto ni un segundo. Fue seleccionado para interpretar a David por su simpatía...*

tirita La genial **tirita**, la utilísima **tirita** —no tiritona por valiente— indispensable en todos los botiquines caseros, no estaba hasta ahora entre las existencias de la enfermería de la Academia. Y yo no lo entendía. Como todavía me hablo, me decía yo a mí mismo: «Pero si es barata, es útil y, además, le cae simpática a todo el mundo. ¿A qué esperan? ¿A que se nos caiga el dedo a trozos?». Al fin la han comprado. Y es que hubo muchos otros diminutivos con personalidad propia que firmaron los pliegos de adhesión solicitando la entrada de su hermanita: **natillas**, que vienen de **nata**; **comillas**, que salen de **coma** (la); **visillo**, de **viso** y no hablo del **colmillo** porque sería el colmo. ¡Qué retorcido!

tironero Es el nombre que se da —y se acepta ahora— a los ladrones sin arte que se te llevan el bolso de un **tirón**, dado a veces desde un vehículo, con lo que pueden incluso arrastrar a la víctima que se resista. ¡Donde esté un viejo carterista! Pero en otra línea de autobús, ¿vale, Manuel?

• Chano Montelongo, *El Mundo*: *Los grandes almacenes y centros comerciales son los lugares preferidos de los* ***tironeros****...*

TNT Toda ella retumbante en sus mayúsculas, la introduce el diccionario manejándola con toda clase de precauciones. Al fin y al cabo, es puro **trinitrotolueno** de los de *catapumba*. Ya saben, y si no se lo recuerdo yo ahora, que la Academia sólo escribe en mayúsculas aquellas siglas que no se leen como una palabra, sino deletreándolas: «Te, Ene, Te». Pisen con suavidad, por favor.

tocata Según los diccionarios de siglos anteriores, sólo tenía el clásico significado de pieza musical para instrumentos de teclado. A veces, me acuerdo yo, termina en fuga. Algo habrá hecho. También admitían los académicos **tocata** como sinónimo de «zurra o paliza», semánticamente hablando, por Dios, no se vayan a imaginar. Por lo que no pasaban hasta el 2001 era por eso de llamar **tocata** al cacharro que hace sonar los discos. Fue una moda que llegó con el *bocata* en la mano. Pero éste entró diez años antes. Lo que hace el hambre. Ya te digo.

• Manuel Hidalgo, *El Mundo*: *Una banda sonora de David Arnold*

que suena mejor en el ***tocata*** *que en la pantalla...*

todoterreno Se empezó a llamar así, por entonces a espaldas de la Academia, al vehículo de cuatro ruedas gordotas «que sirve para circular por zonas escarpadas e irregulares». O sea, terrenos abruptos y proclives al *jaulazo*, que diría don Francisco Umbral. También se le aplica al profesional capaz de todo en lo suyo: lo mismo te asa un huevo —si te pilla distraído— que te fríe una castaña.

• Juan José Millás, *El País*: *...y el sofá del salón se transforma en un* ***todoterreno*** *dentro del que podías jugarte la vida...*

• Noticia en *El Mundo*: *El acto tuvo lugar en el madrileño Palacio de Gaviria, y a él asistieron gentes de la canción como Luis Pastor, El Viajante y Miguel Dantart, más showmen* ***todoterreno*** *como Paquito Clavel...*

toffee Sea usted españolazo moderno y pronuncie sin riesgo y dentro de la ley «tofi». Lo ha importado la Academia como «caramelo masticable de café con leche». Lleva en España años y años. Una variante de los famosos logroñeses de la Viuda de Solano, creo recordar. Los que tengan edad, rememorarán también los primeros caramelos supuestamente estadounidenses que llegaron, y que llevaban un dibujito de Walt Disney con Mickey Mouse y la leyenda «*Toffee* Mickey Mouse a la leche». Lo que me sirvió para hacer una traducción infantil de urgencias casi médicas: «**Toffee**, *me he quemao. ¡Ala, leche!*».

top Ya figuraba en el diccionario como apócope de *stop* «para ordenar que pare una maniobra». Pero siempre sin aprobar «*stop*». Los cronistas deportivos lo vienen usando justo al revés en sus transmisiones de las vueltas ciclistas: no para indicar que paran, sino para anunciar que *ponen en marcha* el cronómetro. Los académicos han reconocido ahora, después de mucho mirar y remirar pechitos, que parecía que no se fijaban pero se han puesto ciegos, que también lo usan los anglo-parlantes para referirse a la zona femenina del pecho. Llaman **top** a una prenda de vestir que cubre justito esa adorable parte. ¿No debería llamarse *top-top*? Pregunto.

• Marina Ruiz, *El Mundo*: *El* ***top*** *—esa prenda de reducidas dimensiones que no es biquini, camiseta, ni blusa, pero tiene algo de los tres— se ha convertido en un básico que da cuerpo al guardarropa.*

• Lourdes Fernández-Ventura, *El Mundo*: *Para alivio de las cronistas de moda se ha acuñado el diminutivo braguitas y se ha importado un exótico léxico que abarca desde* bustiers, slips, body, ***tops***, culottes...

topless y ***top-less*** Han entrado en danza —sicalíptica— con sus cursivas. Quizá para compensar la tela que les falta por la parte del *top-top* que decía yo antes. Los señores académicos, como han ido tomando confianza con el asunto, lo definen sin medias palabras: «Modo de vestir femenino que deja los pechos al aire». Dos. Lo usan los anglos para describir cómo va vestida una mocita que no va vestida por la zona pectoral. Los castizos lo han traducido por un «en bolas», cuya gracia es muy superior a su ortodoxia. También los admiten como nombre del local donde «las emplead<u>as</u> trabajan con los pechos al aire». ¿De verdad que no hay todavía locales con emplea*dos* pechugones?

• Eduardo Mendicutti, *El Mundo*: *Lo que hace González es enmendarle la plana al pobre Tennessee, resucita al camionero en* **top-less**, *se inventa un texto fortísimo...*

• Titular en *El País*: *Expedientados militares sorprendidos con sus armas en un local de* **top less**.

top-model Y cuelo en este inciso que se han saltado el famoso «*<u>top manta</u>*» de los discos por los suelos. Es ya otro nombre español de las llamadas **modelos**. Pero sólo de las más cotizadas. Como dijo el paleto estudioso de diccionarios: «Ahora que había *aprendío* a decirles *maliquines*, *arrisulta* que son

tosmodes». Ahora les han añadido el *top* a las que entran ya en el cupo de las diez o doce mejor pagadas y más famosas. Por majas, porque salen en las revistas, porque se echan un novio millonario o porque se bañan encueradas al alcance de las cámaras. Todo eso quiere decir el *top*. Tip tenía más gracia.
• Bertín Osborne, Antena 3: *Pues una* **top model** *es una tía mu larga, mu plana y que anda mu bien.*
• Santiago Hernández, *El País*: *En algunos círculos se le ha relacionado con la* **top model** *italiana Carla Bruni.*
• Ana Muñoz, *Blanco y Negro*: *24 horas en la vida de una* **top model**...

torerista Es «el que concede más importancia al torero que al toro».Tenía este señor del puro y el clavel el mismo problema que su antagonista, el **torista**, el «que concede más importancia al toro que al torero». No había forma de que salieran de los corrales o de los chiqueros. Por fin han hecho juntos el paseíllo cual chiquillos por los pasillos de la Academia. En el mundillo taurino estaban hace muchos años en boca de todos. Menos de los toros. Claro. El gran aficionado y compadre César Nuño de la Rosa estaba a favor de los dos. Y yo no opino, por si me pilla el toro.
• Titular en *El País*: *Carteles* ***toristas*** *en la Feria de Castellón.*
• Manuel Márquez, *El País*: *La feria, que tendrá un carácter más* ***torista*** *que en anteriores ediciones...*

tortel Llamamos todos por las mañanitas a ese bollo redondo y relleno de hojaldre que nos metemos entre pecho y estómago a la hora de desayunar. Ahora, por fin, se lo llaman también los señores académicos. Es que ellos llevaban años y años dándole al **cruasán**. Miedo al cambio.

tory Es el apelativo cariñoso que se dedica a los miembros del Partido Conservador británico. Aquí, de cariño, nada. Yo creo que lo han admitido en cursivas para evitar que se les siga llamando **carcas**, **carcundas** o **fachas**. Eso, sin hablar de Gibraltar ni de la Albión aquella.
• Luis Racionero, *El Mundo*: *Una delegación de parlamentarios ingleses se encuentra con Gandhi en Madrás en 1946. El gobierno* **tory** *de Churchill había dejado paso —sorprendentemente— a los laboristas de Clement Atlee.*

tour Ya es «tur» en español actual cuando sale por la boca. Es un viejo galicismo que la Academia define como «excursión, gira o viaje por distracción». Eso no vale para Bahamontes, Indurain o Perico Delgado, porque no habla de sudores ni dineros. Y a la menor distracción, los morros llenos de asfalto. Pues para que no se hagan ilusiones de futuro, aviso: en las demás acepciones tampoco les caben las bicicletas. La segunda se la adjudican los académicos a las giras de los cantantes o grupos; y la tercera, palabrita del niño Jesús, al «período o campaña de servicio obligatorio de un marinero». Comprendo que prefieran como yo subir las cuestas en coche, pero me temo que las siestas en la Academia son demasiado largas. Porque esa barbaridad mata-mozos más conocida como el *Tour* de Francia, que tiene ya cien añitos, no parece que pueda ser tan ignorada. No es ya que falten al respeto a *La Marsellesa* y a nuestro muy glorioso *Himno Nacional*; es que parecen mofarse de tanta siesta sacrificada cada mes de julio. Un respeto para nuestros deportivos divanes. Señores.
• David Corral, *El País*: *Se moverá mucho más tranquilo si forma parte de un* **tour**...
• Rosa Montero, *El País*: *Basta con emprender camino con un poco de calma (nada de* **tours** *organizados, por favor) a cualquier esquina del planeta.*
He esperado cinco minutos por si cambiaban de opinión, pero, no. Han preferido añadir una entradilla, también en cursivas, para el ***tour de force***. Y mira que suena a «*Tour de France*», pero nada. Si-

guen con este su último *tour*. ¿Como **demostración de fuerza**?

• *La Revista* de *El Mundo*: *Paloma lleva a cabo un auténtico* **tour de force** *interpretativo en su doble papel de Aldonza y Dulcinea, ya que no sólo pone a prueba su voz con tesituras muy diversas, sino que también demuestra sus dotes de actriz.*

tournée Léase «turné», que viene del «tur» de España cuesta abajo. Ya es en nuestro diccionario una «serie de actuaciones de una compañía teatral o de una artista». Un detalle de fino humor han introducido los académicos en la segunda acepción, puesto que ponen juntitos, y ellos y nosotros sabemos por qué, a «un político, un viajante de comercio» en sus viajes con itinerario determinado. Algo quieren vendernos siempre ambos. También, como es lógico viniendo de Francia y manteniéndose con su aspecto francés, vale para la **gira** de una ***vedette***. Por supuesto, francesa, digo yo. Ojo: aclaremos que es una **gira**, con «g», porque **jira** con «j» ya saben que se reserva para las campestres con tortilla de patatas y hormigas. La francesa, mejor a un hotel.

• Maurilio de Miguel, *El Mundo*: *Una* **tournée** *que consta de 67 conciertos... / Una* **tournée** *con salida en Hawai y que, inmediatamente, les llevará a Oceanía...*

• Jorge Castañeda, *El País*: *Al parecer, la* **tournée** *africana del Che fue programada desde Nueva York...*

tranquilización Es una acción que han incluido ahora junto a su verbo materno, **tranquilizar**. Ya era también **tranquilizador** poder atizarte un **tranquilizante** por vía académica y sin necesidad de receta. Poder hace todo esto no es que me **tranquilice**. Es que me parece un milagro con tanta crispación como hay en el ambiente. Pues sí que empieza bien el siglo.

transfuguismo Ha brujuleado de partido en partido político hasta entrarse con la suya. En el *DRAE*. La acción, el hecho de pasarse de un partido político a otro, cambiando de ideales como cambiaba el señor Gaspart de entrenador, era una cosa que no tenía nombre. O sí tenía un par de ellos, pero era en sentido metafórico, despectivo y coloquial. Un par de palabros empezados, respectivamente, por «p» y por «c». Teníamos de antes ya bien fichados en el diccionario al **tránsfuga** y al **tránsfugo**, que son la misma cosa, y por fin sabemos ahora a qué dedica el tiempo libre. Aparte de a cobrar bajo cuerda por el salto. Me lo sopló mi amigo Perales. Y ahora, con el sano propósito de ahorrar papel y dedos, voy y te aviso: si no has desfogado bastante al soltarle estos epítetos, hace años que la Academia autorizó a llamar **trásfuga** o **trásfugo** —sin «n» intercalada— al *cobrón* de turno.

transgénico Es el nombre que dieron los científicos a los alimentos cuyos genes han sido manipulados de forma artificial para hacerlos resistentes a plagas o a otros problemas. La Academia, sin catarlos por si acaso, dijo amén. Hoy las ciencias adelantan que es una barbaridad, como decía la zarzuela, y hemos llegado a la situación en que ya no se puede ni recitar aquello de «qué culpa tiene el tomate», porque no viene de la lata, sino del laboratorio. En vos confío, agricultores del mundo.

• Titulares en *El Mundo*: *Los agricultores españoles rechazan los cultivos* ***transgénicos***..

• José Luis de la Serna, *El Mundo*: *Una planta* ***transgénica*** *tiene que cumplir a rajatabla todos los requisitos exigidos antes de acabar en las despensas de los consumidores. / Por otra parte, los peligros de las plantas* ***transgénicas*** *están bien identificados.*

transgredo y **trasgredo** Puedo soltarlos ahora sin que me regañe la *seño*. **Transgredir** y **trasgredir** son las dos variantes de un verbo que, hasta el cambio de siglo, llevaba encima el castrador cartelito de «defectivo». Por lo tanto, sólo se admitía usar las formas verbales

que tienen una «i» en su terminación. Se podía decir «he **transgredido**», pero no «**transgredo**». En el nuevo diccionario, los académicos le han pegado tijeretazo al cartelito en sus mismísimos y lo han sustituido por «transitivo». Ya tienen ustedes dos verbos, **transgredir** y **trasgredir**, con despliegue completo de sus atributos. Hablamos de conjugar.
• Vicente Verdú, *El País*: *A los árbitros les influye la circunstancia de esta cita en pecado mortal, y al Atlético, no cabe duda, le acosa la sensación de que si gana el* flirt ***trasgrede*** *algo más que los pronósticos.*
• Antonio Burgos, *El Mundo*: *...pegando las cornadas selectivamente a los extranjeros despistados que las* ***transgreden****...*

traspié Es lo único que figura y figuraba en el diccionario oficial del Reino. Traspiés son, por lo menos, dos. Aun contando con los dedos. De los pies. Y no lo digo yo, que calzo un 44 y estoy todo el día duro que te pego. La cosa es elemental: traspiés, como digo, no figura en el *DRAE* ni en su última edición, porque sólo es el plural de **traspié**. ¿Por qué casi nadie dice «un puntapiés», pero luego sueltan lo de «un traspiés»? Si hay un sólo tropezón, no hay que exagerar usando el plural. Ya en 1992 la Academia apuntaba «dar uno **traspiés**» en sentido figurado, como «cometer errores o faltas». Siempre en plural. En la edición del 2001, por si se confundía el «dar uno **traspiés**» con «dar *un* **traspiés**», lo ha cambiado y dicen «dar alguien **traspiés**» y significa figuradamente que cometes errores. Otrosí te digo: si no hay *pieses*, tampoco hay *traspieses*.
• Manuel Vázquez Montalbán en *Tatuaje*: *De pronto, un impulso ganó a Carvalho y dio un fuerte empujón al profesor, que dio un traspiés y cayo de costado sobre el montón de escoria, mientras Carvalho salía corriendo.*
• Isaac Montero en *Pájaro en una tormenta*: *A lo mejor no era un golfo, sino un hombre honrado que se desnucó de un traspiés cuando lo bañaba una golfa.*
• *Emisión Imposible*, Telecinco: *Veamos a los participantes en este concurso de pulso con los pieses.*
El uso del plural traspiés comiendo el terreno al singular **traspié** tiene muchos años de carrera. Allá van ejemplos del primer cuarto del siglo XX:
• Ramón Pérez de Ayala en *Troteras y danzaderas*: *...y diese un traspiés, y luego un formidable puntapié al estorbo, enviándolo largo trecho por el aire.*
Curioso: dio *un* traspiés pero no atizó *un* puntapiés.
• Ramón del Valle-Inclán en *Tirano Banderas*: *En un traspiés, espantada y aspada, ve a los dos fugitivos meterse por el corredor.*
A los grandes don Ramón y don Ramón María, ya llego tarde; pero a don Eduardo y a todos los demás les repito la broma del principio: ¿ustedes se comerían algún que otro *filetes*? Pues, eso. Tomen ejemplo de don Antonio:
• Antonio Gala, *El Mundo*: *Un* ***traspié*** *grave.*

travesti, **travestí** y **travestista** Tenían ya su traducción oficial española como **travestido**. Por lo demás, ahora que los veo de nuevas, no se diferencian en nada: todos llevan ropas femeninas, más lo que cuelga. Quizá por eso el diccionario los da como «común» o como «masculino y femenino». Claro.
• Luis Antonio de Villena, *El Mundo*: *Naturalmente existe otro Mendicutti menos colorista, más delicado («El palomo cojo») que ha escrito las vicisitudes del niño diferente o «rarito», muy lejos —entonces y*

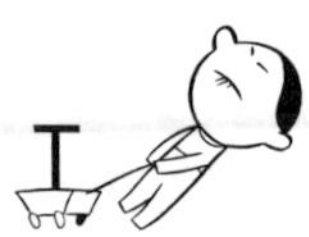

*luego— de la **travesti** o la «loca» de alto bordo.*

• Eduardo Mendoza en *El laberinto de las aceitunas*: *Después de la conversación telefónica que sostuve con aquí el **travesti**...*

trile Junto a su artista manual el **trilero** han montado su tenderete en el diccionario. **Trile** ya estaba en el diccionario, pero como nombre de otro pájaro: uno natural de Chile que se asemeja al tordo. Ahora el **trile** tiene mesita aparte para lucimiento del **trilero**: es el nombre que se da a ese pájaro de cuenta que anda por las calles con una mesita portátil y *tres* cubiletes, cartas o tapones de gaseosa, bajo los que esconden una bolita que escamotean con malas artes y mucho arte para timarle el dinero al personal circundante que no acierta nunca dónde está. Hasta que aparece la *pasma* y alguien da el agua o grito de aviso y salen corriendo con la mesa y las ganancias. Menuda gente. Con razón no los dejaban entrar en el *DRAE*.

• Francisco Umbral, *El Mundo*: *...prensa, espontáneos, boca a boca, «imparciales» y **trileros** del Rastro.*

tripleta y **triplete** Tal para cual, hermanos de padre y madre que ansiaban tener trillizos, andaban llorando a las puertas de la Basílica de Nuestra Santa Madre la Palabra pidiendo un certificado, unos *papeles* para andar por la vida con legalidad. Pero les pedían décadas de uso por triplicado, instancias por triplicado y pólizas por triplicado. Puestas a la tarea las masas de cronistas deportivos, la «**tripleta** central» defensiva de la Academia ha preferido ceder a hacer penalti tras penalti. Aparecen en el 2001 **tripleta**, como «conjunto de tres personas, animales o cosas», y **triplete** para usos científicos como «secuencia de tres nucleóticos en un ácido nucleico y en particular en un ADN mensajero» o «raya espectral triple». Patadas en las espinillas, ni una. Aviso: ya estaba en 1992 **tríplice**, que equivale a triple.

• María Escario, TVE: *Desde aquel sensacional **triplete** de Martín Fiz, Diego García y Juzdado...*

• Vicente Salaner, *El Mundo*: *...prueba de que estamos ante un hallazgo que completa (inesperadamente) una **tripleta** de rebote muy fuerte a los blancos. / Y al Madrid se le ha hecho de noche, tanto en Treviso como en Badalona, porque al rendimiento insuficiente de la **tripleta** ha venido a unirse otro problema devastador...*

• Gregorio Parra, TVE: *Podemos aspirar a hacer **triplete** en el europeo.*

triplicado No figuraba en los viejos pergaminos de la Real Academia. Los burócratas insistieron haciendo instancias para conseguirlo. Por triplicado, por supuesto. Han conseguido silla aparte para el participio del verbo **triplicar**, cosa que no hace automáticamente con todos los participios. La Academia explica en el nuevo *DRAE* que esto es algo que se hace cuando, por ejemplo, tiene algún uso sustantivo diferente o particular. Este es el caso: **triplicado** puede ser el nombre propio del «tercer ejemplar o copia de un documento escrito». Póliza y fuera.

troica y **troika** Una española y su madre rusa aparecen juntas en su trineo. Es término que vino desde la entonces Unión Soviética para designar a lo que, desde tiempos de los romanos, aquí llamábamos **triunvirato**, siempre que se aluda a gente con mando en plaza. En otros casos, ahí están **trinca**, **triple** y **trinidad**. Originalmente, según contó un *rojo* de toda la vida, se llamaba **troika** en ruso a los tres caballos que tiraban de un cierto vehículo que no he probado por miedo al frío que por allí pasaron Napoleón y sus *enfants*. Presten atención a quien está al tanto:

• Manuel Azcárate, *El País*: *La palabra **troika** designa a los tres caballos que arrastran el trineo por las superficies heladas de Rusia. También se ha aplicado a equipos de tres personas con funciones dirigentes en un país.*

O sea, lo que uno estaba diciendo. Siga, señor, siga:

• *Y la* ***troika****, cuando se articula, será un centro de elaboración de política internacional «entre europeos», al margen de Estados Unidos.*

• Pablo Sebastián, *El Mundo*: *...por presionar a un juez y dos fiscales en el caso Argentia Trust para salvar al tercero de la* ***troika****: su amigo Navalón. / ...según se desprende de lo allí declarado y de sus confesiones sobre actuaciones similares de esta* ***troika*** *en el juicio de Argentia Trust.*

Para que vean que se trabaja mucho de oído, una muestra que continúa lo que llevamos leído: de pronto, tres dirigentes de la Comunidad Europea, no rusos, por tanto, tienen que visitar a Argelia. A los periodistas, uno tras otro, les da por llamarles troika. Y después, por el mismo dinero, no es sólo eso; es que hablan los muy tunantes de «la llamada troika» o «la famosa troika». Como si el invento hubiese bajado de los cielos.

• David Solar, director de *Historia 16*, Cadena SER: *Europa estudia enviar a su famosa troika, que es lo mismo que poner cataplasmas a un decapitado.*

• Editorial en *El Mundo*: *La llamada troika comunitaria, encabezada por el secretario de Estado para Asuntos Exteriores de Gran Bretaña...*

tropecientos Es más de doscientos, pongo por caso; incluso, más de novecientos, que es lo máximo que se despacha legalmente en cientos. Será una tropa de más cientos aún. Pero somos muchos los que contamos con los dedos y llegamos hasta ese **tropecientos** de nuestros pecados que la Academia, en un rasgo de valor humorístico que no todos le suponían, ha reconocido como hijo legítimo de este sufrido pueblo español. Pero si ustedes creían que los señores académicos iban a sacar la calculadora electrónica para la definición, siento desilusionarles. Sólo dicen: «muchísimos». Lo mismo que yo a ojo.

• Rosa Montero, *El País*: *...permanecer por allí unos días metido en un hotel clónico con los otros* ***tropecientos*** *mil hoteles de su especie que hay por el mundo...*

• Javier Ortiz, *El Mundo*: *Alguien pone en circulación una cita mal traída y* ***tropecientos*** *la repiten sin tomarse el trabajo de ojear el texto original.*

Y, ya puestos, vamos e inventamos variante:

• Lucía Etxebarría en *La letra futura*: *Lo que diferencia a unos y a otros es lo que diferenciaba a los cuentos de Borges de los chopocientos mil subproductos...*

troupe Es una **compañía**, un **grupo**. La Academia lo ha dejado en cursiva y se lo adjudica especialmente a los sufridos artistas de la farándula: «Grupo de artistas, especialmente de teatro, cine o circo que trabajan juntos, desplazándose de un lugar a otro. Atentos a los carteles. Que viene la «trup» sin «e» en sus bocas.

• Editorial en *El Mundo*: *El PP, algunos medios de comunicación, determinados jueces y empresarios, una* ***troupe*** *a la que se suma IU a modo de «pinza».*

• Mauricio Vicent, *El País*: *...y, por supuesto, también vendrán López-Amor y su* ***troupe*** *a asistir a la inauguración, a pasear y a presenciar la traca.*

trullo Llevaba tiempo luciendo doble palmito en el diccionario: como ave palmípeda que no veo bien desde aquí, y como un tipo de lagar. A esta segunda entrada, la del mosto, no sé si con intención o con alcoholímetro, han adosado en el 2001 una acepción que dice: «jerga. Cárcel». Que me esperen tumbados.

trust Anglicismo económico con larga vida de sociedad en España, es un «**grupo de empresas** unidas para monopolizar el mercado y controlar los precios en su propio beneficio». También se les puede llamar casi siempre **monopolistas**. Pero les sienta muy mal a los gerifaltes y te pueden buscar las vueltas. Por algo será. Mucho antes de que llegara al diccionario, ya se le podía considerar como a uno de esos guiris que se nos vuelven castizos y zarzueleros. Sin ir más lejos, que luego me canso mucho, ahí quedó fijado en la zarzuela *El **trust** de los Tenorios.*
• Francisco Álvarez Cascos, vicepresidente de Gobierno con el PP, Cadena COPE: *En vez de «defensa de la competencia», los norteamericanos prefieren hablar de «legislación* <u>*anti*-trust</u>*»; y las legislaciones* <u>*anti*-trust</u> *se ocupan...*
• Guillermo Sánchez Herrero, *El Mundo*: *...decidieron canalizar el cobro de comisiones y la recepción de las acciones de Corporación mediante un **trust**. / Peter Cosandey ya sabe quién es el beneficiario de la cuenta que ese **trust** tiene en la sede de la sociedad financiera EBC.*

tuareg Ha tardado lo suyo en llegar. Los camellos son seguros, pero lentos. Por cierto: algunos expertos *areneros* dicen que **tuaregs** no les gusta como plural. Aclaran que **tuareg** es ya el plural de *targui*, nombre de cada individuo de esa tribu sahariana que tanto ha dado que escribir y que tanto sale en las películas. Los llamados hombres azules. La Academia nada dice, pero algunos diccionarios de uso lo dan como «invariable».
• Titular en *El Mundo*: *Música y danza de los* **tuaregs** *libios en Madrid.*
• Rosa Tristán / Rafael Esteban, *El Mundo*: *El grupo libio de los* **tuaregs** *de Ghat trae esta noche a Madrid los aires del Sáhara. / Los nueve* **tuaregs** *del grupo, que por primera vez visitan España...*

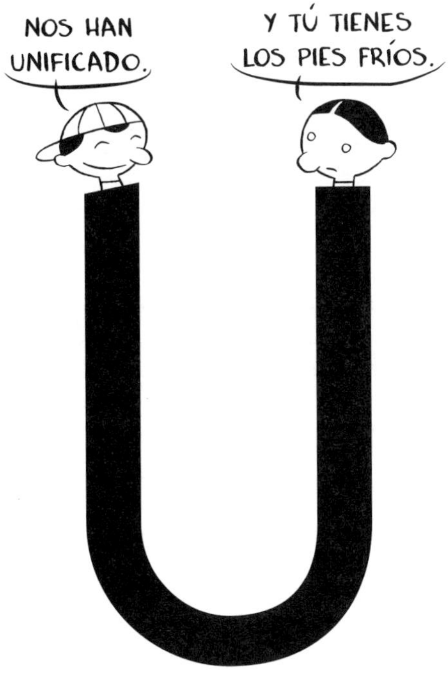

uci Es el popular acrónimo de **Unidad de Cuidados Intensivos**, por la que nadie pasa por propia iniciativa, salvo los médicos y enfermeras. Y eso, cobrando. Su primer nombre fue **uvi**, donde lo intensivo parece que era la *vigilancia*. Poca cosa eso de mirar sin cuidar. El nombre se quedaba claramente corto y los propios médicos, como el pionero y amigo doctor Tomás Caparrós, le han hecho el trasplante. Los dos términos han dado positivo en el examen. Entran en letra minúscula porque no hay que deletrearlos, como nos pasa con TNT, sino que forman un nuevo sustantivo. Talmente.

• Titular en *El Mundo*: *Arriortúa abandona la UCI.*

• Noticia en *El Mundo*: *José Ignacio López de Arriortúa, que evolucionó favorablemente, abandonó ayer la Unidad de Cuidados Intensivos (UCI) y fue trasladado a una habitación convencional...*

ufología, **ufológico** y **ufólogo** Han llegado no me pregunten cómo. Yo no he visto ningún U.F.O., que son las siglas originales en inglés de nuestro famoso **O.V.N.I.**, u **Objeto Volador No Identificado**. Bueno, sí: en nuestro diccionario hace tiempo que se posó un **ufo**, pero «de gorra, de mogollón»; ese es su significado. Estos también han aterrizado ahora en el *DRAE* al tiempo que **ovni**. Esta nueva **ufología**, por lo tanto, tendría que haberse llamado aquí algo así como «*ovnilogía*» y derivados, pero no colaron. Como tampoco entraron aquellos *platívolos*, nombre dado a los platillos volantes en las series de TV dobladas en algunos países hispanos. Tendremos que quedarnos con la **ufología** y demás familia. Y si se trata de buscar otro nombre, conmigo que no cuenten. Yo me apeo en marcha, por aquello de las cuestiones embarazosas. Otra vez.

ultraderecha y **ultraderechista** Los ha fichado la Academia en su diccionario tranquilamente para tenerlos bien a la vista. Se ve que les sobran cajones. O espacio. Pero están mejor en el redil comunal que sueltecitos. Anteriormente, los académicos no quisieron perder mucho tiempo con la cuestión y habían admitido ya **ultra**. En corto y por derecha. Pero la Academia los reconoce siempre

con tinte político, y nunca futbolero. Ha dejado fuera a los ultrasur y demás intelectuales. Esos grupos que proliferan con sus tristes y odiosas ropas nazis en los estadios, lugar predilecto en el que usan sus cabezas para embestir. Norte, sur, este u oeste. Si no me fijo en las banderas, todos parecen iguales.
• Federico Jiménez Losantos, *El Mundo*: *...a propósito de la nota de Fungairiño, al que le han llamado de todo: fascista, defensor de la dictadura militar, justificador de un genocidio,* ***ultraderechista****...*
• Raúl del Pozo, *El Mundo*: *...más papistas que el polaco, estilo belicoso, energumenismo* ***ultra****.*
• Julián García Candau, *El Mundo*: *...las gradas se llenaban de miles de banderas blancas y en esto llegaron los ultrasur y obligaron a parar. / Pero la culpa de los ocurrido no la tienen los ultrasur, sino quienes, durante años, los han subvencionado.*

ultraizquierda y **ultraizquierdista** Son casi la otra cara de la moneda de nuevo curso legal. Desde la esquina de enfrente, también arman broncas y pendencia —por decirlo por lo fino— y hasta han ingresado juntos con los anteriores. En el mismo sitio y a la misma hora, casi por sevillanas, se les abrió la puerta del redil. Donde no recuerdo yo haber visto a estos es en el fútbol. Pero embestir, embisten.

unificado Se ha separado. De su verbo. Es que no paraba de hablar. El diccionario le ha hecho un sitito para representar a todo lo «que ha recibido unificación». Y ese es trabajo del señor **unificador**, que también ha dejado de ser hombre invisible para hacerse carne en el mostrador de la Academia. Me da a mí que el término es bien antigüito. Repasen las hemerotecas y vean con qué alborozo —aunque a regañadientes de algunos falangistas— se lo aplicaban al general Franco en la posguerra algunos de nuestros posteriores profesores de Democracia. Y, entonces, con mayúsculas.

uniformizar Nunca me gustó. Ni de uniforme ni de paisano. Realmente, no había mucha necesidad de un sinónimo para **uniformar**, que ya estaba ahí, más abajo. Pero algunos no paran de *inventizar* y *creativizar*, cosa muy mal pagada, por cierto. Y hasta mal vista: «¡Que inventen ellos!», dijo Unamuno. Pero se refería, entre otros, a sí mismo, el muy inventor.

unisex Ha triunfado como invasor de paredes y luminosos. Así es llamado el establecimiento o el atuendo «que es adecuado o está destinado tanto para los hombres como para las mujeres». Carteles, con o sin bombillitas, anuncian peluquerías **unisex**, prendas de ropa **unisex**, y no hay personas **unisex** porque las que hacen a pelo y a pluma son llamadas «bisexuales», que es término que lleva tiempo aprobado ya por los académicos. Y por las académicas. Aviso: el **unisexual**, aunque modesto, ya tenía piso propio en el diccionario. A veces, hasta se le ve carita como de querer pedir perdón por tener un solo sexo. Tiempos modernos. Dijo Chaplin.

• Pepa Roma, *El País*: *Desembarcar allí donde hace menos de 20 años reinaba el* ***unisex****...*

universalización Ha tenido más éxito en su coqueteo con los académicos que *mundialización*. La han puesto a la par con la dichosa **globalización**. O sea, que no te escapas. O sea, que te lo hacen. Esto es la mundial.
• José María Marco, *El Mundo*: *...y es que la* ***universalización*** *—mejor dicho, la globalización— no ha venido bajo la forma de una racionalización total de la realidad.*

urgir La verdad sea dicha— no me **urgía** tanto salir del capitulillo del «pensamiento único». Pero ya que estamos aquí, procuremos ser útiles a la par que zotes. El verbo **urgir** ha sufrido una transformación en su carne. Mortal por las prisas. Hasta ahora, no debía llevar sujeto personal. No era correcto decir, por ejemplo, que «yo he **urgido** a cierta mocita», que bautizamos como Pepa en *Escafurcios y palabros*, a la que no conozco de nada, por Dios, a que me persiga hasta el catre. Aunque ya me gustaría. La Academia recomendaba, ordenaba usarlo en frases en las que se diga el pecado, pero sin pecador presente: «**Urge** que persigas a Marianete, nena». «**Urge** que te lo lleves a lo oscuro, mujer». Es muy urgente. **Urge**. Pero ya se ve que en esas frases yo no soy el sujeto, aunque sea todo un sujeto. Pues sepan vuesas mercedes que se acabó lo que se daba. Que la Academia ha dado al verbo **urgir** un flamante carné de «transitivo», con lo que ya puede llevar incorporado un sujeto, aunque sea un sujeto tan poco recomendable como yo. Y para que veas que no es ni error ni distracción, sino que lo han hecho a conciencia, te ponen un claro ejemplo: «Los vecinos **urgían** la construcción de un parque». ¿El Parque de las *Urgencias*? ¿Para perritos o para personas?

• Rodrigo Rato en el Congreso: *La última la del señor Caldera y el señor Rodríguez Zapatero que* ***me han urgido*** *para que nombre...*
Al final, *dedazo* y nombramiento. Con urgencias.

• Titular en *El País*: *Clinton* ***urge*** *prohibir la clonación humana.*
El presidente Clinton siempre andaba con urgencias, con o sin becaria.

utilitarista No perdió el tiempo en protestar. Calló y esperó. Estando ya en el diccionario el **utilitarismo**, era lógico dejarle el trabajo sucio. Quinta columna eficaz. Es gente que «considera la utilidad como principio de la moral». Siempre van a lo suyo, a lo útil. Románticos perdidos, ya te digo.

uvi Como te dije, ha entrado en el diccionario al tiempo que **uci**, aunque es anterior en el tiempo. Empezó llamándose **U.V.I.**, un acrónimo formado con las iniciales de **Unidad de Vigilancia Intensiva**. Aquella dependencia de los hospitales en que te metían para vigilarte en los momentos de gravedad, y que ha dado paso a la actual **uci** o **Unidad de Cuidados Intensivos**. Se ha pasado de la *vigilancia* al *cuidado*, cosa que a todos nos parece mejor. Siempre es mejor que te cuiden y no que se limiten a vigilarte. Mejor que no te pillen.

• Texto en *El Mundo*: *El próximo número se completa, entre otros, con un reportaje sobre «Animales en la UVI».*

vacacionar No es «accionar una vaca» para sacarle una leche, pero tampoco significaba **tomar vacaciones.** Al no encontrarla en el *DRAE*, pensaba yo por entonces si **vacacionar** no significaría *tomacionar vacaciones*. El diccionario ya nos ofrecía **vacar** para el menester veraniego. Pues tengo mucho gusto en presentar a ustedes a **vacacionar** y **vacacionista**, recién llegadas a la antigua metrópoli, tras nacimiento y viajes por Cuba, El Salvador, Honduras y Venezuela, por no mirar más su pasaporte. Ya veremos en agosto a qué me apunto.

• Jesús Mariñas, Telemadrid: *Aviso: Ana Obregón y su hijo van a* ***vacar*** *o* ***vacacionar*** *este verano en el hotel Biblos...*

• Luis Herrero, Cadena COPE: *Don Amando es una de las personas más empecinadas en no* ***vacacionar****.*

• José María García, Cadena COPE: *...lo que permite a sus jugadores* ***vacacionar*** *hasta el próximo 20 de julio.*

vacilarte Es lo que intentaron durante todo un siglo. Y no podían hacerlo con propiedad, ni tan siquiera en régimen de alquiler. **Vacilar**, en el siglo XX, sólo era «moverse de forma poco definida» o «dudar por falta de resolución». Pero es que, al final, los *vacilones* del famoso *chachachá* contagian a cualquiera. Hemos entrado *salseros* en el nuevo siglo y la Academia se ha dado al **vacile** y a la **vacilada** sin tasa ni medida, en una **vacilera** de antología. Empezando por **vacilar**, que agregó la quinta acepción que le habilita para dejarnos calvos de humor a todos con el sentido de «tomar el pelo», bailan en grupo por los salones de la Academia todos los que acabo de escribir en redonditas. Y no se puede decir que lleven un paso **vacilante**, porque eso ya es otra cosa más dudosa y titubeante.

• Isaac Montero en *Pájaro en una tormenta*: *...el puro y simple* ***vacile*** *cuando el color marea...*

• Manuel Hidalgo, *El Mundo*: *...una máscara facial anatómica transparente, cabe pensar que hecha de una especie de gelatina plastificada,* ***vacile*** *molón que no le ayudó a marcar puntos...*

vaguería Ya es lo mismo que **vagancia.** Ha tardado, porque quería que le llevasen el permiso legal a casa sin mover un músculo. ¡No te digo!

valet Para que nos vamos a tirar pegotes, nunca lo hemos tenido en casa. Pues a nuestro pobre diccionario le pasaba igual. No tenía un **valet**, un **criado**, como tienen de toda la vida los franceses. Encima, los franceses. Pero, de pronto, veo aparecer en el nuevo *DRAE* un pedazo de **valet** y me hago ilusiones: «Ya tenemos **ayuda de cámara**». Aunque sea de Pedroñeras, provincia de Cuenca y del Ajo. Pero me fijo bien, y resulta que no lleva el reglamentario chalequito a rayas. Intrigado, miro y leo: «Ver **percha**». Me voy a la **percha** con la misma facilidad con que un comunicador actual se va a Publicidad —supongo que a ver el monto de sus comisiones— y me topo con un **galán de noche**. Nada más. No les ha llegado el dinero para criar un **criado** de carne y hueso.
Tocamos madera.
• Evelyn Waugh, traducido por Caroline Philips, en *Retorno a Brideshead*: *No había huella de bandeja de los cócteles. Al cabo de unos minutos, Sebastián tocó la campana. Apareció un* ***valet****. / Aunque esta vez vino un* ***valet****, y no Wilcox, me percaté de que se producía el mismo intercambio de miradas entre el criado y lady Marchmain.*

vampirizar Es algo que ya pueden hacer contigo. Entramos en tema **vampírico**, pero no hay peligro. Por algo pasé yo hace un momento por Las Pedroñeras y cargué de ajos. La gente de colmillo retorcido o incisivo puntiagudo nos ha metido esas dos de un mordisco en la vena del idioma. El que quiera, que las hinque el diente. Yo prefiero a mi tradicional **vampiresa**. Pero, por si acaso, sacaré mi bufanda de acero.

varietés Aprobado así, en plural, ya es tan español como las también teatrales **variedades**. Muy variaditas. Hasta equilibristas tienen dentro. Va desapareciendo el género teatral y se iba perdiendo la palabra francesa que lo designa y que tiene su encanto antiguo. La Academia la limpia, la fija y le da lentejuelas como sinónimo de **variedades**. En las **varietés** está el gusto.

vasoconstrictor y **vasodilatador** Han llegado juntos a la Oficina Central de las Palabras Fetén. Supongo que para contrarrestarse el uno al otro. Los aficionados a empinar el vaso nunca se compran un **vasodilatador**. Siempre se piden un dedito de *güisqui*. Pero vertical.

vedette Del hecho al dicho, la han dejado en cursiva, aunque alguno habría preferido dejarla en cueros vivos. Ya es español aquel galicismo que se aplica, como sabes, a la **artista principal**, a las mozas que salen a escena con sus plumas de pavo real, su muslo (algunas, incluso dos) y sus *boys* o chicos de conjunto, que me han dicho que también salen. Nunca me había fijado. No voy a empezar ahora, que ya son las tantas.
• Casimiro García-Abadillo, *El Mundo*: *Coincidiendo con ese feo asunto, Prado ha sido implicado por la* **vedette** *Bárbara Rey...*
Hay quien lo escribe a su manera particular:
• Eduardo Mendoza en su novela *El misterio de la cripta embrujada*: *...me rasgué los pantalones con la antena por la parte posterior, sumándome así a la ola de erotismo que nos invadía y a la que eran proclives nuestras vedets, ávidas de mostrar hoy fláccidas las carnes...*
Y, cuando el muslo es mucho y todo lo demás también se acumula, sube el último peldaño del escalafón, le dan plumas medio metro más largas y se convierte en la supervedette, pero se cae del diccionario.
• Raúl del Pozo, *El Mundo*: *El cónclave sería un paseo de supervedette con plumas de pavo...*

vehicular Se ha servido de un mismo chófer para entrar dos veces en el diccionario. Una, como «servir de vehículo»; otra, para todo lo re-

lativo a un vehículo, con una segunda acepción como «dicho de una lengua, que sirve de comunicación entre personas de lengua materna distinta». Como el inglés y el español en determinadas circunstancias. Esta entrada doble puede que nos haya evitado ver cómo nos caía encima el más deplorable vehiculizar, otro de los palabros *inventizados* en sus ratos libres por el politiqueo dominante, y adoptados por los periodistas y demás opinadores omniscientes, que para eso nos dejan sueltos a ciertas horas. Anda y que **canalicen**, **organicen** o **encaucen** y van que chutan, pero no meten gol ni al arco iris. Que me lo dijo García. Trescientas mil veces. Por hora.

• Arnaldo Otegi, Euskal Herritarrok: *...políticas que permitan articular y vehiculizar políticas democráticas...*

• *España a las siete,* RNE: *...para lograr que los contactos se* ***vehiculen*** *a través del Comité de Enlace.*

• Jesús Ferrero, *El Mundo*: *¿Y qué me dices de las emociones que vehiculiza la poesía cantada?*

Pues digo que la buena poesía me *emocioniza.*

vendetta Es una **venganza** que nos trajimos en carroza desde Nápoles en el mismo lote en que venía el Portero de Alcalá, más conocido como Carlos III. Por respeto al rey alcalde, cantero y albañil, la han dejado en letra cursiva. Mírala, mírala.

• Pedro Cortés, presidente del Valencia C.F.: *Las* **vendettas** *no son buenas para nada. Cada partido es distinto.*

• Antonio Gil, Informativos Telecinco: *Ni* **vendettas** *ni iniciativas...*

versátil No era hasta ahora buena definición del asqueroso fulano —o la distinguida señorita— capaz de cantar, bailar, escribir, dibujar y jugar al mus y al tute. Y, encima, hacerlo todo bien, el muy repelente. Para el diccionario no era **versátil**, sino **polifacético**. **Versátil** se le llamaba en el pasado siglo «al que tiene carácter **voluble** o **inconstante**». El **veleta**, vaya. Pues ya podemos llamarle **versátil** al tipo ese de las múltiples habilidades. La Academia ha añadido una segunda acepción en la que dice que es un tipo «capaz de adaptarse con facilidad y rapidez a diversas funciones». Merecía que le hicieran ministro. Peores los he visto yo.

• Eduardo Mendicutti, *El Mundo*: *Ha sido ministro para las Administraciones Públicas, ministro de Educación y Cultura, ministro de la Presidencia y, ahora, ministro de Interior. Tantísima* **versatilidad** *debe de tener un límite.*

Miren por donde, aunque yo protestaba en mi anterior libro, mi sobrino Quique Bárcenas de la Banda nos ha salido **versátil**, cuando lo teníamos por **polifacético** del baloncesto, que lo mismo las enchufa de alero que de pívot. Pero de **veleta**, nada, señor Moncho.

• Moncho Monsalve, Cadena COPE: *Es un jugador muy* ***versátil****, que puede jugar cerca y lejos de la canasta.*

Para terminar, un par de ejemplos de buen uso a la clásica usanza; **versátiles** puros de oliva:

• Francisco Umbral, *El Mundo*: *...quiere decirse que lo mismo podía defender y salvar una causa intelectual que defender y salvar al día siguiente todo lo contrario, con toda honestidad. Esta cosa* ***versátil*** *le quita prestigio entre los intelectuales militantes.*

• Carlos Castilla del Pino en *Pretérito imperfecto*: *Los monárquicos de entonces que yo conocí estaban fuertemente identificados con las personas de la realeza, de modo que la actitud republicana de muchos era, para nosotros, modelo de ingratitud* *y **versatilidad** y, en ciertos casos, hasta de traición a una causa...*

video Como palabra llana o grave la pude oír a troche y moche mochica, y hasta inca, durante una inolvidable estancia en Perú. Acá usábamos la versión con tecnología esdrújula, **vídeo**. Tilde que pierde cuando actúa como prefijo para términos derivados de ella. Ahora llega al diccionario como «americanismo». Y ya que tenemos enchufados los dos aparatos, **vídeo** y **video**, demos un vistazo —visionado, diría un técnico— a los compuestos que han venido a acompañar en el nuevo *DRAE* a **videocinta, videodisco** y **videofrecuencia**, que eran los únicos aceptados en el pasado siglo. Se los pongo en fila de a uno, y usted va enchufando los que quiera. Pero que no salgan *cotos* ni *tamaras*, por favor: **videoaficionado, videocámara, videocinta, videoclip, videoclub, videoconferencia, videoconsola, videodisco, videograbación, videograbador, videograbar, videojuego, videoteca, videoteléfono**.

Y no *video* nada más. Ni con bola. Quedan esperando su turno videocasete, videofilme, videojuego, videorreportaje y restantes socios. El que ya está desechado, supongo, es *video-tape*, ya que han ocupado su lugar entre la **videocinta** y el **videograbador**. De ahora es que casi estrené el primero que llegó a la Televisión Española histórica del Paseo de la Habana con mi programa *Nace una canción*.

• Noticia en *El Comercio*, de Lima: *El asesor de Alta Dirección del Servicio de Inteligencia Nacional Vladimiro Montesinos Torres apareció en un **video** hecho público anoche en un programa periodístico de la televisión...*

• Programa *La rotativa del aire* en Radio-Programas de Perú: *En el **video** de anoche, Vladimiro Montesinos...*

Pero no parece que todos los peruanos escriban o digan **video**. Mario Vargas Llosa, al menos en *El País*, se atuvo a la Santa Madre Academia Central del Antiguo Imperio:

• Mario Vargas Llosa, *El País*: *...para denunciar a Vladimiro Montesinos —asesor presidencial y hombre fuerte del régimen autoritario peruano— por haber trucado una cinta de **vídeo**, en la que ambos aparecían...*

Pero dejemos ya en paz al Pacífico y volvamos al Mare Nostrum.

• Eduardo Mendicutti, *El Mundo*: *...el convite para un montón de invitados, el videorreportaje...*

• Noticia en *El Mundo*: *La actriz, que aseguró no tener ningún proyecto próximo en cine, también ha tenido que posponer el rodaje del **videoclip** que iba a realizar con Antonio Banderas...*

vinilo Es un radical. Pero químico. Nadie se asuste aunque le vea asomar la carota por el nuevo diccionario. Es su primera aparición en público como tal radical, pero sus utilidades son algunas más. Vamos con la que salió más redonda y que ahora también incluye la Academia en la tercera acepción. Podría enseñarles alguno de los miles que se comen las paredes de mi casita pero, mejor, lo explicamos. Por aquello de tomar la parte por el todo —y viceversa— se llamó así en su momento, **vinilo**, a los discos sonoros con los que se jubiló a los elaborados sobre pizarra en «aquellos tiempos del cuplé». Tuvo su buena vida, pero pasó a mejor con la llegada del disco compacto, llamado por los cultos *compact disc* y que el *DRAE* pincha ahora mismo en su forma CD.

• Soledad Puértolas en *La vida se mueve*: *Cualquiera ha podido comprobar, estropeado el aparato del* compact disc, *el sonido extraordinario que, en contraste, tiene un disco de **vinilo**. Extraordinario, precisamente, por lo ordinario, sea dicho como alabanza. / Tal vez es que nuestra juventud vuelve también con el sonido del **vinilo**...*

vip Acrónimo formado con las iniciales de «*Very Important Person*», llega al diccionario con una definición que expongo a la concurrencia para ver si le causa la misma

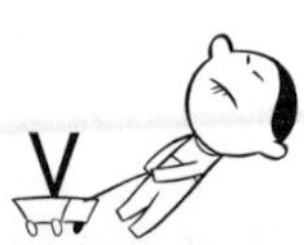

impresión que a mí: «Persona que recibe un trato especial en ciertos lugares públicos por ser famosa o socialmente relevante». O sea: que ahora, el **vip** aquel al que había que dar sombrerazo y poner alfombra roja por sus altas calidades y cualidades. **Importante** no lo es cualquiera, pero lo meten en la misma Sala Vip que a las *Belenesteban* y a los *ex* de las hijas de *famosonas*. Menos mal que no nos dejan entrar a los demás: la gentecita normal que no damos que hablar por no ser «de alta cuna y de baja cama». O por no haberle buscado la pulga a oscuras a uno que conoció a otra que era mucama de no sé quien.
• Noticia en *El Mundo*: *Pocholo Martínez Bordiú fue otro de los* ***VIP*** *que visitó* (sic) *Regine.*
• Agustí Fancelli, *El País*: *La entrada de* ***vips*** *al estadio se produce por un pasillo que desemboca en el césped...*

vis Ya estaba en el diccionario, pero exclusivamente para reconocer mi «fuerza, vigor» —Santa Lucía les repare la vista— y mi discutidísima **vis cómica**, en lo que les encomiendo directamente a san Tip. Ahora le abren otra puerta íntima para el **vis a vis**. Un galicismo nacido del tronco latino que nos sirve a muchos para presumir de idiomas cuando vamos a estar con alguien **a solas** o **cara a cara** o **frente a frente**. Si es que te atreves, valiente.
• Benito Pérez Galdós en *Cánovas*: *Cogióme del brazo para llevarme a su oficina, y allí, sentados* ***vis a vis*** *a uno y otro lado de la mesa de trabajo...*
• Título en *El País*: *Ni visitas ni* ***vis a vis.***
• Javier Lorenzo, *El Mundo*: *A pesar de mi nula predilección por esta clase de programas, no puedo por menos que quedarme pegado a la pantalla y reconocer que su* ***vis*** *no tenía nada que envidiar a la de los presentadores más festivos y espontáneos de la meca de la televisión.*

visionado No estaba admitido como tal, aunque la Academia permitía «visionar» para los casos en que se *ve* una grabación o filmación en plan profesional. Ahora, además, ya tiene entrada independiente **visionado** como «acción y efecto de visionar». Lo que no encuentro en el Gran Almacén de las Palabras junto al **visionado** son los *escuchacionados*, *tocacionados*, *oicionados* ni *olicionados*. Menos mal. Benditos sean los hados.

voleibol Ya casi no era necesario. Un par de generaciones de españoles —Lozano, el mejor— llevan años jugando tan ricamente al **balonvolea**. Dos pistas iguales. Cubiertas.

voluntarismo, **voluntarista** y voluntaristamente Estaban juntitas como familia que son en la cola de entrada desde hace bastantes inviernos. Paciencia, barajar y mucha fuerza de voluntad y las dos primeras lo consiguieron. Voluntaristamente se quedó en puertas y necesitará de más usuarios para traspasar el umbral. Se admiten voluntarios que sepan que no está admitida y se la jueguen. Que pase el primero.
• Martín Prieto, *El Mundo*: *...una autonomía regida por orantes que sólo saben echar voluntaristamente las cuentas de la lechera.*
• Vicente Salaner, *El Mundo*: *...ni se le ha dado un respaldo organizativo que fuese más allá del ineficaz* ***voluntarismo*** *de Peña.*
• Editorial en *El Mundo*: *Eso era imposible, incluso desde la* ***voluntarista*** *óptica de París.*

vox pópuli Era ya algo «conocido y repetido por todos». Pero se decía y, sobre todo, se escribía en latín, es decir, sin lucir esa hermosa tilde que la **vox pópuli** ya española lleva sobre la frente. Haga el favor de correr la voz para que ocurra lo de siempre. Ya se sabe: «Voz del pueblo. Voz de Dios». Así sea.

voyeur No estaba fuera simplemente por vicioso, porque hay mucho vicioso en el diccionario. Ahora entra como disimulando con su letra cursiva. No estaba admitido por afrancesado perdido. Y no hablo del señor Boyer, que se crió allí a causa del exilio. Aquí, en España, la Academia nos obligaba a decir que lo que había eran **mirones**, que no es lo mismo que espías y observadores. O sí; porque han pillado ya a muchos de ellos queriendo vernos en calzoncillos. Que ya es vicio.

• Carlos Boyero, *El Mundo*: *La película inglesa "I want you", dirigida por Michael Winterbottom, también va de erotismo rebuscado y violento, de **voyeurs** adolescentes...*

• Borja Hermoso, *El Mundo*: *...segundo pedazo de su trilogía sobre la obsesión, el deseo y la pasión iniciada con la masacrada* Bámbola, *el **voyeur** Bigas se recata.*

voyeurismo Podría haberlo colado ahí arriba, pero he querido aprovechar para aclarar algo: el hecho de que el diccionario incluya ***voyeur*** en letra cursiva y, por el contrario, escriba a continuación en redondas **voyeurismo**. En sus advertencias preliminares, el nuevo diccionario advierte: «Los derivados españoles de palabras extranjeras [...] se representan en letra redonda». Con lo cual, ya tenemos todo en orden: el señor ***voyeur***, mal llamado por algunos voyeurista, practica el **voyeurismo** para **mirar**, **espiar** y **observar** la lencería fina de las damas y los calzoncillos del esparto de los caballeros. Cada cual, con su vicio. Y los gobiernos, con todos.

• Martín Prieto, *El Mundo*: *Dado que en EEUU se han puesto a asar la manteca desbordando el legítimo respeto por la verdad y la abominación del perjurio para deslizarse en un tobogán de **voyeurismo** rosa...*

• Borja Hermoso, *El Mundo*, entrevista a Vicente Aranda: *Yo creo que los aspectos voyeuristas han sido cuidadosamente evitados en esta película.*

waterpolista y **waterpolo** Nadan ya sin peligro por costas hispanas. También podría haberlo dicho sin tanta cursilería: ya han sido aprobadas. Pero todo tiene su público. En tiempos de autarquía se tradujo la cosa como **polo acuático**. No me explico el porqué; si lo ves jugar, más parece un **balonmano acuático**. Pero cualquiera les cambia el nombre a estas gentes después de ganar medalla de oro en unos Juegos Olímpicos y en un Campeonato del Mundo. Te tiran al agua vestido. Y, ahora que me acuerdo, esto nos da derecho a los españoles a dejarnos de tanta *guagua*. Al ser palabras españolas, la «w» pasa a pronunciarse igual que la «v». Aunque, en este caso, a uno no le suena muy bien eso de «vaterpolo». Casi huele.
• *Estudio-Estadio*, TVE-2: *...clasificándose para la final de la copa de España de vaterpolo*.
• Fernando Burgos, Telemadrid: *La cruz fue la selección masculina de "guaterpolo" y la cara, la femenina.*
• Manuel Hidalgo, *El Mundo*: *Esto no hay quien lo entienda. Somos una potencia mundial en **waterpolo**... / Estos del **waterpolo** deben ser cuatro gatos por su cuenta... / Celebramos hoy la gloria de los tíos del **waterpolo**, y nos debe servir para pensar...*

web ...pongas y la rellenes. La Academia la ha puesto en tu diccionario y en *Internet*. Y la ha puesto en redondas, con lo que tendríamos que pronunciarlo «veb», si seguimos las normas académicas. Pero no creo que haya clientes para eso, a pesar de la invasión. Desde la aparición y extensión de *Internet*, hasta el más tonto pone una **web**, como antes hacía relojes de madera. Y los listos, de espaldas. Todos tienen ya una página en la **web**, que en inglés callejero es una **red** o **malla**. En este caso, una **red informática**. La llamada *world wide web*. Por cierto, habrán notado que uno la pone en femenino. Así lo recomienda el diccionario.
• Antonio Burgos, *El Mundo*: *Del **web** de la Moncloa, lo mejor es lo de Rodríguez...*
• Javier Reyero, Telemadrid: *Vamos a visitar la página **web** del Rayo Vallecano*.

western O *güestern*, dicho sea en español, tiene dos traducciones gloriosas hechas por la gente de la ca-

lle: **una del oeste** y **una de vaqueros**. Reconocimiento por fin de la Academia en letra cursiva. Pero ya no ponen antes el No-Do. Mire.

• Francisco Umbral, *El Mundo*: *...y el Estado de Tejas es ya la patria del juez Lynch, y el escenario de todos los **westerns** y el país que perdió la guerra y conservó los esclavos, haciéndole una pingaleta a Abraham Lincoln.*

• Miguel Marías, *El Mundo*: *No fue un asiduo del* **western**, *pero interpretó uno de los más grandes...*

• Javier Memba, *El Mundo*: *Después de trabajar junto a Cooper en la inolvidable* El hombre del Oeste, *del gran Anthony Mann, su participación en este **western**...*

whiskería Una nueva han abierto dentro de la Academia. Yo iba buscando una whisquería, pero me han dicho que no; que no la tienen con «q», que me conforme. Y que si tengo mucha necesidad, que recuerde que también tienen abierta una **güisquería** unas quince letras más arriba. Y que no dé la lata porque ya lo despachan hasta en las tascas. Y que no me coma nunca la «h» de ***whisky*** como aperitivo entre trago y trago. Y que vaya a Alcalá si quiero saber si **whiskería**, escrito en redondas, se pronuncia también «güisquería».

whisky Abundante y sin hielo en la nueva **whiskería**. Pero vuelve a ser de importación. Me explico: en la edición de 1992 figuraba en letras redondas, como español, puesto a la par con **güisqui**, que supongo que lo cobrarán más barato, digo yo, al no llevar letras de importación. Ahora, vuelve a su letra cursiva. Por si las resacas, apunto detallitos: wisky, sin su «h» detrás de la «w», no entra ni con agua y mucho hielo. Y güiski no tiene licencia de entrada por culpa de esa «k». Me temo que me mareo con tanto alcohol y ya no distingo a uno de otro. Pediré un DYC y me quito de líos.

• Lucía Etxebarría en *Beatriz y los cuerpos celestes*: *Apuré el vaso de **güisqui** con avidez.*

• Carlos Boyero, *El Mundo*: *Yo hubiera pagado más de lo que fuera preciso por estar a una distancia de cuatro metros, con un wisky en la mano y un cigarro en la boca...*

• Mario Vargas Llosa en *Los cuadernos de don Rigoberto*: *La misma consigna vale, por supuesto, para el mortal de cualquier sexo que, pretendiendo castellanizar el **whisky**, escribe **güiski**...*

Ya que estamos en el Nuevo Continente, bebamos en sus fuentes otra variedad no importable: whiskey.

• Carlos Fuentes en *Gringo viejo*: *Ya no más oeste, muchachos, salvo en la frontera invisible de una copa de whiskey vacía.*

windsurf o ***wind surf*** Tanto da, cabalgan juntas. Tras ellas, ***windsurfing*** y ***wind surfing***. Juntos o por separado, representan en el diccionario al deporte de esos valientes que andan por encima de las aguas, pero sin milagro, porque lo hacen sobre una tabla. No tiene fácil traducción. Podría ser **patinaje acuático**. Preguntaré en la meca de este deporte: Tarifa, la ciudad que está entre dos «mares»: ¡La *mare* que parió al Poniente y la *mare* que parió al Levante! ¡Qué manera de soplar tiene don Eolo por aquellas playas de Los Lances, Punta Paloma o Bolonia!

• Carlos Boyero, *El Mundo*: *No se casó, se hizo rejoneador y también se dedicó entusiásticamente al* windsurfing.

• Alex Niño, *El País*: *Pero no han faltado tampoco exhibiciones de rodeo,* **windsurf**, *sumo...*

windsurfista Ya lo ven, no necesita cursivas. Como derivado, patina sobre tablas españolas.

xilofón Ya no desafina. Nos decían que el **xilófono** sonaba mucho mejor. Un buen afinador y ya suenan igual.

yang La «fuerza activa masculina» en la filosofía china la han pasado a letra cursiva, cuando andaba redonda perdida. Por el contrario, el **yin**, la «fuerza pasiva femenina» se ha quedado redonda. ¿Por pasiva? ¿Por femenina? ¿Porque les cuesta articular la «g» final y ya «no se pronuncia como se escribe»? ¿Porque sí? Mi cabecita no está para filosofías. Chinas.

yeti Miren ustedes qué coincidencia: lo aprueba la Academia el mismo año en que admitió al ovni. Gente de fe, estos académicos. Gente que cree en lo que no se ve. Otra curiosidad: según nos dicen en la etimología de la palabra, el tibetano *ye-teh* equivale a «pequeño animal antropomorfo». «Pequeño», repito. Pero luego, en la definición, hacen lo que todos los que supuestamente han visto al **yeti** y dicen que es un «supuesto gigante antropomorfo». Son como pescadores de río. Talmente.

yeyé Resuena en el diccionario después de cuarenta años mudita. Fue un galicismo que entró en España de la mano de la revista *Salut, Les copains* en los años sesenta del siglo XX. La primera gran década de la música pop, y en la que uno tuvo la desfachatez de ser *disc-jockey* en Radio Peninsular y la Cadena SER. Una acuñación de los franceses, partiendo del *yeah, yeah* que solían introducir los británicos en las canciones de la era de la guitarra eléctrica.

• Conchita Velasco, en canción de Augusto Algueró: *Yo soy una chica, una chica* ***yeyé***...
Ya vale, amiga Concha, ya vale.

• Federico Jiménez Losantos, *El Mundo*: *Pero al margen de las satisfacciones que a su creador le deben estos retomadores de su criatura televisiva, premiadísima en aquellos tiempos del franquismo alegre y faldicorto, no joseantoniano sino* ***yeyé***...

yonqui Traducción a la jerga hispana de la droga del término inglés *junkie*, designa al «adicto a la heroína», según la primera definición en el diccionario. Algunos, por lógico reflejo del original, lo suelen escribir con «k», yonki, pero esa versión no pasó.

• Titulares en *El Mundo*: *Los* ***yonquis*** *lanzan piedras a la policía. / Fuerzas antidisturbios estaban des-*

plegadas en la carretera para impedir el paso de los yonkis a los poblados. / Detenidas dos mujeres que utilizaban a un ***yonqui*** *como esclavo.*

• Bruno Galindo, *El País*: *...disfruta de un célebre e incómodo legado que le recuerda, día a día, en cada actuación, sus tenebrosos días de* ***yonqui****.*

• Luis Antonio de Villena, *El Mundo*: *La sobredosis de nacionalismo que soportan los vascos los* (sic) *vuelve a casi todos* ***yonkis*** *de Aitor y colgados de Begoña.*

Z

zapear y **zapeo** No son exactamente lo que se dice nuevos en el diccionario. **Zapear** ya estaba desde mucho antes; pero ha ganado en el siglo XXI el significado televisivo. **Zapear** era únicamente «espantar al gato con la voz de zape», «espantar a los conejos», que es que hay gente que tiene un vicio de espanto, y «dar zape en ciertos juegos de naipe». En esos, seguro que uno no es tan bueno como en el mus, porque los desconoce totalmente. Aunque hubo rumores anteriores, es con el cambio de siglo cuando el verbo ganó esa tercera acepción relativa al deporte más en boga en los últimos años. Se practica en diván y a fuerza de apretar los botoncitos del mando a distancia del televisor. No se juega con camiseta y calzón corto. Basta el chándal. Sirve de auténtico antídoto contra la publicidad pesada y no creativa y contra los malos programas televisivos. El éxito de esta actividad deportiva ha sido tal que, hoy día, aseguran algunos médicos anónimos, hay niños que vienen al mundo con un mando a distancia en la manezuela. Hasta la aprobación de **zapear**, el rey de la casa era el *zapping*. Recuerdo las tribulaciones del crítico de cine y televisión Carlos Boyero porque le enfadaba verse obligado a usar un verbo que odiaba. Yo le propuse que usara los mismos que yo: «picoteo de canales» y «canaleo». Al menos, sonaban a cosa nuestra. No a *cosa nostra*. Lo del *canaleo* también fue objeto de rumores, pero sigue sin verse impreso en letra de diccionario oficial. Digamos también algo acerca de la vida campestre del **zapeo**: en las ediciones manuales del diccionario de 1985 y 1989, apareció por sorpresa con el sentido único de andar espantando a los pobres *Bugs Bunnies* españoles, vulgo conejos. Después, desaparece en la edición de 1992. En la edición del 2001, la acción del **zapeo** reaparece con pantalla gigante y canales privados. De publicidad, no.

• Rosario G. Gómez, *El País*: *Ha comprimido los bloques de publicidad en estos espacios para que el público no caiga en la tentación del **zapeo**.*

• Carlos Boyero, *El Mundo*: *No descuidé mis odiosas obligaciones en la noche del sábado. Resultaba muy duro hacer* zapping.

• Antonio Burgos, *El Mundo*: *Al*

telemando en cuestión al que ***zapea*** *los cambios, al que cambia los canales cuando el anuncio es un coñazo...*

zen Era palabra japonesa y, ahora, es también española. Yo leí algo sobre el asunto de su aprobación allá por 1997, pero hasta ahora no se ha hecho carne de diccionario, aunque su contenido es totalmente espiritual. Es una variante japonesa del budismo que sirve para controlar el espíritu. Me informó desde Tokio mi amiga —y gran cantante de música clásica española— Teico Yanagui.
• Giovanna Grassi, *El Mundo*: *Clint es el único director que he encontrado que no sólo dice «acción» y «stop», sino que, como un maestro* ***zen****, estudia a fondo a sus actores y personajes.*

Me faltan palabras

Y hasta palabros nuevos necesitaríamos para dar las gracias a todos aquellos que me han ayudado en la tarea de llegar escribiendo, escribiendo desde el prólogo hasta la contraportada. Empezaremos por la bibliografía de libros consultados. A ellos se pueden atribuir los aciertos de este libro, porque de los fallos al interpretar sus sabias enseñanzas me he encargado yo. Entre otros, he tenido en cuenta lo dicho en los siguientes libros:

—*Diccionario de la lengua española de la Real Academia Española*, en todas sus ediciones, a partir del *Diccionario de Autoridades* de 1780.
—Servicio de consultas de la Real Academia Española en su página *web*.
—*Diccionario ideológico de la lengua española*, Julio Casares.
—*Diccionario de uso*, María Moliner.
—*Diccionario de dudas y dificultades de la lengua española*, Manuel Seco.
—*Diccionario de uso del español actual CLAVE*, dirigido por Concepción Maldonado González, ediciones SM.
—*Manual de español correcto*, Leonardo Gómez Torrego.
—*Manual de español urgente*, Agencia EFE.
—*Diccionario normativo y guía práctica de la lengua española*, Francisco Marsá.
—*Ortografía práctica de la lengua española*, Luis Miranda Podadera.
—*El dardo en la palabra*, artículos en *ABC* y *El País*, Fernando Lázaro Carreter.
—*Gramática, Lengua, Estilo*, LEXIS 22.
—*Lengua española y literatura*, Juan Cano Conesa.
—*Libro de estilo de ABC*.
—*Proyecto de normas de estilo de la Cadena SER*.
—*Antología de gazapos*, Eduardo Ruiz de Velasco.
—*Cuaderno de Estilo de INTERMÓN*.
—Foros CERVANTES.
—*La seducción de las palabras*, de Álex Grijelmo.

También quiero agradecer cordialmente la ayuda que me han prestado con sus observaciones, nuevas pistas y correcciones muchos lectores de mi anterior libro, *Escafurcios y palabros*, ilustrado por el genial Forges. Aportaron correcciones y datos sobre muchos de aquellos palabros del año

2000 que se han convertido ya en palabras de pleno derecho en el 2001. También, a los oyentes de la Cadena COPE, que han hecho otro tanto en mis intervenciones en el programa *La noche de COPE*, con María José Bosch, o a través del correo electrónico de mi página *web*. Imposible mencionarlos a todos, pero sí a unos cuantos que aquí relaciono:

José Luis Hernández-Coronado, Madrid; María José Fuertes Mauriño, Vigo; José María Larriba García, Madrid; Begoña Feliú, Barcelona; Mamen Sanz, Pamplona; Saturnino Fernández Expósito, Málaga; Antonio G. Albanés, Málaga; María Rosa Martín, Madrid; Francisco de Asís Serrano Frías, Navalafuente, Madrid; Fernando Arce Llorente, Madrid; Jonathan Bustos Contell, Valencia; Iván Victoria Artalejo, Madrid; Xavier Arbós, Barcelona; Rosario de la Fuente Pla, Salamanca; David Morales Calvo; Málaga; Emilio Manzaneque Dávila-Ponce de León, Granada; Carlos Gutiérrez Bustillo, Lleida; Jesús Santaolalla Valladolid, Madrid; María Girón Serna e hijo, Albacete; José Luis Guerrero Troyano, Málaga.

Muchos de ellos respondieron al llamamiento que Forges y yo hicimos al final de nuestro libro *Escafurcios y palabros*, en el epílogo que titulé «Últimas voluntades». Llamamiento que no me privo de repetir: si usted encuentra errores o detalles que mejorar para posibles nuevas ediciones, le agradeceré que los haga llegar a:

Palabros de honor
Ediciones TEMAS DE HOY
Paseo de Recoletos, 4, 4ª planta
28001 MADRID